Mañana
Spanish B
for the IB Diploma

Coursebook

SECOND EDITION

Rosa Parra Contreras, Marina Durañona, Carlos Valentini

CAMBRIDGE
UNIVERSITY PRESS

University Printing House, Cambridge CB2 8BS, United Kingdom

One Liberty Plaza, 20th Floor, New York, NY 10006, USA

477 Williamstown Road, Port Melbourne, VIC 3207, Australia

314–321, 3rd Floor, Plot 3, Splendor Forum, Jasola District Centre, New Delhi – 110025, India

79 Anson Road, #06–04/06, Singapore 079906

Cambridge University Press is part of the University of Cambridge.

It furthers the University's mission by disseminating knowledge in the pursuit of education, learning and research at the highest international levels of excellence.

Information on this title: www.cambridge.org/ 9781108440592

First published 2018

20 19 18 17 16 15 14 13 12 11 10 9 8 7 6 5 4 3 2

Printed in the United Kingdom by Latimer Trend

A catalogue record for this publication is available from the British Library

ISBN 978-1-108-44059-2 Paperback

....

Contenidos

Introducción

Esta nueva edición de *Mañana* está formada por tres componentes:

1 Libro del Alumno

2 Cuaderno de Ejercicios

3 Libro del Profesor y recursos en Cambridge Elevate (audio y Hojas de Trabajo)

¿Quiénes son los destinatarios?

Mañana está pensado como material de aprovechamiento tanto por parte de los profesores como por parte de los alumnos que cursan los dos años del Diploma del IB, siguiendo los contenidos y las pautas del nuevo programa cuyos primeros exámenes se realizarán en el año 2020.

¿Cómo está concebido el Libro del Alumno?

En esta nueva edición de *Mañana* se incluyen materiales que serán de gran utilidad en la etapa de capacitación de los alumnos para que puedan cumplir con los requisitos del nuevo currículo.

La serie de lecturas que aparecen en sus páginas despertarán el inmediato interés de los alumnos; han sido seleccionadas y concebidas desde un enfoque intercultural, partiendo de un buen número de textos auténticos procedentes de una amplia variedad de países de habla hispana.

Algunas lecturas de la primera versión de *Mañana* se han mantenido en esta nueva edición debido a la relevancia que tienen desde el punto de vista de las culturas que representan; otras son completamente nuevas. En todos los casos, responden a los intereses de los alumnos puesto que se basan en textos sobre personajes destacados en la cultura hispanoamericana, como Frida Kahlo o Che Guevara, y de autores representativos de la literatura en lengua española, como Julio Cortázar, Jorge Luis Borges o Pablo Neruda. También se han seleccionado textos que promueven experiencias educativas que tienden a la inclusión de las minorías étnicas; que debaten sobre el papel que deben jugar la ciencia y la tecnología en el desarrollo de los pueblos; que analizan los riesgos medioambientales que se producen como consecuencia de una explotación descontrolada de la naturaleza y de los continuos movimientos migratorios que nos exponen a enfermedades que parecían alejadas de nuestra realidad cotidiana. Todo esto sin dejar de dar espacio a cuestiones de carácter sociocultural como la moda, a través del uso de sombreros clásicos como el panamá y las gorras y "capuchas" modernas, o el deporte, a través de la ruptura de los estereotipos a la que estamos asistiendo actualmente con jóvenes mujeres que juegan al fútbol y jóvenes hombres que danzan en el agua (natación sincronizada).

Se trata de un material rico y variado, que da cuenta de los cinco grandes núcleos temáticos del nuevo currículo IB **(Identidades, Experiencias, Ingenio humano, Organización social y Compartimos el planeta)**. Todo ello enmarcado en el contexto de una lengua que se ha convertido en el segundo idioma en el mundo por el número de hablantes nativos y en la comunicación internacional. Una lengua que es expresión de la diversidad léxica y cultural de España y América Latina y que actualmente constituye un activo económico para quienes la aprenden y la manejan.

Además, esta nueva edición pretende convertirse en un útil instrumento para la clase de Español B que permita a los profesores ofrecer a sus alumnos:

a   una relevante variedad de ejercicios, algunos de ellos destinados específicamente al trabajo con alumnos del Nivel Superior;

b   un intenso entrenamiento auditivo que exponga a los alumnos a la comprensión de las distintas variedades del español oral: peninsular, mexicano, argentino, colombiano, etc.;

c   un dinámico abordaje de las cuestiones gramaticales más relevantes que sirva para revisar los aspectos fundamentales de cada noción de manera clara y sencilla, sin entrar en análisis farragosos;

d   un provechoso apéndice de tipos textuales para que el alumno tenga plena conciencia de lo que se espera que tome en cuenta en el momento de escribir un texto determinado;

e   actividades reflexivas que estimulen el pensamiento crítico, a través de constantes relaciones con los temas abordados en Teoría del Conocimiento o relacionado con las actividades de CAS;

f   sugerentes propuestas de temas para las monografías.

En suma, un material vistoso, variado, práctico y realista que permita a los profesores de la asignatura asegurarse de que sus alumnos comprendan y dominen todos los conocimientos requeridos para los exámenes finales, dentro de los plazos marcados. Ofrece la ventaja, además, de que cada unidad puede ser explotada de manera independiente y sin responder a un orden único, de modo que cada profesor pueda hacer uso de ella cuando lo considere pertinente.

¿Cómo está organizado el Libro del Alumno?

El Libro del Alumno responde en su organización de base a los cinco núcleos temáticos, por lo tanto está dividido en cinco partes, constituidas por cuatro unidades cada una, de las cuales la última siempre es una "unidad literaria" que responde a la finalidad de desarrollar las competencias necesarias para los alumnos de Nivel Superior en este campo, pero también presenta aspectos que pueden ser perfectamente aprovechados por los alumnos de Nivel Medio.

El que aparece a continuación es un ejemplo del esquema organizativo de cada una de las unidades del libro. Sus diferentes partes no siempre aparecen en el mismo orden, por razones de dinámica pedagógica, pero la estructura general se conserva.

1. Identidades

1.3. Valorar las propias raíces

Objetivos de aprendizaje	En esta unidad los alumnos van a aprender a: • Seleccionar información sobre temas específicos (identidad, discriminación sociocultural, interculturalidad, etc.). • Compartir información sobre esos temas con sus compañeros. • Analizar en profundidad dos artículos y una entrevista. • Conocer las características de un artículo donde se relata una experiencia y se incluyen opiniones de las personas involucradas. • Utilizar un vocabulario específico. • Relacionar palabras a través de las preposiciones.
Competencias receptivas	**Comprensión lectora** Artículo: *Los jóvenes mapuche de Chile hablan contra la discriminación* Reportaje de interés humano: *Valorar las propias raíces ayuda a surgir* Ejercicios de comprensión lectora Vocabulario en contexto
	Comprensión auditiva Audio: entrevista a un profesor y a un alumno del Colegio Artístico Intercultural Frida Kahlo. Ejercicios de comprensión auditiva
Competencias productivas	**Para hablar** Preguntas introductorias y actividades de TdC y de CAS (debate de ideas sobre la discriminación y la identidad) Dramatización (interpretar roles)
	Para escribir Artículos periodísticos (sobre una experiencia y un reportaje de interés humano)
Cuestiones gramaticales	Gramática en contexto: las preposiciones
Tipo textual	Artículo periodístico: reportaje de interés humano

La Unidad 6 es un apéndice sobre tipos textuales. Esta es una sección donde se reflexiona y se proponen actividades sobre los diferentes tipos de textos estudiados a través de un taller de textos.

6.1. Textos profesionales: el informe

6.2. Textos profesionales: la biografía

6.3. Textos periodísticos: el reportaje de interés humano

6.4. Textos literarios: la crítica o reseña literaria

6.5. Textos mediáticos: el texto descriptivo y el folleto

6.6. Textos mediáticos: el retrato

¿Cómo está concebido el Cuaderno de Ejercicios?

El Cuaderno de Ejercicios incluye actividades complementarias a las del Libro del Alumno, que pueden ser resueltas en clase o por el alumno, trabajando de forma independiente.

Consta básicamente de las siguientes secciones: vocabulario, lectura y comprensión, cuestiones gramaticales, escritura y ejercicios de integración.

¿Cómo están concebidos el Libro del Profesor y los recursos en Cambridge Elevate?

Tanto el Libro del Profesor como los recursos en Cambridge Elevate (audio y Hojas de Trabajo) ofrecen diferentes posibilidades de uso y explotación pedagógica.

Contiene:

a objetivos específicos para cada unidad;

b sugerencias de acercamiento pedagógico a las distintas actividades, incluidas actividades de diferenciación para adaptar los ejercicios a distintos grupos dentro del aula;

c las respuestas a cada uno de los ejercicios propuestos en el Libro del Alumno y en el Cuaderno de Ejercicios;

d las transcripciones de los audios incluidos en cada unidad en el Libro del Alumno;

e los audios para las actividades de comprensión auditiva en el Libro del Alumno;

f 50 hojas de trabajo editables para trabajar actividades adicionales de apoyo a la evaluación continua y a la de los compañeros en el aula;

g la versión digital del Libro del Profesor en Cambridge Elevate, sencilla de utilizar y personalizar, permitiendo destacar texto, incluir notas (de texto y audio) y organizar contenidos.

Cómo usar este libro

Este libro contiene muchos elementos especialmente diseñados para potenciar la experiencia de los alumnos:

> Preguntas generales al principio de cada unidad para introducir temas de importancia mundial y garantizar que el aprendizaje del alumno refleja la misión del Programa del Diploma del Bachillerato Internacional (IB): crear un mundo mejor gracias a la educación.

Objetivos de aprendizaje

- Estos se especifican claramente al principio de cada unidad de modo que los alumnos sepan qué contenidos y destrezas se trabajan y puedan hacerse responsables de su aprendizaje.

Actividades

En cada unidad se incluye una amplia variedad de actividades basadas en el examen, dando a los alumnos la oportunidad de desarrollar sus drestrezas lingüísticas a la vez que se preparan para la nueva prueba. Las actividades se han seleccionado cuidadosamente para propiciar un viaje ameno y efectivo, desde las actividades iniciales al principio de cada unidad, que ayudan al alumno a recordar lo aprendido y conectar con el tema y los conceptos siguientes, hasta las actividades para finalizar, que favorecen la reflexion y consolidan lo aprendido.

ESTRATEGIAS DE APRENDIZAJE

La comprensión conceptual del lenguaje y los enfoques educativos se integran en el libro animando a los alumnos a potenciar estas destrezas. Los apartados específicos al programa ofrecen ayuda adicional y las actividades específicas incentivan la autonomía del alumno.

Actividades adicionales

Las referencias a las actividades del Cuaderno de Ejercicios y a las Hojas de Trabajo (disponibles en el Libro del Profesor en Cambridge Elevate) ayudan a los profesores a planificar e impartir prácticas adicionales según las necesidades particulares de los alumnos.

TdC y CAS

La base del Programa se integra completamente en el libro marcándose con iconos específicos que animan a los alumnos a enlazar con actividades TdC y CAS y a desarrollar destrezas interdisciplinares. Las secciones específicas al Programa ofrecen ayuda complementaria y actividades especiales para favorecer la autonomía del alumno.

SECCIONES DE VOCABULARIO Y GRAMÁTICA

Ofrecen explicaciones contextualizadas y actividades para potenciar el vocabulario y la gramática.

MONOGRAFÍA

Estas secciones ofrecen consejo y apoyo para abordar con éxito la monografía en Lengua B, ayudando a los alumnos a desempeñar esta práctica.

Para entender 🔊

Las actividades de audio, identificadas claramente por iconos específicos, cubren la nueva sección del examen y ayudan a los alumnos a trabajar esta destreza básica. El audio se encuentra en el Libro del Profesor.

Vocabulario: se recoge en bancos de palabras, ayudando a los alumnos en la adquisición de nuevos términos.

1 | Identidades

1.1 El español: una lengua viva

> ¿Qué te define como persona: tu cultura, tu lengua, tu ciudad, tus amigos o tu familia?

Objetivos de aprendizaje

En esta unidad vas a aprender a:

- Conocer la importancia de la lengua y de la cultura española en el ámbito internacional.
- Escuchar las opiniones de personalidades reconocidas sobre la vitalidad del español.
- Reconocer el valor especial de determinadas palabras o expresiones.
- Compartir ideas con tus compañeros.
- Realizar una breve presentación oral.
- Escribir un comentario personal.
- Reconocer el género y el número de los sustantivos.
- Aplicar la concordancia entre artículos, sustantivos y adjetivos.

1 Para empezar TdC

1 Lee las preguntas y piensa en tus respuestas.

   a ¿Por qué estudias español?

   b ¿Crees que aprender español te permitirá comprender mejor a las personas que hablan dicha lengua?

   c ¿Qué aspectos de la cultura de los hispanohablantes te podrían interesar más?

2   Para que te ayude en tus respuestas, investiga en Internet sobre la importancia del español en el mundo en la actualidad.

3   ¿Conoces a algún personaje de habla hispana? Si es así, preséntalo brevemente a tus compañeros. Si no, puedes investigar para encontrar uno que te interese.

4   Y para ti, ¿cuál es el principal motivo para aprender una lengua extranjera?

    a   Conocer a nuevas personas

    b   Ampliar mis conocimientos

    c   Viajar y conocer mundo

5   Expresa tus respuestas y compara tus ideas con las de tus compañeros.

6   Lee las palabras de estas columnas y elige cinco de ellas que asociarías directamente con la lengua y la cultura de los países hispanohablantes.

- alegría
- arte
- baile
- celebraciones
- comida

- desarrollo
- discriminación
- emociones
- familia
- futuro

¿Por qué las has seleccionado? Comparte tu elección con la clase.

2 Para leer y comprender

¿Conoces la proyección de la lengua y la cultura del español en el mundo?
Lee el siguiente texto para tener más información.

El español: una lengua viva

1 *Se calcula que, actualmente, se hablan entre 6000 y 6500 lenguas en el mundo, aunque la mayoría de los habitantes del globo se comunica en un número reducido de ellas. Algunos idiomas cuentan con una población nativa muy extensa, como el chino, el español, el hindi y el inglés.*

2 Demografía del español

El español es una lengua que hoy hablan casi 567 millones de personas en el mundo, ya sea como lengua nativa, segunda o extranjera. Es la segunda lengua del mundo por número de hablantes nativos (con más de 472 millones), tras el chino mandarín, y el segundo idioma de comunicación internacional. Es conveniente distinguir los territorios donde el español es lengua oficial, nacional o general, de aquellos en los que su presencia es minoritaria.

3 Las proyecciones indican que la comunidad hispanohablante seguirá creciendo para situarse, en 2050, en los 754 millones de personas. Hoy habla español el 7,8 % de la población mundial. En 2060, Estados Unidos será el segundo país hispanohablante del mundo, después de México.

lengua nativa

hablantes nativos

idioma de comunicación internacional

lengua oficial

(lengua) nacional

proyecciones

comunidad hispanohablante

segunda lengua

lengua extranjera

demanda

matrículas

capacidad de comunicación

ámbito internacional

activo económico

vitalidad

protagonismo

redes sociales

1

⁴ El español como lengua extranjera

Se calcula que, después del inglés, el español se disputa con el francés y con el chino mandarín el segundo puesto en la clasificación de idiomas más estudiados como segunda lengua. Se estima que más de 21 millones de alumnos estudian español como lengua extranjera. Existen indicadores parciales de que la demanda de español ha crecido en los últimos años.

⁵ El español como activo económico

Tanto las cifras de matrículas en lengua española en Estados Unidos como las necesidades lingüísticas del Reino Unido justifican la elección por parte de los hablantes en el sentido de que ambas sitúan en primer lugar al español, una lengua que, combinada con el inglés, es la opción que más aumenta la capacidad de comunicación de sus hablantes en el ámbito internacional. No es de extrañar, por tanto, que el hecho de saber español, además de inglés, sea percibido como un activo económico considerable por parte de los hablantes nativos de inglés.

⁶ El español en Internet y en las redes sociales

En la actualidad, el español es la tercera lengua más empleada en Internet por número de internautas. Los dos idiomas que están por delante del español son el inglés y el chino. Si se tiene en cuenta que el chino es una lengua que, en general, solo la hablan sus nativos, el español se situaría como la segunda lengua de comunicación en Internet tras el inglés.

Lenguas más usadas en la red		
Inglés 25,9 %	Portugués 3,9 %	Francés 2,9 %
Chino 20,9 %	Japonés 3,4 %	Alemán 2,5 %
Español 7,6 %	Ruso 3,1 %	Otras lenguas 21,8 %
Árabe 5 %	Malayo 2.9 %	

Uno de los indicadores de la vitalidad del español en Internet es el protagonismo que esta lengua ha adquirido en los últimos años en las redes sociales. Actualmente, el español es la segunda lengua más utilizada en dos de las principales redes sociales del mundo: Facebook y Twitter. Por otra parte, el español es la segunda lengua más importante en Wikipedia por número de visitas.

Número de usuarios de Facebook por lengua

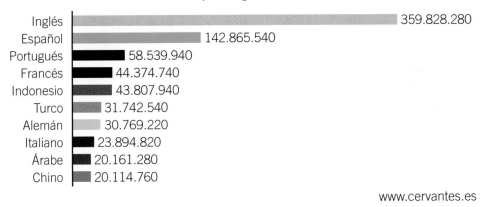

Inglés	359.828.280
Español	142.865.540
Portugués	58.539.940
Francés	44.374.740
Indonesio	43.807.940
Turco	31.742.540
Alemán	30.769.220
Italiano	23.894.820
Árabe	20.161.280
Chino	20.114.760

www.cervantes.es

1 ¿Conoces la posición del español respecto a las lenguas mayoritarias en el mundo? Basándote en el contenido del texto, responde las siguientes preguntas (párrafos 1 y 2).

a ¿Qué tienen en común el chino, el español, el hindi y el inglés?

b ¿Cuántos hablantes de español hay en el mundo?

c ¿Qué posición ocupa el español en cuanto a la cantidad de personas nativas que lo hablan?

d ¿Cuál es la primera lengua del mundo respecto al número de hablantes nativos?

e ¿Cuál es la segunda lengua predominante en la comunicación internacional?

> **Cuaderno 1.1**
> **1 Lectura y compresión**
> Ejercicios 1, 2 y 3

> **Cuaderno 1.1**
> **2 Gramática en contexto**
> Ejercicios 1 y 2

EL JUEGO DE LAS PALABRAS

1 Las palabras que vas a ver a continuación están relacionadas con el uso de las lenguas que aparecen en los párrafos 1 y 2 del texto. ¿Podrías organizarlas en el recuadro de abajo?

| español | chino (mandarín) | hablan | comunica | inglés | internacional |
| oficial | nativa | extranjera | francés | hindi | minoritaria |

Lenguas	Acciones que indican intercambios	Características de una lengua
español		

2 Contesta las siguientes preguntas basándote en los párrafos 3 y 4 del texto y elige la opción correcta.

a En un futuro, el país que tendrá mayor número de hispanohablantes será…

i México

ii España

iii Estados Unidos

iv Argentina

b El idioma más estudiado como segunda lengua en el mundo es…

i el chino mandarín

ii el inglés

iii el francés

iv el español

EL JUEGO DE LAS PALABRAS

1 Busca en el párrafo 5 del texto las palabras o expresiones que significan:

a cantidad de registros: .....*cifras de matrículas*.....

b habilidad de interacción: ....

c espacio universal: ....

d beneficio en las finanzas: ....

2 Elige cuatro palabras de la nube que te resulten significativas en relación con el uso de las lenguas en Internet y escribe cuatro breves reflexiones para responder a esta pregunta:

¿En qué medida la lengua y la cultura, asociadas a las nuevas tecnologías, contribuyen a dar forma a nuestra identidad?

internautas

a *El aumento del número de internautas en español puede determinar que la cultura de habla hispana adquiera cada vez mayor importancia internacional.*

b ....

....

c ....

....

d ....

....

e ....

....

tercera Facebook español
chino
actualidad Wikipedia protagonismo
internautas lengua vitalidad
Internet segunda años
inglés
idiomas redes sociales
comunicación visitas
Twitter

PARA USAR CORRECTAMENTE LA LENGUA

¿Quieres aprender a relacionar sustantivos, adjetivos y artículos correctamente? Recuerda algunas reglas básicas sobre el género y el número de los sustantivos en español.

Cuaderno 1.1
2 Gramática en contexto
Ejercicios 3, 4 y 5

El género de los sustantivos

- Los sustantivos en español pueden ser de género masculino o femenino.

- En muchas ocasiones, los sustantivos masculinos terminan en -*o* y los femeninos en -*a*.

- Los sustantivos que designan **seres animados**, normalmente, tienen dos formas: una masculina y una femenina (*hombre / mujer, macho / hembra, chico / chica, abuelo / abuela*).

- Si el referente del sustantivo es un **ser inanimado**, lo más normal es que sea o masculino (*el jardín, el pie, el hospital, el camión, el coche, el teatro*, etc.) o femenino (*la casa, la cabeza, la mano, la escuela, la pubertad, la vejez*, etc.).

Atención:

- Hay muchos sustantivos terminados en -*ma* que son masculinos (porque son de origen griego): *problema, idioma, poema, tema*, etc.

- Los sustantivos que terminan en -*ción*, -*sión* y -*dad* son femeninos: *repetición, expresión, habilidad*, etc.

El número

- Indica la cantidad de personas o cosas.

- En español hay dos terminaciones para formar el plural: -*s* y -*es*.

Concordancia

La coincidencia de género y número entre el sustantivo, el adjetivo y el artículo se llama concordancia: *la blanca paloma; los libros viejos*.

1 Coloca el artículo *la / el / las / los* que corresponda a cada sustantivo. Puedes utilizar el diccionario para saber si los sustantivos son masculinos o femeninos.

...*la*... **demografía**

.... idioma	.... indicadores	.... hablantes
.... comunicación	.... demanda	.... internautas
.... territorios	.... necesidades	.... protagonismo
.... distribución	.... opción	.... redes sociales
.... proyecciones	.... capacidad	.... uso

2 Busca en el texto cinco construcciones en las que aparezcan sustantivos acompañados por artículos y adjetivos del mismo género.

a *una población nativa* ....

b ....

c ....

d ....

e ....

f ....

1

Identidades

3 Para entender 🔊 Pista 1

Hojas de Trabajo
1.1.1 y 1.1.2

1 Vas a oír lo que un profesor de Español como Lengua Extranjera cuenta sobre su investigación en relación con la importancia del español en el mundo en la actualidad. Escucha la audición dos veces y selecciona la opción correcta.

a ¿Qué se espera en el futuro en relación con la lengua española?

   i Más homogeneidad de la lengua

   ii Un mayor número de hablantes

   iii Más variedad de hablantes

b ¿A qué estudiantes de español hace referencia el texto?

   i A los que aprenden la lengua en sus países

   ii A los que viajan a diferentes países de habla hispana

   iii A los que estudian la lengua en España

c Según el texto, ¿qué característica muestran las diferentes maneras de hablar español?

   i Son muy diferentes entre sí

   ii Se parecen bastante

   iii Son poco conocidas

2 Basándote en la audición, empareja las siguientes frases.

a En muchos países, el español funciona como…

b La historia del español es…

c El estudio hace referencia a…

   i … segunda lengua.

   ii … lengua oficial.

   iii … muy antigua.

   iv … interesante para el mercado editorial.

   v … la importancia de las editoriales americanas.

   vi … la industria editorial española.

3 Elige el mapa que corresponde al país con mayor número de hablantes de español en la actualidad.

4 Para reflexionar y hablar TdC

1 ¿Has viajado a algún país hispano? ¿Tienes amigos hispanos en las redes sociales? ¿Te sorprendieron algunas de sus costumbres? Lee el siguiente texto y añade tus conclusiones a los comentarios de tus compañeros sobre este tema.

● ● ○ ○

Usos y costumbres que debes conocer antes de viajar a España

Antes de viajar a cualquier país, un buen viajero debe buscar información sobre los usos y costumbres del país de destino, así como aprender lo que son considerados buenos y malos modales en dicho país.

5 Cuando se viaja a otro país, llevamos con nosotros nuestras costumbres y tradiciones, pero tenemos que intentar abrir nuestra mente y pensar que no siempre esas costumbres son adecuadas en el país al que viajamos. No son siempre malos modales, pueden ser solo pequeñas confusiones a veces divertidas, pero, otras veces, esos errores pueden crear pequeños conflictos.

10 Está claro que hay buenos y malos modales internacionales, como no emborracharse, no escupir o tirar los papeles a la papelera, pero hay otros usos, costumbres y normas que son propias de un país y que, aunque nos choquen, se deben respetar. Es el ejemplo de Martijn, un voluntario holandés, que se sorprendió al descubrir que en España solo se daban dos besos al saludar a la
15 gente en lugar de tres. Una pequeña confusión solventada con una sonrisa.

Como futuro viajero a España, seguro que estás muy interesado en conocer otros ejemplos de buenos y malos modales, normas que pueden ser diferentes en otros países. Aquí tienes algunas:

a Dos besos en España entre chicos y chicas al ser presentados. Entre chicos
20 normalmente se da la mano en las presentaciones.

b Abrazos solo cuando hay gran confianza.

c No señales con el dedo a la gente o a un lugar donde se encuentre una persona. Puede pensar que estás hablando de ella.

d Nudismo en las playas: no está prohibido por regla general, aunque hay
25 Ayuntamientos que lo prohíben y solo lo permiten en áreas nudistas. Existe la posibilidad de buscar zonas naturistas en toda España.

e Sin camiseta por los centros urbanos: no está prohibido en general, pero muchas personas piensan que es de mal gusto. En los últimos años ciudades como Barcelona han creado normas para evitarlo, incluso con posibilidades
30 de recibir una multa.

Estos son algunos ejemplos que esperamos sirvan como pequeña introducción, pero podrás ampliar más en páginas oficiales.

¡Recuerda que, al final, el sentido común es siempre la principal regla!

europa.eu

Cuaderno 1.1
3 Vocabulario
Ejercicio 1

Presentación oral

Teniendo en cuenta tus lecturas, investigaciones y la audición que has escuchado, haz una presentación oral a tus compañeros sobre una historia, una anécdota o una situación cotidiana que sirva para mostrar tu punto de vista en relación con la siguiente pregunta:

¿Crees que hay características de la cultura y de la sociedad española o hispanoamericana que se reflejan en su lengua?

Cuaderno 1.1
4 Escritura
Ejercicio 1

5 Para escribir y terminar

1   De todas las palabras que se han usado en esta unidad, elige la que, según tu opinión, representa mejor a la lengua española. Asegúrate de usar adecuadamente el género y el número de los sustantivos y adjetivos que hayas utilizado.

  • Busca si tiene varios significados.

  • Busca materiales relacionados con ella en Internet.

2   Escribe un comentario personal de entre 100 y 150 palabras aproximadamente donde:

  • Indiques cuál es la palabra que has elegido.

  • Expliques el valor que tiene esa palabra en el mundo hispanohablante.

  • Compares el sentido de dicha palabra en tu propia lengua y cultura.

3   Organiza tu comentario.

  • Ponle un título.

  • Desarrolla el comentario siguiendo el orden de los tres pasos señalados en la actividad anterior.

¿Qué creencias y valores forman parte de tu identidad personal?
¿Proceden de tu familia o de tu entorno?

Objetivos de aprendizaje

En esta unidad vas a aprender a:

- Conocer la identidad de diversos pueblos de América Latina en el pasado.

- Elaborar un itinerario de viaje.

- Conocer personajes carismáticos revolucionarios.

- Crear un breve proyecto cinematográfico.

- Escribir una biografía.

- Utilizar los verbos en *Pretérito Perfecto Simple* (o *Pretérito Indefinido*) de *Indicativo*.

- Argumentar y dar tu opinión sobre acontecimientos históricos.

1 Para empezar TdC

1   Lee, junto a tus compañeros, la siguiente definición.

Identidad: *Conjunto de rasgos propios de un individuo o de una colectividad que los caracterizan frente a los demás.*

   a   Ahora comentadla entre todos, partiendo de los siguientes aspectos. ¿A qué tipo de rasgos se hace referencia?

   b   ¿Qué rasgos compartes con tus compañeros de clase y con tus amigos? ¿Hay algunos rasgos que no compartes con ellos?

   c   ¿Qué tipo de colectividad son tus compañeros de clase? ¿Qué los define?

   d   ¿Conoces otro tipo de colectividades? ¿Qué las define?

2   Junto a tus compañeros, presta atención a la siguiente noticia de un periódico de Temuco, Chile, de mediados del siglo pasado.

3   Ahora, junto a tus compañeros, contesta las siguientes preguntas.

   a   *Leprología* procede de la palabra *lepra*, ¿conoces el significado de esta palabra? Puedes buscarla en el diccionario o preguntar a tu profesor.

   b   ¿Quiénes son los dos jóvenes que aparecen en la fotografía?

   c   ¿Cuál es el motivo por el que aparecen en las noticias del periódico?

   d   ¿Dónde se desarrolla su labor?

   e   ¿Cómo se trasladan de un lugar a otro?

   f   ¿Qué tipo de rasgos podrían definir la identidad de estos dos jóvenes?

   g   ¿En qué tipo de colectividad desarrollan su trabajo?

   h   ¿Sabes si la lepra es una enfermedad del pasado o persiste aún en algunos lugares del mundo? Investígalo.

2 Para reflexionar y hablar TdC

1 Mira en el siguiente mapa el itinerario del viaje realizado en motocicleta por Ernesto Guevara y Alberto Granado.

Itinerario de los DIARIOS DE MOTOCICLETA

1 "¿Y si nos vamos a recorrer Latinoamérica?".

"¿Recorrer Latinoamérica? ¿Cómo?".

"Con (la moto) 'la Poderosa', hombre".

2 "La (misión) de Alberto, (era) acondicionar la moto para el largo recorrido y estudiar la ruta".

3 "Solo veíamos el polvo del camino y nosotros sobre la moto devorando kilómetros en la fuga hacia el norte".

Teniendo en cuenta el mapa y el itinerario del viaje por Latinoamérica de Ernesto Guevara y Alberto Granado, vas a planificar con tus compañeros una ruta de comunidades indígenas por los mismos países, con las siguientes pautas.

• Investiga previamente si existen comunidades indígenas hoy en día en los mismos países que recorrieron los jóvenes Ernesto y Alberto.

• En el caso de que sigan existiendo pueblos indígenas, elige, como mínimo, uno de cada país.

• Procura destacar lo esencial de la identidad de estos pueblos.

• Elabora un mapa en el que sitúes las comunidades indígenas seleccionadas.

• Incluye en el mapa o en una leyenda las características fundamentales de la identidad de esos pueblos.

• Añade en el mapa fotografías de algunos objetos representativos de la identidad de esas comunidades.

2 Comenta junto a tus compañeros las impresiones que te surjan mientras vas planificando el viaje. Puedes contestar las siguientes preguntas:

a Los pueblos indígenas que has investigado ¿tienen unas condiciones de vida aceptables actualmente?

b ¿Crees que han cambiado mucho respecto a la época en la que el Che Guevara hizo su viaje o esas condiciones siguen siendo similares?

Cuaderno 1.2
1 Lectura y compresión
Ejercicios 1, 2 y 3

3 Para leer y comprender

Lee el siguiente texto, extraído del prólogo de los *Diarios de motocicleta* de Ernesto Guevara.

ERNESTO *CHE* GUEVARA: DIARIOS DE MOTOCICLETA

(Prólogo de su hija Aleida Guevara March)

Los diarios de viaje de Ernesto Guevara, transcriptos por el Archivo personal del Che en La Habana, relatan las dificultades, vicisitudes y la increíble aventura del viaje de descubrimiento de un joven a través de América Latina. Ernesto comenzó a escribir estos diarios cuando, en diciembre de 1951, partió junto con su amigo Alberto Granado desde Buenos Aires para emprender un viaje largamente esperado, bajando por la costa atlántica de la Argentina, cruzando a través de la Pampa y los Andes, entrando en Chile y luego, desde Chile, al norte hacia Perú y Colombia, y finalmente a Caracas.

Estas experiencias fueron escritas más tarde por el mismo Ernesto como un relato, ofreciendo al lector un conocimiento más profundo de la vida del Che, especialmente en un momento en el que se lo conocía poco, revelando detalles de su personalidad, pasado cultural y habilidades narrativas (la génesis de un estilo que se desarrollará en sus trabajos posteriores). El lector también puede comprobar el increíble cambio que se desarrolla en su interior a medida que descubre América Latina, llega a su corazón mismo y desarrolla un sentido cada vez más profundo de una identidad latinoamericana que lo convierte en un precursor de la nueva historia de América.

Aleida Guevara March, 1993
Archivo personal del Che
La Habana, Cuba

Ernesto *Che* Guevara, *Diarios de motocicleta: notas de viaje por América Latina*
(texto adaptado)

1 Contesta las siguientes preguntas:

a ¿Con quién realizó el viaje por América Latina el Che Guevara?

b ¿Qué países recorrieron los dos amigos?

c ¿Cuál es el momento en el que el Che Guevara empieza a transformar sus propios valores?

4 Para reflexionar y hablar

1 Mira el siguiente cartel de la película *Diarios de motocicleta* (2004), dirigida por Walter Salles. Está basada en los diarios de viaje que el Che y su amigo Alberto Granado realizaron por América del Sur en 1952.

Con tus compañeros, vas a comentar el cartel de la película, relacionándolo con lo que sabes hasta ahora del Che Guevara:

- Comentad el significado de las siguientes palabras: "Deja que el mundo te cambie y tú podrás cambiar el mundo". ¿Qué significan para ti? ¿Qué sentido tienen en relación al Che Guevara y Alberto Granado?

- Comentad las imágenes y lo que os parezca relevante del cartel.

2 Imagínate que un director de cine está buscando ideas para hacer una película para jóvenes sobre algunas comunidades indígenas de América Latina en la actualidad. Elabora, junto a tus compañeros, un proyecto específico de viaje sobre los pueblos indígenas que consideres adecuados para la posible película. Deberías incluir, entre otros aspectos:

- Un mapa con la ruta del viaje por los pueblos indígenas seleccionados.

- Los medios de transporte necesarios para acceder a todos los lugares (avión, moto, balsa, bicicleta…).

- La razón por la que la identidad de esos pueblos debería ser filmada.

- Imágenes de personas, lugares, objetos, etc. representativos.

5 Para leer TdC

¿Crees que hay personas que pueden cambiar el mundo? ¿El Che pudo hacerlo o fracasó? Lee el siguiente texto para tener más información.

revolucionario

militancia izquierdista

ideología marxista

guerrilla

conquistar

socialista

imperialismo

irradiar su influencia

aislado

delatado

emboscada

ejército

apresado

honores

CHE GUEVARA [Ernesto Guevara]

1 Revolucionario latinoamericano (Rosario, Argentina, 1928 – La Higuera, Bolivia, 1967). Ernesto Guevara de la Serna, apodado el Che, nació en una familia acomodada de Argentina, donde estudió Medicina. Su militancia izquierdista lo llevó a participar en la oposición contra Perón. Desde 1953 viajó por Perú, Ecuador, Venezuela y Guatemala, descubriendo la miseria y la opresión dominante en algunas partes de América Latina. A partir de estos viajes participó en múltiples movimientos contestatarios, experiencias que le inclinaron definitivamente hacia la ideología marxista.

2 En 1955 Ernesto *Che* Guevara conoció en México a Fidel Castro y a su hermano Raúl, que preparaban una expedición revolucionaria a Cuba. Guevara trabó amistad con los Castro, se unió al grupo como médico y desembarcó con ellos en Cuba en 1956. Instalada la guerrilla en Sierra Maestra, Guevara se convirtió en lugarteniente de Castro y dirigió una de las dos columnas que salieron de las montañas orientales hacia el oeste para conquistar la isla. Participó en la decisiva batalla por la toma de Santa Clara (1958) y finalmente entró en La Habana en 1959, poniendo fin a la dictadura de Batista.

3 El nuevo régimen revolucionario concedió a Guevara la nacionalidad cubana y le nombró jefe de la Milicia y director del Instituto de Reforma Agraria (1959), luego presidente del Banco Nacional y ministro de Economía (1960) y, finalmente, ministro de Industria (1961). Buscando un camino para la independencia real de Cuba, se esforzó por la industrialización del país, ligándolo a la ayuda de la Unión Soviética, una vez fracasado el intento de invasión de la isla por Estados Unidos y clarificado el carácter socialista de la Revolución cubana (1961). En aquellos años, Guevara representó a Cuba en varios foros internacionales, en los que denunció frontalmente el imperialismo norteamericano.

4   Su inquietud de revolucionario profesional, sin embargo, lo hizo abandonar Cuba en secreto en 1965 y marchar al Congo, donde luchó para apoyar al movimiento revolucionario en marcha, convencido de que solo la acción insurreccional armada era eficaz contra el imperialismo. Relevado ya de sus cargos en el Estado cubano, el Che Guevara volvió a Sudamérica en 1966 para lanzar una revolución que esperaba fuera del ámbito continental: valorando la posición estratégica de Bolivia, eligió aquel país como centro de operaciones para instalar una guerrilla que pudiera irradiar su influencia hacia Argentina, Chile, Perú, Brasil y Paraguay.

5   Al frente de un pequeño grupo intentó poner en práctica su teoría, según la cual no era necesario esperar a que las condiciones sociales produjeran una insurrección popular, sino que podía ser la propia acción armada la que creara las condiciones para que se desencadenara un movimiento revolucionario.

6   Sin embargo, su acción no prendió en el pueblo boliviano; por el contrario, aislado en una región selvática en donde padeció la agudización de su dolencia asmática, fue delatado por campesinos locales y cayó en una emboscada del ejército boliviano en la región de Valle Grande, donde fue herido y apresado.

7   Fue asesinado poco después, en octubre de 1967, en la escuela del pueblo boliviano La Higuera, parece ser que por órdenes del ejército boliviano y —según algunas fuentes— aconsejados por la CIA. Expusieron su cadáver a los periodistas y curiosos en un lavadero, antes de enterrarlo en secreto.

8   Se salvó, sin embargo, su *Diario de campaña*, publicado en 1967. En 1997 los restos del Che Guevara fueron localizados, exhumados y trasladados a Cuba, donde fueron enterrados con todos los honores.

www.biografiasyvidas.com (texto adaptado)

6 Para comprender el texto

Cuaderno 1.2
3 Vocabulario y ortografía
Ejercicios 1 y 2

1   Basándote en el contenido del texto, responde las siguientes preguntas (párrafo 1).

   a   ¿Cuál era el verdadero nombre del Che?

   b   ¿Qué tipo de familia era la suya?

   c   ¿Qué vio durante su viaje por diferentes países de América Latina?

   d   A partir de ese viaje, ¿qué tipo de pensamiento invadió al Che?

EL JUEGO DE LAS PALABRAS

Busca en el texto (párrafo 2) las palabras o expresiones que significan:

Ejemplo: Cambio violento en las instituciones políticas, económicas o sociales de una nación – Revolución

a   Tropa no muy numerosa, con poca o ninguna dependencia del Ejército, que acosa y molesta al enemigo.

b   Hombre que tiene autoridad y poder para hacer las veces de otro en un cargo.

c   Ganar, mediante operación de guerra, un territorio, una población, una posición, etc.

d   Combates entre ejércitos enemigos.

e   Gobierno que en un país impone su autoridad incumpliendo la legislación anteriormente vigente.

2   Contesta las siguientes preguntas basándote en el texto (párrafos 3, 4 y 5) y elige la opción correcta.

   a   La nueva orientación política cubana, seguida por el Che Guevara…

      i   fue aprobada por Estados Unidos.

      ii   se rechazó desde la Unión Soviética.

      iii recibió el apoyo de la Unión Soviética.

      iv   seguía el modelo de los Estados Unidos.

   b   El Che pretendió trasladar la revolución a Bolivia porque…

      i   era el país con más desigualdades de la zona.

      ii   podía extenderse desde ahí a otros países debido a su localización céntrica.

      iii era uno de los países más alejados de la influencia de Estados Unidos.

      iv   había muchos partidarios de esa ideología.

   c   Para que la revolución triunfara…

      i   debería haber un enfrentamiento con armas.

      ii   el pueblo tendría que levantarse contra el Gobierno.

      iii habría que mentalizar a la población de su importancia.

      iv   los dirigentes tendrían que ser del pueblo.

3 Señala si las siguientes afirmaciones son verdaderas (**V**) o falsas (**F**) y justifica tu respuesta con palabras del texto (párrafos 6, 7 y 8).

		V	F
a	El Che tuvo muchos seguidores en Bolivia.	☐	☐

Justificación: ....

b	El Che murió luchando en una guerra por la revolución.	☐	☐

Justificación: ....

c	Años más tarde fue enterrado y homenajeado en Cuba.	☐	☐

Justificación: ....

1

7 Para entender 🔊 Pista 2

1 Vas a escuchar una entrevista sobre el viaje en moto que hace Mario, un gran aventurero y apasionado de los viajes. Antes de escuchar la entrevista, responde las siguientes preguntas.

   a ¿Cuál crees que es la razón por la que una persona prefiere hacer un viaje en moto en lugar de en otro medio de transporte?

   b ¿La moto es un medio de transporte que puede gustar a todo tipo de personas? ¿Crees que existe un prototipo de motero?

2 Ahora escucha la entrevista dos veces y responde las siguientes preguntas.

   a El motivo del primer viaje de Mario en moto fue…

      i el trabajo.

      ii familiar.

      iii hacer turismo.

   b Mario quiere…

      i volver a viajar en moto.

      ii repetir el mismo viaje.

      iii tener más tiempo para viajar.

   c Mario llevaba en la mochila pequeña uno de los siguientes objetos…

      i una botella de agua.

      ii un teléfono móvil / celular.

      iii una cámara de fotos.

   d Mario pensó que llevaba demasiadas herramientas porque…

      i todos los moteros se las pedían.

      ii no tuvo que usarlas.

      iii tenía miedo de que la moto se estropeara.

   e Las personas con las que Mario se encontró en Uruguay eran…

      i orgullosas.

      ii indiferentes.

      iii amables.

   f Mario, después de su viaje, se siente…

      i satisfecho.

      ii esperanzado.

      iii cansado.

PIENSA Y COMENTA CON TUS COMPAÑEROS

- ¿Viajar en moto es propio de personas solitarias o personas independientes?
- ¿Tú has hecho algún viaje en moto? Si la respuesta es afirmativa, ¿qué sensaciones te produjo?

  Si no has hecho nunca un viaje en moto, ¿lo harías?, ¿por qué?

PARA USAR CORRECTAMENTE LA LENGUA

Aprende a narrar apropiadamente algunas historias pasadas. Revisa el uso de los verbos en *Pretérito Perfecto Simple* (o *Pretérito Indefinido*).

El uso de los verbos

EL PRETÉRITO PERFECTO SIMPLE (O PRETÉRITO INDEFINIDO)	
Uso	**Ejemplos**
Es un tiempo perfectivo, es decir, de acción terminada.	*El sábado pasado por la tarde fui al cine.*
Expresa acciones pasadas y terminadas y no cercanas al presente.	*Mi perro se escapó hace tres días.*
Es el tiempo de la narración, es decir, que se emplea para construir series o secuencias narrativas en el pasado.	*La experiencia comenzó en una escuela, se extendió al resto de las escuelas de la región y, desde allí, se convirtió en experiencia nacional.*
En muchas ocasiones, este tiempo verbal se usa con algunos adverbios o locuciones, por ejemplo: *ayer, anteayer, hace días / meses / años, hace (especificar número) día(s) / mes(es) / año(s), la semana pasada, el mes / año / lunes… pasado.*	*Anteayer fui a visitar a los padres de mi mejor amiga.* *Hace tres días, estuve en una conferencia sobre el calentamiento global.*

1 Escribe los verbos que están entre paréntesis en *Pretérito Perfecto Simple* (o *Pretérito Indefinido*).

Ejemplo: El Che (ser) fue también un escritor prolífico.

El *Diario de campaña* del Che [A] (pasar) .... a manos del ejército y de la CIA, pero luego [B] (ser) .... rescatado, lo que [C] (permitir) .... su difusión por Cuba. Quien [D] (decidir) .... entregar el *Diario* a La Habana [E] (ser) .... Antonio Arguedas, un alto cargo del Gobierno boliviano.

Algunos militares bolivianos [F] (pensar) .... hacer el gran negocio con la edición del *Diario* y al efecto [G] (haber) .... rápidas ofertas de poderosas editoriales norteamericanas. La aparición del *Diario* [H] (producir) .... en el alto mando de entonces un hondo pesar. El documento [I] (difundirse) .... casi simultáneamente en Cuba, Chile, México y varios países europeos. [J] (Haber) .... quienes [K] (decir) .... que ese documento no era el auténtico diario del Che. El Gobierno de Bolivia [L] (reconocer) .... que el *Diario* difundido era auténtico. Parece ser que Arguedas [M] (poder) .... hacer una copia del documento original.

Hernán Uribe, alainet.org (texto adaptado)

Cuaderno 1.2
2 Gramática en contexto
Ejercicios 1-5

Hojas de Trabajo
1.2.1, 1.2.2 y 1.2.3

PARA APRENDER MÁS...

¿Lo sabías?

Parece ser que fue el artista irlandés Jim Fitzpatrick quien reprodujo la primera imagen del Che Guevara en un póster. Hoy en día, el rostro del Che es mundialmente conocido. Las películas *Diarios de motocicleta* y *Che* han contribuido a difundir la historia del Che entre las nuevas generaciones.

8 Para leer

Lee el siguiente cuadro con la síntesis de los hechos más significativos de la trayectoria del Che Guevara.

Breve cronología de ERNESTO *CHE* GUEVARA

1928	*Ernesto Guevara nace el 14 de junio en Rosario, Argentina.*
1932	*La familia Guevara se traslada a un pueblo serrano cercano a Córdoba, debido al asma crónica de Ernesto. El asma también le impide asistir con regularidad al colegio hasta que cumple los nueve años.*
1948	*Cambiando su plan inicial de estudiar Ingeniería, Ernesto se matricula en la Escuela de Medicina de la Universidad de Buenos Aires, mientras obtiene varios empleos a tiempo parcial, incluyendo uno en una clínica de tratamientos alérgicos.*
1951–1952	*En 1951, Ernesto y su amigo Alberto Granado idean un plan para conducir la motocicleta de Alberto (la Poderosa) por Latinoamérica. Granado es un bioquímico que se había especializado en leprología. Las aventuras experimentadas durante este viaje, escritas por Ernesto durante y después del viaje, son el material de este libro.*
1953	*Ernesto se gradúa de médico y casi inmediatamente se embarca en otro viaje por América Latina, que incluye Bolivia, Perú, Ecuador, Panamá, Costa Rica y Guatemala, en donde conoce a Antonio Ñico López, un joven revolucionario cubano. En Bolivia, es testigo de la Revolución boliviana.*
1954	*Las opiniones políticas de Ernesto se radicalizan profundamente cuando en Guatemala observa el derrocamiento de un Gobierno democráticamente electo. Viaja a México, en donde se pone en contacto con el grupo de exiliados cubanos revolucionarios. En México contrae matrimonio con la peruana Hilda Gadea, con quien tiene una hija, Hildita.*
1955	*Después de conocer a Fidel Castro, acepta integrar el grupo que se estaba organizando para librar una guerra de guerrillas contra la dictadura de Batista. Ya conocido como el "Che" por los cubanos, se embarca como el médico del grupo.*
1956–1958	*Muy pronto, el Che demuestra una sorprendente habilidad militar y es promovido al rango de comandante en julio de 1957. En diciembre de 1958 lidera el ejército rebelde hacia una victoria decisiva sobre las fuerzas de Batista en Santa Clara, Cuba central.*
1959	*En febrero, el Che es declarado ciudadano cubano en reconocimiento a su contribución para la liberación de la isla. Contrae matrimonio con Aleida March, con quien tiene cuatro hijos. En octubre, es puesto al frente del Departamento Industrial del Instituto de Reforma Agraria.*
1960	*Como representante del Gobierno revolucionario, el Che realiza un viaje extenso por la Unión Soviética, la República Democrática Alemana, Checoslovaquia, China y Corea del Norte, firmando varios acuerdos comerciales clave.*
1966	*El Che llega de incógnito a Bolivia en noviembre.*
1967	*El Che es herido y capturado. Al día siguiente es asesinado por fuerzas bolivianas. Sus restos son enterrados en una tumba sin nombre junto a los cuerpos de varios otros combatientes guerrilleros.*
1997	*Los restos del Che son finalmente localizados en Bolivia y devueltos a Cuba, en donde se depositan en un monumento conmemorativo en Santa Clara.*

Ernesto *Che* Guevara, *Diarios de motocicleta: notas de viaje por América Latina* (texto adaptado)

1 Vuelve a leer un extracto del texto anterior. Presta atención a los verbos y ponlos en *Pretérito Perfecto Simple (o Pretérito Indefinido)*.

1954	Las opiniones políticas de Ernesto (se radicalizan) [A] ....*se radicalizaron*........ profundamente cuando en Guatemala (observa) [B] .... el derrocamiento de un Gobierno democráticamente electo. (Viaja) [C] .... a México, en donde (se pone) [D] .... en contacto con el grupo de exiliados cubanos revolucionarios.
1955	Después de conocer a Fidel Castro, (acepta) [E] .... integrar el grupo que se estaba organizando para librar una guerra de guerrillas contra la dictadura de Batista. Ya conocido como el "Che" por los cubanos, (se embarca) [F] .... como el médico del grupo.
1956–1958	Muy pronto, el Che (demuestra) [G] .... una sorprendente habilidad militar y (es) [H] .... promovido al rango de comandante en julio de 1957. En diciembre de 1958 (lidera) [I] .... el ejército rebelde hacia una victoria decisiva sobre las fuerzas de Batista en Santa Clara, Cuba central.
1959	En febrero, el Che (es) [J] .... declarado ciudadano cubano en reconocimiento a su contribución para la liberación de la isla. En octubre, (es) [K] .... puesto al frente del Departamento Industrial del Instituto de Reforma Agraria.

1

Tipo de texto: la biografía

En los textos anteriores, *Che Guevara [Ernesto Guevara]* y el de su *Breve cronología*, se narran los hechos significativos de la vida del Che.

Vamos a repasar las características esenciales de la biografía:

* Narra **acontecimientos históricos o biográficos destacados** de la persona.

* Suele ser una n**arración expositiva**.

* Contiene **datos concretos** sobre fechas, nombres, lugares y acontecimientos.

* Registro **formal**.

* Los tiempos verbales usados suelen ser el **pretérito** o el **presente histórico**.

* Debe tener una **estructura** con **introducción** (presentación de la persona biografiada), **desarrollo** (narración y descripción de los hechos más relevantes de su vida) y **conclusión** (valoración de la importancia de la persona).

9 Para escribir

1   Ahora vas a escribir una biografía de Fidel Castro, líder cubano y compañero en la revolución del Che Guevara. Previamente vas a buscar información en Internet sobre la trayectoria de su vida, desde su nacimiento hasta su muerte. Las siguientes imágenes te pueden ayudar. Consulta la Unidad 6.2 del tema Tipos de texto.

10 Para reflexionar y hablar (TdC)

¿Las personas con un potente carisma benefician o perjudican a sus seguidores?

1 Fidel Castro: ¿héroe, visionario o figura disparatada? Observa estas dos imágenes y prepara una presentación oral sobre la figura de Fidel Castro y sus palabras. Sus mensajes ¿son utópicos o certeros?

" Una importante especie biológica está en riesgo de desaparecer por la rápida y progresiva liquidación de sus condiciones naturales de vida: el hombre ".

FIDEL CASTRO
Río de Janeiro
Conferencia de Naciones
Unidas sobre Medio
Ambiente y Desarrollo
12 de junio de 1992

... convicción profunda de que no existe fuerza en el mundo capaz de aplastar la fuerza de la verdad y las ideas.

2 La revolución llevada a cabo por Fidel Castro en Cuba ¿ha sido un éxito o un fracaso para los cubanos? Debate con tus compañeros.

- Se divide la clase en dos grupos, uno será partidario de la labor revolucionaria de Fidel Castro en Cuba y el otro estará en contra. Debéis incluir la perspectiva o imagen internacional que se tenía de él.

- Buscad en Internet la información pertinente, los recientes cambios políticos, y la relación entre Estados Unidos y Cuba, y el estado de transición en el que se encuentra ahora después de la muerte de Fidel Castro.

- Primero cada grupo preparará los argumentos que va a presentar. Luego cada uno deberá hacer su presentación al otro. A continuación se establecerá un debate.

11 Para reflexionar y escribir TdC

1 Lee el siguiente fragmento y elabora una respuesta personal de 150 a 250 palabras.

Cuaderno 1.2
4 Escritura
Ejercicio 1

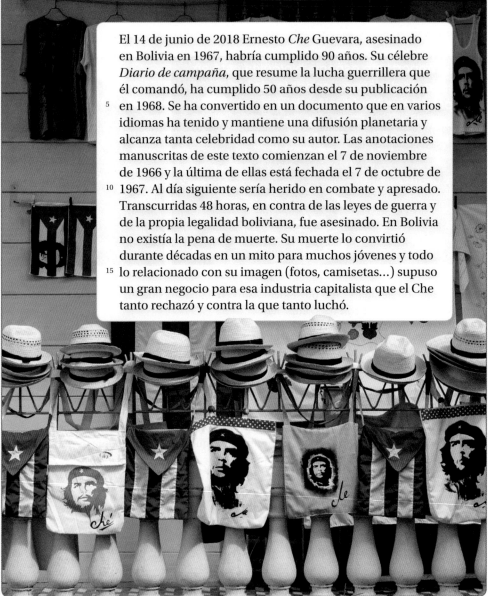

El 14 de junio de 2018 Ernesto *Che* Guevara, asesinado en Bolivia en 1967, habría cumplido 90 años. Su célebre *Diario de campaña*, que resume la lucha guerrillera que él comandó, ha cumplido 50 años desde su publicación
5 en 1968. Se ha convertido en un documento que en varios idiomas ha tenido y mantiene una difusión planetaria y alcanza tanta celebridad como su autor. Las anotaciones manuscritas de este texto comienzan el 7 de noviembre de 1966 y la última de ellas está fechada el 7 de octubre de
10 1967. Al día siguiente sería herido en combate y apresado. Transcurridas 48 horas, en contra de las leyes de guerra y de la propia legalidad boliviana, fue asesinado. En Bolivia no existía la pena de muerte. Su muerte lo convirtió durante décadas en un mito para muchos jóvenes y todo
15 lo relacionado con su imagen (fotos, camisetas...) supuso un gran negocio para esa industria capitalista que el Che tanto rechazó y contra la que tanto luchó.

En tu respuesta personal podrías comentar:

- ¿Por qué fue el Che un líder carismático?
- ¿Cuál es la paradoja sobre el Che en cuanto a la utilización de su imagen?
- ¿Qué pueden aprender las nuevas generaciones de la vida del Che?

12 Para terminar

Al final de su diario de viaje, Ernesto Guevara, el Che, escribió:

"... fue nuestra visión demasiado estrecha, demasiado parcial, demasiado apresurada, fueron nuestras conclusiones demasiado rígidas, tal vez. Pero este vagar sin rumbo por nuestra mayúscula América me ha cambiado más de lo que creí, yo ya no soy yo, por lo menos no soy el mismo yo interior".

Ernesto Guevara de la Serna, 1952

1 ¿Recuerdas el cartel de la película *Diarios de motocicleta* que has visto en la página 25? Representa, fundamentalmente, el inicio y el trayecto del viaje del Che y de Alberto Granado en moto.

Ahora, junto a tus compañeros, vais a intentar elaborar otro cartel en clase, basado también en *Diarios de motocicleta*, pero que muestre el final del viaje, centrándote en estas palabras del Che y en todo lo que has aprendido de su trayectoria.

- Puedes buscar imágenes del Che y Alberto Granado, o bien de los actores que los representaron en la película.

- Elige el lugar de América Latina que sea adecuado al contenido de las palabras del Che.

- Piensa en algún eslogan para el cartel.

1.3 Valorar las propias raíces

Pensando en tus orígenes, ¿cómo puedes proteger tus raíces en un mundo globalizado? ¿Por qué deberías hacerlo? ¿Conoces a alguien que haya sufrido alguna forma de discriminación? ¿Crees que hay gente que todavía la sufre? ¿Cómo se puede combatir la discriminación sociocultural?

Objetivos de aprendizaje

En esta unidad vas a aprender a:

- Seleccionar información sobre temas específicos (identidad, discriminación sociocultural, interculturalidad, etc.).
- Compartir información sobre esos temas con tus compañeros.
- Analizar en profundidad dos artículos y una entrevista.
- Aprender a conocer las características de un artículo donde se relata una experiencia y se incluyen opiniones de las personas involucradas.
- Adquirir un vocabulario específico.
- Aprender a relacionar palabras a través de las preposiciones.

1 Para empezar TdC

1 ¿Qué sabes de los pueblos indígenas de América Latina? Trabaja en grupo y busca datos en Internet sobre el pueblo mapuche.

- ¿Quiénes son los mapuches?

- En la actualidad, ¿sabes cuántas comunidades mapuches existen y en qué países se encuentran?

- ¿Cómo viven?

- ¿Qué simboliza esta bandera mapuche?

2 ¿Qué tipo de discriminación crees que están sufriendo los mapuches? Discute con tus compañeros y luego lee el siguiente texto para verificar tus respuestas.

Los jóvenes mapuche de Chile hablan contra la discriminación

Por Soledad Mac-Pherson

TEMUCO, Chile, 8 de marzo.

Los niños y adolescentes mapuches de Chile dicen que son objeto de discriminación, especialmente debido a sus rasgos físicos y a sus nombres, que indican su origen étnico. En las zonas donde no hay una población predominantemente mapuche, muchos de ellos se sienten excluidos, descalificados y rechazados.

Los resultados de la encuesta de la Voz de los Niños, "Identidad y discriminación en adolescentes mapuche", que llevó a cabo la oficina de UNICEF en Chile a finales del año pasado, reflejan estos problemas. Según la encuesta, también existe una fuerte sensación de exclusión en el acceso a una buena educación, al trabajo, a las nuevas tecnologías y al sistema de salud.

Orgullo del origen mapuche

Jonathan Herrera Melillán, de 15 años, que vive en la ciudad de Viña del Mar, está orgulloso de sus orígenes indígenas. "Yo soy mapuche por parte de mi mamá, mi apellido Melillán significa 'cuatro piedras'", dice.

A pesar de los prejuicios que sufren, muchos adolescentes mapuches, como Jonathan, se sienten orgullosos de su origen, tal como indicó la encuesta.

En la escuela donde Jonathan cursa el primer año de enseñanza media, por ejemplo, solo 7 de los 1.600 alumnos son mapuches, y por lo tanto no le enseñan temas relacionados con su cultura.

"Antes era ignorante respecto a mi etnia, pero cada vez me he ido interesando más", explica Jonathan. "A medida que aprendo, siento más orgullo y ganas de aprender, y me doy cuenta de que vale la pena enseñar la cultura".

"Me tengo que esforzar más que el resto"

1

Otro joven indígena, Daniel Quelempan Antinao, de 12 años, dice: "Yo me siento orgulloso de ser mapuche y si me dicen algo en la calle no los escucho, me hago el sordo".

Daniel recuerda haber sufrido casos de discriminación cuando estaba en jardín de infantes. "Me decían indio. Me daba rabia, me daban ganas de pegarles", dice.

Con respecto al futuro, Daniel sabe que tendrá que luchar contra las desventajas. "Me tengo que esforzar y demostrar más que el resto", dice.

www.unicef.org (texto adaptado)

3 Basándote en el texto, responde las siguientes preguntas.

a ¿Por qué causas son discriminados los jóvenes mapuches?

....

b Según la encuesta, ¿en qué aspectos se sienten marginados?

....

c ¿Qué sentimiento experimentan los adolescentes mapuches, como Jonathan, cuando aprenden sobre su historia y su cultura?

....

d ¿Qué palabra ofendía a Daniel cuando lo acosaban en el jardín de infantes?

....

e Por su condición de mapuche, ¿qué conclusión saca Daniel para su vida en el futuro?

....

4 Basándote en tu experiencia, responde estas otras preguntas.

a En los colegios de tu zona, ¿hay algún grupo que sufre discriminación? ¿Cuál?

....

b ¿Cómo podrías ayudarlos?

....

EL JUEGO DE LAS PALABRAS

En este caso no se trata de jugar con el lenguaje, sino de tomar conciencia de los diferentes sentidos que pueden tener algunas palabras. Tenemos que aprender a ser cuidadosos con su empleo para no herir la sensibilidad de otras personas.

1 Busca en Internet o en el diccionario los diferentes sentidos de la palabra *indio*.

a ....

b ....

Otros. ....

2 ¿Por qué crees que le decían a Daniel "indio" cuando querían ofenderlo?

....

3 ¿Conoces otras palabras que sirvan para designar a una determinada comunidad de personas con un sentido negativo? ¿Cuáles son, y a quién se dirigen?

....

....

....

....

....

....

4 Ahora busca con qué otras palabras podrías referirte a esos mismos grupos pero dándoles un sentido positivo, es decir, que sea socialmente aceptable y que indique respeto hacia los demás.

....

....

....

....

....

....

PIENSA CAS

En tu colegio organizan actividades de CAS (Creatividad, Acción, Servicio) que promueven actividades solidarias y el contacto con sectores desprotegidos de la sociedad.

1 En esta ocasión, el profesor te propone reflexionar sobre los diferentes tipos de acciones que podrían realizarse para ayudar al pueblo mapuche y a sus jóvenes. Con tus compañeros, toma notas de algunas ideas para luego compartirlas con el resto de la clase, finalmente elige las notas más convenientes y trasmíteselas a tu profesor.

Título de la actividad	Título de la actividad	Título de la actividad
....	....	....
Anotaciones:	Anotaciones:	Anotaciones:

1

Identidades

Cuaderno 1.3
1 Vocabulario
Ejercicio 1

2 Para leer

Lee el siguiente texto sobre la particular experiencia de integración realizada en este colegio.

PIENSA TdC

Una educación que excluya a las minorías no es una buena educación.

Educar para la inclusión ayuda a que nuestras sociedades sean mejores.

¿Qué piensas tú de estas afirmaciones?

Valorar las propias raíces ayuda a surgir

Este colegio dirigido a jóvenes mapuches intenta con éxito que sus alumnos se integren en la sociedad sin sacrificar su identidad cultural en el camino.

1 El aniversario del Liceo Particular Guacolda se festejó dos veces: el martes, sus profesores y alumnos agradecían a Dios en una misa; y el miércoles, los mismos profesores y alumnos hacían una fiesta mapuche para honrar a Ngünechen, su máximo dios.

2 Una dualidad que refleja el encuentro cultural que intenta lograr este colegio de Cholchol, Chile, que atiende a 390 alumnos, un 87% de los cuales es mapuche.

3 "Vimos que el currículum nacional no respondía a las necesidades específicas de estos jóvenes, a su 'realidad doble', así es que decidimos apostar por la interculturalidad", explica Ariel Burgos, presidente de la Fundación Instituto Indígena, que sostiene el colegio.

42

4   El fruto de ello es este liceo, un establecimiento gratuito, de carácter técnico-profesional, donde la lengua mapuche (el mapudungún) es una asignatura obligatoria, un lugar en el que se trasnocha esperando el Año Nuevo mapuche en junio y que cuenta con profesores que son jefes mapuches.

5   Se trata de un proyecto que ha tardado 23 años en consolidarse. "En un escenario de alta discriminación, el colegio le hace sentir al adolescente que su patrimonio cultural es un plus para su valor como profesional, lo que fortalece su autoestima", explica el director, Hernán Gutiérrez.

Del aula al trabajo

6   "Cuando el colegio partió, teníamos mucho entusiasmo, pero pocos conocimientos de qué hacer", cuenta Burgos. Por eso, las primeras especialidades que se ofrecieron —vestuario y artesanía— tenían un marcado espíritu conservacionista. Una visión que ha cambiado con el tiempo.

7   Gracias a una serie de estudios y talleres, en los noventa la fundación notó que los mapuches tenían problemas para ser admitidos en los servicios públicos y en los de salud. De ahí surgió la idea de que el colegio podía formar profesionales que facilitaran el acceso a estas áreas.

8   Por eso nacieron las actuales especialidades "interculturales". La idea en cada una de ellas es integrar los conocimientos del mundo convencional con los del universo mapuche, de modo que los alumnos puedan moverse entre ambos mundos sin problemas y también lograr algunas "fusiones".

9   Esto ha beneficiado incluso a ese 13% de estudiantes que no son indígenas, como Leonor Ruiz, quien egresó de Salud Intercultural. Llegó al colegio, desde el campo, por la especialidad y no le interesaba mucho el tema intercultural. Hoy, sin embargo, agradece la formación que recibió, pues ha sido vital para acoger adecuadamente a los muchos pacientes mapuches que llegan al pabellón ambulatorio del Hospital Regional de Temuco, donde trabaja.

10 Historias como la suya son las que motivan a los jóvenes a salir de sus comunidades, en el campo, y llegar al internado del liceo. Es lo que hizo Doris Painefil, quien llegó desde el lejano Puerto Domínguez a Cholchol para estudiar Gastronomía. Salió hace tres años y desde entonces trabaja en la pastelería de uno de los supermercados de la cadena local Muñoz Hnos.: "Lo que aprendí en el colegio me ha servido harto en la cocina y en la relación con los demás".

11 Su jefe, Leopoldo Contreras, destaca que los alumnos llegan bien preparados y se afianzan en sus conocimientos con facilidad: "No por nada, cuatro de nuestros ocho pasteleros locales son exalumnos del Guacolda". De hecho, el colegio estima la inserción laboral de sus alumnos de Salud y Gastronomía en un 70%. Un logro, considerando que el 91,6% de sus estudiantes es socialmente vulnerable.

Manuel Fernández Bolvarán, diario.elmercurio.cl (texto adaptado)

raíces

fiesta

encuentro cultural

currículum nacional

interculturalidad

fruto

alta discriminación

patrimonio cultural

autoestima

conocimientos

acceso

inserción laboral

logro

vulnerable

Cuaderno 1.3
2 Lectura y
comprensión
Ejercicios 1 y 2

3 Para comprender el texto

1   Lee detenidamente el título y la introducción del texto anterior y elige la opción correcta.

El texto es…

a   un folleto de presentación del Liceo Particular Guacolda.

b   una entrevista a los estudiantes del liceo.

c   un artículo sobre una experiencia escolar intercultural.

d   un relato basado en una leyenda mapuche.

2   Basándote en el párrafo 6 del texto, elige la opción correcta.

a   Cuando la experiencia del Liceo Guacolda se inició…

i   todos eran muy entusiastas y sabían perfectamente lo que iban a hacer.

ii   todos tenían mucha experiencia sobre lo que se debía hacer.

iii   se sentían entusiasmados pero excépticos porque no sabían exactamente qué hacer.

iv   a pesar del entusiasmo, no tenían mucha experiencia sobre qué hacer.

b   Las disciplinas que se enseñaron…

i   fueron muy tradicionales al principio.

ii   siempre han sido muy tradicionales.

iii   fueron muy renovadoras desde el comienzo.

iv   siempre buscaron innovar los conocimientos.

3   Elige las tres frases que son verdaderas de acuerdo con la información dada en los párrafos 9 y 10 del texto. Escribe las letras apropiadas en las casillas, como en el ejemplo.

Ejemplo: | A |

☐ ☐ ☐

A   *En la experiencia participa un grupo minoritario de estudiantes no indígenas.*

B   Leonor estaba más interesada en el tema sanitario que en la cuestión multicultural.

C   Doris pasó mucho tiempo sin trabajo desde que egresó del liceo.

D   Leonor puede desempeñarse profesionalmente sin tener en cuenta la cuestión multicultural.

E   La especialidad de Doris le permite tener buenas posibilidades para el intercambio social.

F   Leonor y Doris llegaron al liceo desde comunidades campesinas.

G   Leonor forma parte de la mayoría de estudiantes mapuches que egresaron del liceo.

H   Leonor y Doris comparten la misma especialidad.

4 Basándote en el párrafo 11, completa las siguientes frases con palabras tomadas del texto.

Ejemplo: "El buen nivel que estos estudiantes alcanzan en gastronomía se observa en el hecho de que cuatro de nuestros ocho pasteleros locales son exalumnos del Guacolda".

a Las especialidades en las que los alumnos del Guacolda consiguen mejores posibilidades de trabajo son ....

b Para el Guacolda es importante que sus alumnos consigan trabajo fácilmente, porque en su gran mayoría se trata de un grupo ....

5 ¿Cuál es el propósito comunicativo de este texto? Elige la opción correcta.

a Explicar el concepto de interculturalidad.

b Presentar la experiencia que se lleva a cabo en el Liceo Guacolda.

c Promover los trabajos tradicionales de las comunidades indígenas.

d Denunciar la discriminación que sufren las comunidades indígenas.

Cuaderno 1.3

4 Lectura y comprensión

Ejercicios 1 y 2

Cuaderno 1.3

5 Vocabulario

Ejercicio 1

4 Para entender 🔊 Pista 3

Este es un fragmento de una entrevista que hace el profesor Manuel Casado a integrantes del Colegio Artístico Intercultural Frida Kahlo, donde se realizan proyectos educacionales para fomentar la diversidad cultural. Vas a escuchar la opinión de dos de ellos. Escucha la audición dos veces.

1 Basándote en la audición, completa las siguientes frases.

   a Al igual que en otros centros, ofrecemos a los estudiantes ....

   ....

   b Lo que nos diferencia es el papel que juegan ....

   c Esta diversidad es muy importante para desarrollar ....

2 Elige la opción correcta.

   a El 50% del alumnado y profesorado viene de comunidades y culturas… ☐

      i mexicanas.

      ii diferentes.

      iii indígenas.

   b Según el profesor, la diversidad es muy importante para… ☐

      i desarrollar la creactividad de los alumnos.

      ii que los estudiantes consigan mejores resultados.

      iii que vengan más estudiantes al colegio.

3 De acuerdo con la audición, indica si las frases son verdaderas (**V**) o falsas (**F**).

		V	F
a	El joven estudiante quiere estar con la gente del colegio.	☐	☐
b	El joven juega un papel activo al compartir la cultura y las tradiciones de su pueblo.	☐	☐
c	El joven no se siente parte de la comunidad escolar.	☐	☐

4   Responde las siguientes preguntas.

   a   ¿De qué tipo de comunidad se siente parte este joven?

   ....

   b   ¿Qué haría en un centro normal?

   ....

   c   ¿Qué tipo de educación considera el joven que permitiría terminar con la discriminación?

   ....

   d   ¿Qué opina de la discriminación?

   ....

5 Para hablar TdC

1   En la entrevista el joven dice:

"La discriminación nos perjudica a todos y debemos combatirla".

- ¿Qué quiere decir con esto? ¿Por qué nos perjudica a todos?
- ¿Alguna vez te has sentido discriminado o has presenciado situaciones de discriminación a otros?

Debate con tus compañeros.

PARA USAR CORRECTAMENTE LA LENGUA

1   Lee estas dos versiones del mismo texto. ¿Cuál es más clara? ¿Qué tipo de palabras te ayudan a aclarar la información?

> Gracias una serie estudios y talleres, los noventa la fundación notó que los mapuches tenían problemas ser admitidos los servicios públicos y los de salud. De ahí surgió la idea que el colegio podía formar profesionales que facilitaran el acceso estas áreas.

> Gracias A una serie DE estudios y talleres, EN los noventa la fundación notó que los mapuches tenían problemas PARA ser admitidos EN los servicios públicos y EN los de salud. De ahí surgió la idea DE que el colegio podía formar profesionales que facilitaran el acceso A estas áreas.

¿Quieres aprender a relacionar unas palabras con otras?

Hay palabras que sirven como medio de relación. Por ejemplo, para relacionar sustantivos, adjetivos, adverbios y verbos con otros sustantivos, adjetivos o verbos en infinitivo.

Como puedes ver, en el segundo caso el sentido del texto ha quedado completamente claro.

Las palabras que han servido para relacionar y definir el significado de la frase se llaman preposiciones.

Las que se utilizan con mayor frecuencia son las siguientes:

a	ante	bajo	con	contra	desde	en	entre	hacia
hasta	para	por	según	sin	sobre	de		

Cuaderno 1.3

3 Gramática en contexto

Ejercicios 1, 2 y 3

2 Siguiendo el orden del texto *Valorar las propias raíces ayuda a surgir*, desde el título hasta el final, selecciona un ejemplo de cada una de las preposiciones que aparecen a continuación y transcríbelas como en el ejemplo.

   Ejemplo:

   - A: *ayuda a surgir* ....
   - CON: ....
   - SIN: ....
   - EN: ....
   - PARA: ....
   - DE: ....
   - POR: ....
   - ENTRE: ....
   - DESDE: ....

3 Completa las siguientes frases con las preposiciones correctas.

   a En la universidad, Pablo investigó .... el mosquito del dengue.

   b Cuando estalló el incendio, los asistentes al recital se dirigieron .... la salida de emergencia.

   c El testigo declaró .... el juez .... juramento.

   d La joven fue obligada a devolver lo robado .... su voluntad.

Atención:

POR	PARA	
• Causa	• Propósito	• Destinatario
• Tiempo aproximado	• Lugar determinado	• Opinión
• Lugar aproximado	• Tiempo determinado	

4 ¿Es *para* o *por*? Elige la opción correcta.

   a El aprendizaje de lenguas extranjeras es una herramienta .... el futuro.

   b El sospechoso fue detenido .... el asalto al banco.

   c Es habitual que mi vecino salga .... la noche.

   d El profesor va a estar ausente .... una semana.

   e El libro estará listo .... fin de año.

   f Los diarios en español son .... ti.

Hoja de Trabajo 1.3.2

1

Cuaderno 1.3
6 Escritura
Ejercicios 1 y 2

6 Para escribir

1   Escribe sobre uno de los siguientes temas:

- En los últimos años se han incorporado a tu colegio jóvenes que pertenecen a diferentes comunidades. Se ha puesto en práctica entonces una experiencia de interculturalidad muy interesante, basada en los momentos de ocio: juegos, *hobbies*, deportes. Escribe un artículo para el periódico de tu colegio y analiza esta experiencia (entre 200 y 250 palabras).

- Las tecnologías de la información y de la comunicación han tenido un enorme impacto en toda la sociedad. Escribe un artículo de entre 200 y 250 palabras para el periódico de tu ciudad y cuenta la experiencia de cómo cambió una escuela rural mapuche donde las autoridades educativas instalaron un aula informática. Incorpora las opiniones del maestro, de los alumnos y de los padres.

Nivel Superior

2   Escribe un artículo de entre 250 y 300 palabras sobre uno de los temas anteriores.

Hoja de Trabajo 1.3.1

7 Para hablar

1   El tema de la identidad en el mundo moderno abre una doble perspectiva: identidad global o identidad cultural con rasgos distintivos. ¿Con cuál de estos enfoques estás de acuerdo?

Haz una breve presentación de tus opiniones y debate con tus compañeros.

8 Para terminar

Dramatiza con tus compañeros.

1   En tu escuela han organizado diversas actividades para celebrar el Día de los Idiomas con el objetivo de destacar la importancia de la comunicación entre los pueblos. Tu clase participa con la siguiente representación:

Tema: Comunicarse exige hacer el esfuerzo para escucharse y entenderse.

Lugar: Una pastelería.

Personajes y situaciones:

a   El pastelero, un extranjero que ha estudiado Gastronomía en su país y que no habla bien español.

b   La dueña de la pastelería.

c   Un cliente que no entiende el español ni la lengua del pastelero y quiere comprar pasteles en la pastelería.

d   Un niño pequeño (hijo del cliente extranjero), un poco travieso, que habla español bastante bien y habla también la lengua de sus padres.

e   Una anciana con mal genio que quiere comprar pasteles.

Para organizar la actividad:

- Tú sabes que toda representación requiere un guion teatral. Para escribirlo y ensayarlo realiza las actividades propuestas por tu profesor. Algunas son de carácter individual y otras son de carácter colectivo, y deberás llevarlas a cabo junto con tus compañeros, dentro o fuera de clase.

- Algunos personajes pueden cambiar para adecuarlos a la situación que la clase imagine, pero siempre deberéis cuidar que estén representados personajes de diferentes orígenes y diferentes lenguas. Esta diversidad podrá generar inicialmente confusiones o malentendidos, pero la finalidad es que todos terminen comprendiéndose y aceptando los comportamientos culturales de cada uno.

MONOGRAFÍA

En esta unidad has comprendido la importancia del uso de la lengua como medio transmisor de la cultura, reflejado en el crecimiento del número de estudiantes de español en el mundo y su mayor conocimiento de la cultura hispanohablante. Por este motivo hay personajes históricos y carismáticos, como el Che Guevara, que son conocidos mundialmente. Otro ejemplo representativo del reflejo en la lengua de una cultura específica es el de las minorías étnicas, como los mapuches, que han preservado su identidad lingüística y cultural. Estos hechos te podrían ayudar a reflexionar y llevar a cabo una investigación para la Monografía Categoría 1. Lengua. Una posible pregunta de investigación en esta línea podría ser: "¿El crecimiento del número de estudiantes de español en el mundo implica que el conocimiento real de su cultura es mayor o, por el contrario, lo que más se ha extendido han sido sus estereotipos?".

1.4 *Amor en La Higuera*

¿Existen varios tipos de amor? ¿Cuáles son? ¿Cómo se puede saber si el amor de alguien es verdadero?

Objetivos de aprendizaje

En esta unidad vas a aprender a:

- Identificar una reseña cinematográfica.
- Debatir sobre el amor.
- Interpretar un relato.
- Utilizar algunos recursos literarios: metáfora y símil o comparación.
- Conocer la mitología.
- Utilizar los verbos en *Pretérito Imperfecto* de *Indicativo*.
- Hablar sobre las relaciones personales.

1 Para empezar TdC

En la Unidad 1.2 ya has conocido el comienzo de la trayectoria social de Ernesto Guevara. Antes de leer el relato, *Amor en La Higuera,* sobre los últimos momentos de su vida, ¿te gustaría saber cómo continuó la labor revolucionaria del Che por Latinoamérica hasta sus últimos días?

Para obtener más información sobre los últimos días de la vida del Che, puedes ver las dos partes de la película *Che: El argentino* (parte 1) y *Che: Guerrilla* (parte 2), dirigida por Steven Soderbergh (2008). Trata sobre la figura de Ernesto Guevara fundamentalmente durante su larga etapa como revolucionario, hasta su muerte en Bolivia.

1 A continuación vas a leer la crítica / reseña cinematográfica de la segunda parte de la película
  Che: Guerrilla.

La Muerte del Che *(Che: Guerrilla)* – Reseña / Crítica

Por José Ubillus Vivar

pepeubillus@yahoo.com

Capitalizando al máximo las dotes de
excelente actor que posee **Benicio del
Toro**, el director **Steven Soderbergh**
filmó esta segunda parte de la biografía
5 de **Ernesto *Che* Guevara** con sobriedad
fotográfica y narrativa, sin necesidad de
recurrir a dramatizaciones o recursos
forzados de versión libre, logrando una
cinta ceñida a lo que realmente ocurrió
10 en Bolivia y obviamente basándose
en el diario que escribió el popular
personaje. Por esta razón el accionar es
a veces lento y con visos de documental,
pero esto y la magnífica actuación
15 protagónica dan mérito a este film.

La película se inicia cuando **Fidel Castro** comunica por televisión al pueblo de
Cuba que mediante una carta **el Che** ha renunciado a su cargo como ministro de
Industria y que ya no se encuentra en la isla.

Sus ideales lo condujeron a las serranías bolivianas, donde inicia con 47
20 hombres una revolución. Con ese pequeño grupo integrado por 16 cubanos,
26 bolivianos, 3 peruanos y 2 argentinos pronto descubre que el campesinado
no lo apoya por temor, desconfianza y porque no comprende su ideología. Son
perseguidos, traicionados y con escasos víveres se ven obligados a enfrentar
fuerzas superiores en geografía desconocida e inhóspita.

25 Se aprecia con realismo el estoicismo para enfrentar sus ataques de asma, su
inquebrantable fe y valentía aun en las condiciones más adversas, el golpe moral
que significó la captura de Régis Debray, Ciro Bustos y la emboscada donde
muere Tania.

El **9 de octubre de 1967,** en la quebrada del Yuro, cerca del caserio de
30 La Higuera, el Che fue herido y capturado. Según relatos testimoniales y
periodísticos, el sargento Mario Terán recibió la orden de ultimarlo y, cuando
vaciló, el comandante guerrillero le dijo: "Póngase sereno y apunte bien, carajo,
usted va a matar a un hombre"; y, efectivamente, el hombre murió, pero nació
el mito revolucionario más grande de todas las épocas, a tal punto que alguien
35 manifestó: "El Che no sobrevivió a sus ideas, pero las fecundó con su sangre".

www.cinevistablog.com (texto original)

Ficha Técnica

Director: Steven Soderbergh
Género: Drama, Biopic.
Duración: 2 h 13 min
Guion: Benjamin A. Van der Veen,
Peter Buchman

Reparto: Benicio del Toro, Demián
Bichir, Rodrigo Santoro, Matt Damon,
Julia Ormond, Catalina Sandino
Fotografía: Steve Soderbergh
Montaje: Pablo Zumárraga
Música: Alberto Iglesias
País: Francia, Estados Unidos, España
Año: 2008

Cuaderno 1.4
**4 Vocabulario y
gramática**
Ejercicio 1

Hoja de Trabajo 1.4.1

2   Junto a tus compañeros, contesta las siguientes preguntas.

a   ¿En qué lugar se centra la película?

b   ¿En qué se basó el director para hacer la película?

c   ¿Quién es el personaje que comienza hablando sobre el Che?

d   ¿Cuál es el objetivo del Che en Bolivia?

e   ¿Quiénes recelaban del Che y sus seguidores?

f   ¿Qué actitud del Che destacó ante el infortunio?

g   ¿Cómo murió el Che?

h   ¿Qué originó la muerte del Che?

La Higuera, Bolivia, es el lugar donde el Che fue asesinado. Poco antes de su muerte, en esa misma ubicación, se sitúa el relato *Amor en La Higuera*, que vas a leer a continuación. Como su título indica, hay una historia de amor que surge en ese trágico momento.

3   Junto a tus compañeros, contesta las siguientes preguntas para, a continuación, debatir sobre el amor.

a   ¿Cómo definirías la palabra *amor*?

b   ¿Qué significa la expresión "un flechazo" en el contexto del amor?

c   ¿Quién era el dios romano del amor? Busca información sobre él o pregunta a tu profesor.

d   Describe la imagen con la que se suele representar a ese dios.

- ¿Qué significado tienen el arco y las flechas?

- En muchas imágenes, Cupido suele representarse con vendas en los ojos: ¿qué significado simbólico tienen?

- Según tu experiencia, ¿te parece cierto el significado simbólico de Cupido en la vida real?

Cuaderno 1.4

1 Lectura y comprensión

Ejercicios 1 y 2

2 Para leer

¿Quién narra el relato? Lee el siguiente texto.

Amor en La Higuera

Cuando el Che llegó a La Higuera, amarrado a un helicóptero militar, tenía la pierna herida por una bala y un aspecto de guerrillero inmortal.

A la mañana siguiente, cuando fui a cumplir con mi deber de profesora, me enfrenté a una realidad que no me dejaría ya vivir en paz. El Che estaba sentado en una banca, dentro de la
5   escuelita, y, al verme, me bromeó:

—¿Qué hace una jovencita tan bonita en este pueblo?

No le contesté. Estaba cohibida y no tenía experiencia de tratar con gente desconocida.

Apenas lo sacaron para tomar fotos, sus ojos me buscaron entre el tumulto para guiñarme. Fue la primera vez que le devolví la mirada, pero algo avergonzada, aunque por dentro
10   sentía una enorme alegría, como quien encuentra el amor de su vida mientras menos se lo espera.

En el pueblo reinaba un clima tenso y la gente hablaba del mensaje del presidente, quien dijo por la radio que los barbudos eran invasores extranjeros, que se llevarían a punta de cañón a los más jóvenes, que violarían a las mujeres y que nos matarían a todos. No sabía si creer en las palabras del presidente. Estaba enamorada y el corazón empezó a latirme con más fuerza. Nunca vi a un hombre tan hermoso. Parecía uno de esos personajes que se niegan a afeitarse y cortarse el pelo para parecerse a los héroes de las películas. Así como estaba, con sus ropas rotosas y polvorientas, tenía la apariencia de Cristo, la sonrisa dulce y la mirada tierna.

Esa noche no dormí tranquila. Escuché las voces de los soldados y oficiales, quienes parecían festejar su triunfo entre gritos y bebidas. Después, entrada ya la noche, escuché unos disparos que me hicieron estremecerme en la cama.

Al día siguiente de su asesinato, ya en Vallegrande, lo vi tendido en el banco de cemento del lavadero; tenía en los ojos la misma luz que me penetró como un dardo en el pecho.

Me puse triste y lloré por dentro, pues no quería que los militares se dieran cuenta de mis sentimientos.

Al abandonar el lavadero, abriéndome paso entre el grupo de soldados, fotógrafos y curiosos, un intenso amor empezó a crecer dentro de mí, mientras una voz misteriosa me gritaba desde el fondo del alma: "Ese era el hombre que, como ramilletes de flores, entregó su amor y sus ideales a los enamorados de la libertad".

Desde entonces han pasado muchos años y todavía escucho esa voz, que seguro era la voz del Che, quien en la palabra y la historia se convirtió en poesía rebelde.

Otra hubiera sido mi vida si no lo hubieran matado ese día. Hasta ahora escucho esos disparos zumbándome en la cabeza y hay noches que no me dejan dormir… Cómo quisiera encontrarlo otra vez, para entregarle mi amor sin pedirle nada a cambio, ahora y en la hora de mi muerte.

Víctor Montoya, "Amor en La Higuera", *Clarín,* 6 de octubre de 2005

guerrillero inmortal
vivir en paz
cohibida
avergonzada
alegría
el amor de su vida
clima tenso
enamorada
hermoso
sonrisa dulce
mirada tierna
lloré por dentro
intenso amor
enamorados de la libertad
poesía rebelde

3 Para comprender el texto TdC

¿El hombre es cruel por naturaleza o bondadoso?

1 Basándote en el contenido del texto, responde a las siguientes preguntas (líneas 1 a 7)

a ¿Cómo fue trasladado el Che a La Higuera?

b ¿Qué le había pasado en la pierna?

c ¿Cuál es la ocupación de la narradora del relato?

d ¿Dónde se encontró la narradora al Che?

1

2 Basándote en las líneas 8 a 15, completa el cuadro siguiente indicando a quién se refieren las palabras (pronombres) subrayadas.

En las expresiones...	El pronombre...	se refiere a...
Ejemplo: ... le contesté (línea 7)	*le*	*al Che*
a Apenas <u>lo</u> sacaron (línea 8)	*lo*	....
b ... <u>sus</u> ojos (línea 8)	*sus*	....
c ... <u>me</u> buscaron (línea 8)	*me*	....
d ... <u>le</u> devolví la mirada (línea 9)	*le*	
e ... <u>se</u> lo espera (líneas 10 y 11)	*se*	....

3 Contesta la siguiente pregunta basándote en las líneas 12 a 14 del texto y elige la opción correcta.

El presidente de Bolivia anunció a la población que los revolucionarios...

a iban a cambiar la situación social del país.

b debían ser recibidos como héroes.

c querían establecerse en el país con mujeres bolivianas.

d podían causar graves problemas a todos.

4 Señala si las siguientes afirmaciones son verdaderas (**V**) o falsas (**F**) y justifica tu respuesta con palabras del texto (líneas 15 a 19).

V   F

a La narradora comenzó a experimentar los efectos del amor. ☐ ☐

Justificación: ....

b El Che le pareció el hombre más guapo que había visto en su vida. ☐ ☐

Justificación: ....

c Según la profesora, la expresión del Che era dura y enérgica. ☐ ☐

Justificación: ....

Hoja de Trabajo 1.4.2

EL JUEGO DE LAS PALABRAS

1 Busca en el texto (líneas 20 a 24) la(s) palabra(s) o expresiones que utiliza la narradora para mostrar:

a la celebración de la victoria de los militares

b su conmoción tras oír los tiros

c el crimen

La historia de amor más famosa del mundo

Podría decirse que *Romeo y Julieta*, de William Shakespeare, es la historia de amor más famosa del mundo. Desde su publicación en 1597 se ha convertido en un modelo para las historias de amor complicadas o trágicas, tanto en literatura como en música o incluso en el cine. Ha sido traducida a muchas lenguas.

ESTRATEGIAS DE APRENDIZAJE

Recursos literarios

En el estilo literario del relato *Amor en La Higuera* habrás podido encontrar varios recursos literarios, entre los que se encuentran la metáfora y el símil o comparación.

Ejemplos: Metáfora: *"Aspecto de guerrillero inmortal".*
Símil o comparación: *"Un hombre tan hermoso como los héroes de las películas".*

1 Busca en el texto (líneas 24 a 30) ejemplos de esos dos recursos literarios.

a El **símil o comparación**, referido a la luminosidad de los ojos del Che.

....

b La **metáfora** sobre el sufrimiento interno de la profesora.

....

c El **símil o comparación**, relacionado con las creencias del Che.

....

2 Ahora piensa y escribe un ejemplo de cada recurso creado por ti.

a Metáfora ....

b Símil o comparación ....

3 Contesta la siguiente pregunta basándote en las líneas 36 a 44 del texto y elige la opción correcta.

La profesora recuerda su enamoramiento del Che el día que lo mataron… ☐

a como una anécdota sin importancia.

b después de haberlo olvidado por completo.

c con la nostalgia de haber perdido un posible gran amor.

d con remordimientos por no haberle dicho nada al Che.

> **Cuaderno 1.4**
> **2 Vocabulario**
> Ejercicios 1 y 2

PIENSA Y REFLEXIONA TdC

Presta atención a la última parte del relato y, junto a tus compañeros, reflexiona acerca del tipo de amor que la protagonista seguía sintiendo hacia el Che, a pesar de haber muerto, y presta atención al lenguaje utilizado:

"Desde entonces han pasado muchos años y todavía escucho esa voz, que seguro era la voz del Che, quien en la palabra y la historia se convirtió en poesía rebelde.

Otra hubiera sido mi vida si no lo hubieran matado ese día. Hasta ahora escucho esos disparos zumbándome en la cabeza y hay noches que no me dejan dormir… Cómo quisiera encontrarlo otra vez, para entregarle mi amor sin pedirle nada a cambio, ahora y en la hora de mi muerte".

1

Cuaderno 1.4

3 Gramática en contexto

Ejercicios 1 y 2

Hoja de Trabajo 1.4.3

PARA USAR CORRECTAMENTE LA LENGUA

Aprende a relatar apropiadamente algunas historias pasadas. Revisa el uso de los verbos en *Pretérito Imperfecto*.

El uso de los verbos

En los relatos, para describir cualidades o situaciones habituales en el pasado, se suele utilizar el *Pretérito Imperfecto* de *Indicativo*.

1   Escribe los verbos de las siguientes frases en *Pretérito Imperfecto* de *Indicativo*.

   Ejemplo: No (tener) tenía experiencia de tratar con gente desconocida.

   a   Por dentro (sentir) .... una enorme alegría.

   b   En el pueblo (reinar) .... un clima tenso.

   c   La gente (hablar) .... del mensaje del presidente.

   d   Dijo que los barbudos (ser) .... invasores extranjeros.

   e   (Estar) .... enamorada.

   f   (Parecer) .... uno de esos héroes de las películas.

   g   (Tener) .... la apariencia de Cristo.

   h   Esa voz (ser)....................................... la del Che.

   i   Yo (ir) .... al encuentro de mi amor.

2   Habrás notado que en el texto *Amor en La Higuera* el autor también utiliza el *Pretérito Indefinido*. Completa el siguiente fragmento del texto escribiendo los verbos en *Pretérito Indefinido* o *Pretérito Imperfecto*, según corresponda. Estos tiempos verbales son los más utilizados, entre otros, en cualquier texto narrativo.

   Esa noche no **[A]** (dormir) .... *dormí* .... tranquila.
   [B] (Escuchar) .... las voces de los soldados y oficiales, quienes
   [C] (parecer) .... festejar su triunfo entre gritos y bebidas.
   Después, entrada ya la noche, **[D]** (escuchar) .... unos disparos
   que me **[E]** (hacer) .... estremecerme en la cama.

   Al día siguiente de su asesinato, ya en Vallegrande, lo **[F]** (ver) ....
   tendido en el banco de cemento del lavadero; **[G]** (tener) .... en
   los ojos la misma luz que me **[H]** (penetrar) .... como un dardo en
   el pecho. Me **[I]** (poner) .... triste y **[J]** (llorar) ....
   por dentro, pues no **[K]** (querer) .... que los militares se dieran
   cuenta de mis sentimientos.

4 Para entender 🔊 Pista 4

Vas a escuchar una entrevista sobre el amor adolescente.

Antes de escuchar la entrevista, responde las siguientes preguntas:

a ¿La historia de amor de un adolescente podría ser equiparable a la de un adulto desde el punto de vista emocional?

b ¿Los adolescentes saben realmente qué es el amor?

1 Ahora escucha la entrevista dos veces y responde.

a La pasión amorosa en los adolescentes es, comparándola con los adultos…

   i más intensa.

   ii igual.

   iii más débil.

b Natalia piensa que los niños…

   i no se enamoran.

   ii quieren enamorarse.

   iii se enamoran.

c Según Natalia, el deseo de permanecer siempre al lado de alguien es propio de…

   i los amigos.

   ii una pareja.

   iii la familia.

d El efecto del amor cinematográfico en las personas suele…

   i ser más amoroso.

   ii ayudar a conocerse más.

   iii crear confusión en la realidad.

e Natalia piensa que la sensación inicial al conocer a alguien…

   i es la que importa.

   ii puede dar lugar a desengaños.

   iii puede ayudar a conocer una posible relación futura.

f Natalia piensa que para encontrar el amor verdadero antes hay que…

   i tropezar muchas veces.

   ii tener muchos amores.

   iii pensárselo mucho.

PIENSA Y COMENTA CON TUS COMPAÑEROS

- ¿Cómo explicarías la expresión "estar enamorado del amor"?
- ¿Es algo que ocurre en la realidad o solo en las películas y los libros?
- ¿Conoces algún caso real? ¿Y alguna película o libro sobre el tema?

Mitología

La mitología es la base de algunos mitos, historias, símbolos, etc. literarios a lo largo de toda la historia de la literatura.

1 Junto a tus compañeros vas a tener una charla sobre mitología. Previamente:

- Busca información sobre un dios de la mitología romana o griega.

- Procura elegir un dios que represente algún tipo de sentimiento o emoción humana.

- Analiza la imagen que lo representa.

- Explica a tus compañeros lo esencial de ese dios.

- ¿Conoces alguna obra literaria en la que de alguna manera aparezca lo que representa el dios que has elegido?

5 Para reflexionar y hablar TdC

En tu entorno habitual, ¿se aceptan las relaciones personales con gente de diferente origen? ¿Cuáles son las ventajas en una relación de personas procedentes de diferentes etnias? ¿Hay alguna desventaja?

1 Observa esta imagen de jóvenes de diferentes orígenes. Prepara una presentación oral sobre las relaciones juveniles con orígenes étnicos distintos.

- ¿Te parece que es un grupo solamente de amigos?

- ¿Podría haber una pareja de distinto grupo étnico?

- ¿Crees que puede existir algún obstáculo en la relación de amistad o de amor entre ellos?

- Puedes utilizar alguno de los recursos literarios que has estudiado (metáfora o símil) para describir a los jóvenes de la foto.

2   Con tus compañeros, vas a formar una familia hipotética y dramatizar una escena basada en los siguientes elementos.

   Contexto: Los padres están en la mesa, esperando a su hijo/a para cenar, cuando este/a entra con su novio/a, a quien no conocen y es completamente diferente de lo que sus padres esperaban.

   • Los padres son estrictos y tradicionales.

   • El hijo/a es adolescente y rebelde, y está muy enamorado/a de un chico o una chica de otra etnia o clase social diferente.

   • El enamorado/a proviene de una situación social o cultural muy diferente de la del hijo/a.

   • Pueden intervenir más personajes, como hermanos, tíos, primos, etc., dependiendo del tipo de familia que sea y de la cantidad de estudiantes.

   Esta situación es el argumento principal, adaptado a las circunstancias, de muchas obras literarias a lo largo de todos los tiempos (ej. *Romeo y Julieta,* de Shakespeare) y de unas cuantas películas.

3   Ahora vais a investigar sobre *Romeo y Julieta*, de Shakespeare, o cualquier otra obra de teatro que trate sobre algún conflicto amoroso entre jóvenes. A continuación, podéis seleccionar algún fragmento de la obra teatral elegida para representarlo en clase.

6 Para reflexionar y escribir ⓣdC

Cuaderno 1.4   **5 Escritura**   Ejercicio 1

1   Lee el siguiente fragmento y elabora una **respuesta personal** de 150 a 250 palabras.

> *Apenas lo sacaron para tomar fotos, sus ojos me buscaron entre el tumulto para guiñarme. Fue la primera vez que le devolví la mirada, pero algo avergonzada, aunque por dentro sentía una enorme alegría, como quien encuentra el amor de su vida mientras menos se lo espera.*

En tu respuesta personal deberías comentar y analizar el llamado "flechazo" o "amor a primera vista", si crees en su existencia o si, por el contrario, podría deberse a la necesidad de amor de algunas personas que son excesivamente soñadoras.

7 Para terminar

1   Escribe un final alternativo, en forma narrativa, del relato *Amor en La Higuera*. Aquí tienes algunas sugerencias.

   • El Che llega herido al pueblo, pero sobrevive.

   • ¿El Che se enamora de la maestra, o no?

   • ¿Surge algún tipo de conflicto entre el Che y la maestra?

   • ¿Terminan juntos?

   • ¿Se casan?

   • ¿Cómo continúa la vida del Che?

   Haz una planificación previa al relato.

   Puedes incluir alguno de los recursos literarios que has estudiado.

   Recuerda revisar los tiempos verbales adecuados para la narración, los que ya has visto en la Unidad 1.2 y al principio de esta unidad.

2 | Experiencias

2.1 Los sombreros

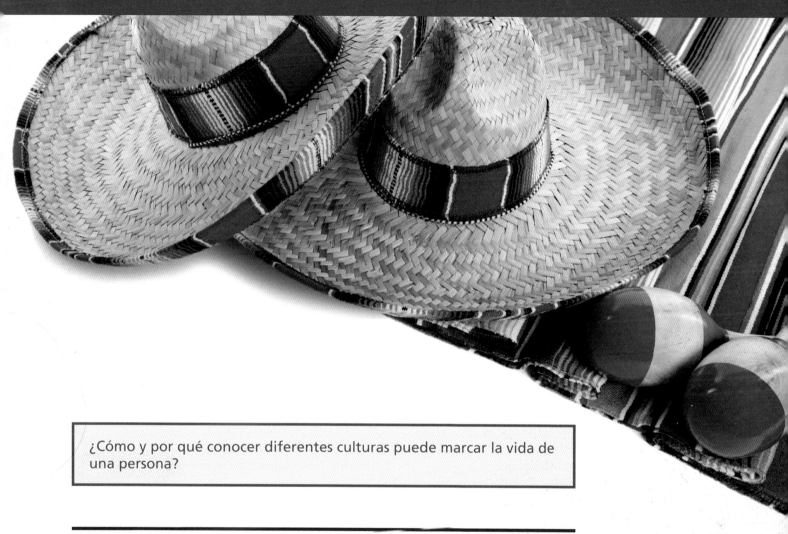

¿Cómo y por qué conocer diferentes culturas puede marcar la vida de una persona?

Objetivos de aprendizaje

En esta unidad vas a aprender a:

- Seleccionar información sobre la costumbre y tradición del uso del sombrero.
- Interrelacionar imágenes con personajes.
- Realizar breves entrevistas y presentarlas oralmente.
- Compartir información con tus compañeros.
- Analizar en profundidad documentos escritos y de comprensión auditiva.
- Aprender a conocer las características de un folleto.
- Adquirir un vocabulario específico.
- Aprender a aplicar la concordancia de artículo, sustantivo y adjetivo y el uso de los pronombres y su referente.

1 Para empezar TdC

¿Cuál es el origen de la palabra *sombrero*? ¿De qué palabra deriva?

1   Lee la definición y comprueba tus respuestas.

> **Sombrero**: (De *sombra* y *-ero*) 1. m. Prenda para cubrir la cabeza, que consta de copa y ala.
>
> 2. m. Prenda de adorno usada por las mujeres para cubrirse la cabeza.
>
> *Diccionario de la Real Academia Española*

2   Lee las siguientes definiciones y escribe en la casilla la letra correspondiente para cada prenda.

   i   cobertura de metal o plástico resistente que protege la cabeza

   □   **a**   gorro

   ii   prenda de tela o lana para cubrir y abrigar la cabeza

   □   **b**   capucha

   iii   prenda para cubrir la cabeza, sin copa ni alas, que suele llevar visera

   □   **c**   gorra

   iv   parte de una prenda que sirve para cubrir la cabeza y se puede echar a la espalda

   □   **d**   casco

3   Mira las imágenes de los sombreros y conversa con tus compañeros.

   •   ¿Quién crees que usaría cada tipo de sombrero?

   •   ¿En qué ocasión?

   •   ¿Cuál es su uso y significado?
       Si no conoces algunas palabras, consúltalas con tus compañeros o en el diccionario.

4   ¿Tú usas sombreros o gorros? Antes, en muchos países, todo el mundo llevaba sombreros y ahora ya no. En otros, sigue siendo parte de la cultura. Haz una entrevista a distintos miembros de tu familia (padres, abuelos, tíos) o a vecinos o conocidos sobre este tema. Puedes preguntarles, por ejemplo:

   •   ¿Qué tipos de sombreros usas ahora o usabas cuando eras joven?

   •   ¿Tienes fotografías con sombreros?

   •   ¿Hay algún sombrero que usas en ocasiones especiales?

   •   ¿Qué tipos de sombreros prefieren los hombres y las mujeres?

   •   ¿Dónde se compran?

   •   ¿Tienes algún sombrero?

   •   ¿Piensas que la moda del uso del sombrero se ha perdido?

5   Comparte en clase el resultado de tus entrevistas.

2 Para leer

¿Sabías que hay tiendas especializadas en la venta de toda clase de sombreros?
Lee el siguiente texto.

producto

cualidades

habilidades

fibra

palmera

materia prima

condiciones climatológicas

estilos

artesanos locales

tejedores

elegancia

popularidad

maestros

artículos

Cuaderno 2.1

1 Vocabulario

Ejercicio 1

Cuaderno 2.1

2 Lectura y
comprensión

Ejercicios 1 y 2

Hoja de Trabajo 2.1.2

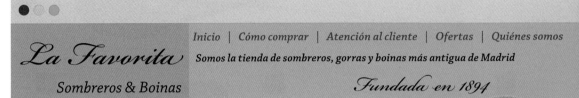

La Favorita

Sombreros & Boinas

Inicio | Cómo comprar | Atención al cliente | Ofertas | Quiénes somos

Somos la tienda de sombreros, gorras y boinas más antigua de Madrid

Fundada en 1894

El sombrero panamá

1   Aunque su nombre pueda llevar a una confusión, el verdadero sombrero
panamá es un producto de Ecuador. Ecuador empezó a producir sombreros
panamá en el año 1630, pero no los exportó activamente hasta el siglo XIX.
Los sombreros fueron vendidos en los puertos panameños, como resultado
de las cualidades y habilidades de los comerciantes ecuatorianos.

2   Para elaborar un sombrero panamá se utiliza una fibra resistente y flexible de una palmera
sin tronco (*Cardulovica Palmata*) conocida como "toquilla". Esta materia prima se encuentra
en las zonas costeras de Ecuador, donde se dan las condiciones climatológicas ideales para su
crecimiento y desarrollo.

3   La provincia ecuatoriana de Manabi es históricamente el centro de la producción de los
sombreros panamá. Las ciudades de Jipijapa y Montecristi han prestado sus nombres a los
diferentes estilos de los sombreros panamá, gracias a las capacidades de sus artesanos locales.

4   Los maestros artesanos y tejedores pueden tardar hasta ocho meses en realizar un único
sombrero, ya que son tejidos a mano. La calidad del sombrero varía según la finura del tejido y
la uniformidad del color. Las mejores fibras son seleccionadas a mano tomando en cuenta su
suavidad y flexibilidad.

5   Los años cuarenta fueron los grandes años de producción de sombreros de paja toquilla. Fue la
principal exportación de Ecuador y una distinción de estilo y elegancia. Desafortunadamente,
en los años sesenta se produjo una caída en el uso del sombrero en general, y de los sombreros
de palma en particular, como artículo de moda para los caballeros. Esto fue impulsado por John
Kennedy y su popular costumbre de llevar la cabeza descubierta. Como resultado de ello, la
producción de buenos sombreros de palma de Panamá es ya casi un arte olvidado hoy en día.
Sin embargo, no se ha perdido la esperanza, y todavía quedan unos pocos artesanos que tejen
estos sombreros, y es posible que vuelva a surgir su popularidad.

6   En la ciudad de Montecristi, el arte de tejer sombreros panamá está disminuyendo. Hace dos
generaciones, había 2.000 tejedores y ahora solo hay 20 maestros. Además, teniendo en cuenta
que los maestros actuales tienen de 70 a 80 años aproximadamente, y que los sombreros más
sencillos llevan un tiempo de elaboración de dos meses, hay poco tiempo libre para instruir a los
más jóvenes en este arte. Los sombreros Montecristi son simplemente los mejores sombreros
de paja del mundo, y por ello luchamos día a día para que este bello arte vuelva a renacer.

Muchas gracias por su visita y no olvide visitar nuestra Tienda Virtual

7   Disponemos de muchos más artículos (más de 5.000
referencias), que poco a poco vamos incorporando a la Tienda
Virtual. Si usted se encuentra interesado en algún artículo que
no ha visto, no tiene más que enviar un correo electrónico,
para que así nos pongamos en contacto con usted a la mayor
brevedad posible y le comuniquemos los productos que
tenemos con esas características.

www.lafavoritacb.com

3 Para comprender el texto

1 Como puedes ver, el texto que acabas de leer aparece en la página web de una tienda de sombreros madrileña. ¿Cuál crees que es la finalidad de esta tienda al presentar el sombrero panamá en su página web? Escribe la opción correcta en la casilla.

a Publicitar la compra de estos sombreros.

b Contar la historia de los artesanos que los fabrican.

c Presentar las diferentes opiniones de los compradores.

d Explicar el funcionamiento de su página web.

Cuaderno 2.1
3 Lectura y comprensión
Ejercicios 1 y 2

2 Este texto está organizado en tres partes:

- Encabezamiento de la página web.
- Texto específico sobre el sombrero panamá.
- Invitación a visitar la Tienda Virtual y cierre de la página.

A cada parte del texto en la columna de la izquierda le corresponde uno de los datos que aparecen en la columna de la derecha. Enlaza cada una de las partes del texto con el dato que corresponde marcando la casilla adecuada.

a encabezamiento de la página web

b texto específico sobre el sombrero panamá

c invitación a visitar la Tienda Virtual y cierre de la página

i   duración de la garantía del producto

ii información sobre el anunciante / vendedor del producto

iii descripción del producto

iv precio y forma de pago del producto

v   mantenimiento o cuidado del producto

vi ofrecimiento de otros productos

EL JUEGO DE LAS PALABRAS

Cuaderno 2.1
4 Vocabulario
Ejercicio 1

1 Busca en los seis primeros párrafos del texto *El sombrero panamá* las palabras que significan:

Ejemplo: cierto (párrafo 1) – *verdadero*

a fuerte (párrafo 2)

b favorables (párrafo 2)

c distintos (párrafo 3)

d solo (párrafo 4)

e conocido (párrafo 5)

f contemporáneos (párrafo 6)

2

4 Para entender 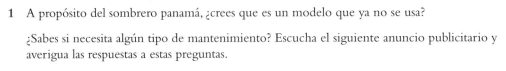 Pista 5

1 A propósito del sombrero panamá, ¿crees que es un modelo que ya no se usa?

¿Sabes si necesita algún tipo de mantenimiento? Escucha el siguiente anuncio publicitario y averigua las respuestas a estas preguntas.

2 Basándote en la audición, indica si las siguientes frases referidas al cuidado del sombrero panamá son verdaderas (**V**) o falsas (**F**).

		V	F
a	Se debe hacer una limpieza suave y delicada.	☐	☐
b	Se debe usar jabón blanco para un mejor cuidado.	☐	☐
c	Se debe secar en lugares soleados.	☐	☐
d	El resecamiento de las fibras puede volverlo quebradizo.	☐	☐
e	La conservación ideal debe ser en un ambiente muy seco.	☐	☐

PARA USAR CORRECTAMENTE LA LENGUA

Cuaderno 2.1
5 Gramática en contexto
Ejercicios 1, 2 y 3

1 Los adjetivos sirven para describir o añadir información a los sustantivos. Busca un grupo de palabras formado por (artículo + sustantivo + adjetivo) o (artículo + adjetivo + sustantivo) en cada párrafo del texto. Luego escribe también la forma singular (o plural) de cada expresión.

Ejemplo: (Párrafo 1) *los puertos panameños: el puerto panameño*

Párrafo 2: .... / ....

Párrafo 3: .... / ....

Párrafo 4: .... / ....

Párrafo 5: .... / ....

Párrafo 6: .... / ....

Párrafo 7: .... / ....

2 En el texto *El sombrero panamá* aparece la frase:

Ecuador empezó a producir <u>sombreros panamá</u> *en el año 1630, pero no* **los** *exportó activamente hasta el siglo XIX.*

En esta frase, *los* hace referencia a **los sombreros panamá**.

Ahora lee estas otras frases relacionadas con el mismo texto, y decide a qué hace referencia la palabra **en negrita** en cada una.

a … para que así nos pongamos en contacto con usted a la mayor brevedad posible y **le** comuniquemos los productos que tenemos con esas características.

b Las costumbres y tradiciones de un pueblo deben ser respetadas y conservadas para que las generaciones futuras sigan sintiéndo**las** suyas.

c Si no conoce algún artículo de los que aparecen nombrados en nuestro catálogo, escríbanos y se **lo** describiremos.

d A los maestros tejedores **les** gusta enseñar a los más jóvenes.

e La producción de sombreros de palma tiende a disminuir porque las autoridades no **la** apoyan.

En la frase...	la palabra...	se refiere a...
a	*le*	....
b	*las*	....
c	*lo*	....
d	*les*	....
e	*la*	....

2

Tipo de texto: el folleto

1 Responde a las siguientes preguntas a partir del texto. Apóyate también en la información contenida en la Unidad 6.5 del tema Tipos de texto.

a ¿Dónde está publicado este texto?

....

b ¿El texto describe el sombrero de forma detallada? Justifica tu respuesta.

....

c ¿El vocabulario es específico o de carácter más general?

....

d ¿Cuál es el tiempo verbal predominante?

....

e ¿El tono del texto es objetivo o subjetivo? Justifica tu respuesta.

....

f ¿La actitud del autor es parcial o imparcial? Justifica tu respuesta.

....

g ¿Cuál es el registro que utiliza: formal o informal?

....

Hoja de Trabajo 2.1.3

5 Para entender 🔊 Pista 6

Este es un diálogo entre un vendedor y un cliente en una tienda especializada en sombreros en la ciudad de Madrid, España.

¿Qué quiere el cliente? ¿Lo consigue?

Escucha la audición dos veces y realiza las actividades propuestas.

1 Responde las siguientes preguntas.

a ¿Qué busca el cliente?

....

b ¿Cuál es la recomendación del vendedor?

....

2 Completa el siguiente resumen de algunas ideas del diálogo con palabras tomadas del audio.

a El cliente sabía por la página web que la tienda tenía una .... de sombreros panamá.

b El vendedor considera que los jóvenes tratan de dar un .... personal a una .... que, generalmente, es bastante uniforme.

c La tienda ofrece sombreros femeninos de diseñadores famosos que elaboran sombreros únicos de .... para los que utilizan una técnica ....

d Cliente y vendedor coinciden en que una tienda como esta puede ser una .... por la diversidad de modelos de diferentes orígenes.

PIENSA Y COMENTA CON TUS COMPAÑEROS TdC

Toma como ejemplo de costumbres y tradiciones el sencillo caso de los sombreros: se usan por motivos climáticos o religiosos, por tradición, para expresar algo, por moda, en el pasado y en el presente, en todas las edades.

¿Crees que los sombreros son una marca de identidad de cada cultura o de cada persona? Conocer otras culturas ¿puede abrir tu mente e influir en tu visión del mundo?

---

6 Para leer

Para ampliar tus reflexiones, lee el siguiente texto sobre el impacto social que puede tener un determinado tipo de sombrero.

El *hoodie* y su implicación social

Las sudaderas con capucha, o las llamadas *hoodies*, han sido elementos básicos de vestuario tanto de estrellas de *hip-hop,* como de bandas callejeras, estudiantes o incluso
5 programadores de gran prestigio. Sin embargo, aún conlleva un estigma social que las ha convertido en objeto de prohibiciones legales. En la actualidad, está prohibido llevarlas en algunas instituciones o espacios públicos y
10 también en discursos políticos. Para algunos, se ha convertido en sinónimo de decadencia urbana o maldad, y para otros en un símbolo de carácter social e integración.

Hoy en día, en EE. UU., muchos individuos usan la sudadera en solidaridad contra la discriminación étnica. Si bien está claro que las sudaderas son una
15 forma popular de vestimenta para los estadounidenses de todas las etnias y edades, es un estilo que se ha vuelto muy popular entre la juventud a nivel mundial.

La sudadera tejida con capucha fue popularizada en la década de 1930 por el fabricante de ropa *Champion* entre la clase obrera.

20 Esta prenda de vestir pasó a formar parte de la cultura juvenil popular en la década de 1970 en Nueva York, cuando los grafiteros la usaban para ocultar su identidad mientras pintaban edificios y paredes. A medida que la cultura *hip-hop* se extendía en la década de 1980, la sudadera con capucha pasó a formar parte del aspecto asociado con el estilo callejero. Hoy en día, ninguna persona

25 parece fuera de lugar vistiendo una sudadera.

La otra cara de su atractivo general entre las masas radica en su asociación con la injusticia social. Todas estas imágenes estereotipadas del *hoodie* forman parte de lo que la sociedad ha promovido como parte de esta tendencia de estilo. Su diseño no ha cambiado mucho a lo largo del tiempo. Si tenemos en cuenta la realidad social actual, el *hoodie* es, por un lado, símbolo de la cultura *skate* y,

30 por otro, una clara representación para la música, como ocurre con los roqueros del *grunge* o del *punk,* entre otros, y para el arte urbano. El *hoodie* es una prenda muy compleja. Pocas cosas logran insinuar tanto con tan poco esfuerzo.

1 Basándote en el texto, responde a estas preguntas.

   a La sudadera con capucha ha formado parte de la vestimenta habitual… ¿de quién?

   ....

   b ¿Qué dos significados contrastantes del *hoodie* se mencionan en el artículo?

   i ....

   ii ....

   c ¿Quién vistió por primera vez esta prenda?

   ....

   d ¿Cuándo empezó a ser popular entre los jóvenes?

   ....

   e ¿Cuál es el motivo de su popularidad actual entre las multitudes?

   ....

2 Debate con tus compañeros sobre el significado de la ropa como marca de identidad y sobre la importancia que esta tiene para la imagen de una persona o grupo.

7 Para escribir

Cuaderno 2.1
6 Escritura
Ejercicio 1

1 Tú trabajas en una agencia de publicidad y debes escribir un folleto publicitario de alrededor de 200 palabras, sobre un tipo determinado de sombrero.

Atención:

- Antes de comenzar la tarea infórmate sobre los datos necesarios en Internet o consulta con tus compañeros.

- Recuerda que el folleto es uno de los textos descriptivos (consulta la Unidad 6.5 del tema Tipos de texto).

    No olvides:

    - Poner un título al folleto.

    - Usar adjetivos para hacer la descripción más interesante.

    - Utilizar imágenes (dibujos o fotografías).

    - Emplear comparaciones.

    - Utilizar subtítulos.

Nivel Superior

2 Haz un folleto publicitario sobre el casco pero añádele información referida a su historia, algunas características técnicas, materiales, etc. Escribe un texto de 250 a 300 palabras.

8 Para terminar

1 Organiza con tus compañeros una "fiesta del sombrero".

Piensa qué te gustaría más hacer con tu grupo:

- Un desfile de modelos de sombreros antiguos.

- La presentación de cada modelo.

- Una muestra de fotografías de sombreros y de las personas que los usaban.

- Alguna exhibición.

- Diseñar modelos divertidos para una fiesta de gorros o sombreros.

2.2 El último viaje de Cortázar

Recuerda alguno de los viajes más significativos que hayas hecho en tu vida…
Pensando en algunos de tus viajes más significativos, ¿qué esperabas de tu viaje? ¿Tus expectativas se realizaron? ¿Te decepcionó algo? ¿Qué aprendiste de ese viaje? ¿Qué cambió en tu vida a partir de ese momento?

Objetivos de aprendizaje

En esta unidad vas a aprender a:

- Observar características de personajes y diversos contextos, y establecer comparaciones entre ellos.

- Expresar características de personajes, lugares y contextos a través del uso de determinadas palabras.

- Comunicarte apropiadamente teniendo en cuenta el contexto.

- Redactar breves descripciones de personas y situaciones, y elaborar un retrato.

1 Para empezar (TdC)

Cada viaje es una aventura diferente y la gente viaja por motivos muy distintos. ¿Se te ocurren "tipos de viajeros"? Comparte tus ideas con la clase.

1 Junto a tus compañeros, haz una lista de todos los tipos de viajeros en los que hayáis pensado.

....

....

....

....

2 Forma un grupo con algunos de tus compañeros, elige a uno de esos viajeros y busca en Internet una foto que te parezca representativa de sus características. Compártela con tus compañeros de grupo.

3 Cada uno de los grupos va a intentar adivinar cuál es el tipo de viajero elegido por los restantes grupos de la clase. Para ello, haz preguntas como las siguientes.

- ¿Cómo es físicamente el personaje? ¿Es joven? ¿Tiene aspecto deportivo e informal, o aspecto formal?

- ¿Qué tipo de ropa usa? ¿Se podría identificar su profesión?

- ¿Qué objetos personales lleva?

- ¿Cómo describirías su actitud: ansiosa, despreocupada, atenta, etc.?

- Pregunta sobre cualquier otra información o aspecto interesante acerca de estos viajeros.

4 Indica cuál es el tipo de viajero que han elegido los otros grupos. ¿Acertaste?

2 Para leer

Lee el texto del siguiente blog para relacionarlo con las actividades anteriores.

Cuaderno 2.2
1 Vocabulario
Ejercicios 1 y 2

¿Cuáles son los 4 tipos de viajes y viajeros que existen?

Viajar siempre es una aventura. Es tanta la variedad de intereses que existe en relación con las posibilidades de viajar que cada
5 uno de ellos va determinando las elecciones de los recorridos, los caminos, el tiempo que se necesita y hasta la motivación que una persona tiene para
10 trasladarse de un lugar a otro.

viajes

viajeros

atractivo turístico

recorrido

rutas

exóticos

anécdotas

guía

recuerdos

fotógrafo

Todos estos aspectos se combinan y determinan la existencia de diferentes tipos de viajeros, como los cuatro que puedes encontrar aquí:

El fanático de los atractivos turísticos

15 Este es uno de los tipos de viajeros que lleva en una lista cada punto considerado como "atractivo turístico" y el recorrido a través del cual conocerá cada uno de ellos. **Suele estar bastante ajustado a su rutina, queriendo cumplir cada parte del cronograma.** Para este tipo de
20 viajero no importa si el lugar es de su agrado o no; lo importante es si este lugar fue nombrado por la televisión, determinadas revistas o blogs. Colecciona entradas de museos o de lugares que quizás ni recuerda (ya que en ellos pasó tan solo 15 minutos). Y, por cierto, va a todos los
25 lugares con un guía.

El que busca lo inexplorado

Es aquel viajero que crea sus propias rutas tomando un mapa y buscando los puntos más exóticos del mismo. Esa persona elige su destino teniendo en cuenta lo que
30 nunca se nombra en los sitios turísticos. **Es realmente intrépido y aventurero, poco predecible y muy audaz.** Si bien muchas personas tienen miedo de viajar de esta manera, las situaciones peligrosas e incómodas son realmente improbables. Más bien, son los viajes que dejan
35 la mayor cantidad de anécdotas. Y de más está decir que ni se le ocurre recurrir a un guía, sino que pregunta a los habitantes del lugar de destino.

El que viaja para comprar

Es el típico turista que lleva una valija realmente gigante,
40 la cual, si bien cuando sale hacia su destino pesa unos 20 kilogramos, al volver a su casa —si no compró otra en el lugar— pesa unos 50 kilogramos, pagando exceso de equipaje. **Se dedica a comprar todo lo que se le cruce en el lugar.** Generalmente, entre esas compras figuran la ropa
45 y los recuerdos. Le saca chispas a su tarjeta de crédito, que tanto dolor de cabeza le puede llegar a generar cuando regresa.

El que debe captar cada instante

También llamado fotógrafo, este tipo de viajero no se quita
50 su cámara del cuello. **Generalmente busca los lugares turísticos en momentos adecuados para ser fotografiados (un atardecer o amanecer).** Se lo ve más tiempo con la cámara, enfocando, que sin hacerlo. Tiene la particularidad de salir en muy pocas fotos, ya que es quien saca
55 absolutamente todas. Ve la realidad a través de una lente.

Estos que aparecen aquí son solo cuatro tipos de viajeros entre los muchos que existen y a cada uno de ellos le podríamos dar algunos consejos para que su experiencia funcione mejor.

Blog de Federico Bongiorno (texto adaptado)

Hoja de Trabajo 2.2.1

3 Para reflexionar TdC

1 Vuelve a leer la descripción de cada uno y relaciona cada consejo con el tipo de viajero que corresponda.

Viajero	Consejos
a El fanático de los atractivos turísticos	i Disfruta un poco más del destino; las compras las puedes hacer en un día dedicado a ello.
b El que busca lo inexplorado	ii Recorre un poco más e intenta sumergirte un poco en la cultura que visitas.
c El que viaja para comprar	iii Ve la realidad con tus propios ojos, es la mejor manera de disfrutar de un paisaje. Las fotos pueden esperar un poco.
d El que debe captar cada instante	iv Disfruta también de los atractivos turísticos, que por algún motivo son importantes también, ¿no?

2 ¿Aparecieron en la lista de la clase más tipos de viajeros de los que aparecen en el blog?

Si es así, piensa junto a tus compañeros un consejo para cada uno de ellos y escríbelo a continuación.

....
....
....
....

3 Responde las siguientes preguntas.

Y por cierto… ¿Qué tipo de viajero eres tú?

a Para mi viaje ideal, yo quiero…
  i estar en contacto con la naturaleza.
  ii participar en todo tipo de actividades culturales.
  iii relacionarme con las culturas locales.
  iv descansar y nada más.

b En cuanto al dinero necesario…
  i tengo que ahorrar.
  ii ya cuento con reservas.
  iii busco lugares accesibles.
  iv no me preocupa.

c Llevo siempre conmigo…
  i mi cámara de fotos.
  ii una agenda.
  iii ropa deportiva.
  iv mi tableta para tomar notas.

d Creo que yo soy ....

2

4 Para entender 🔊 Pista 7

1 Vas a escuchar "Un viaje solidario", una entrevista que le hacen a Eduardo, un joven viajero con objetivos muy peculiares.

Antes de escucharla, y a partir del título, responde.

¿Para qué crees que quiere viajar Eduardo?

a Para conocer lugares inexplorados

b Para ayudar a otros

c Para compartir tiempo con sus amigos

2 Ahora escucha dos veces la entrevista y responde las siguientes preguntas.

a Marca la casilla con el anuncio que corresponde al proyecto de Eduardo.

b ¿Qué tipo de vida prefiere Eduardo?

   i Con organización metódica

   ii Llena de peligros

   iii Muy poco previsible

c ¿Qué piensa Eduardo en relación con el dinero?

   i No es necesario

   ii Hay que saber usarlo

   iii Es bueno tener mucho

d ¿Cómo llegó Eduardo a formar parte del proyecto Equus?

   i Por casualidad

   ii Por consejo de otros

   iii Por motivaciones personales

e ¿Por dónde viajan los voluntarios de Equus?

   i Por cualquier país

   ii Por varios países de América

   iii Por Sudamérica exclusivamente

f Los inmigrantes…

   i son los iniciadores de Equus.

   ii son los principales beneficiarios del proyecto.

   iii son los únicos promotores del proyecto.

g Eduardo quiere…

   i colaborar económicamente con el proyecto.

   ii difundir el proyecto de integración.

   iii ampliar el área geográfica del proyecto.

PIENSA Y COMENTA CON TUS COMPAÑEROS (CAS)

- ¿Tienes conocimiento acerca de experiencias de viajes solidarios? ¿Qué quieres saber? ¿Qué crees que deberías saber?

- ¿Crees que una experiencia de este tipo podría formar parte de un proyecto CAS?

- ¿Cómo puedes estar seguro/a de que tus acciones al participar en estas experiencias sean correctas?

5 Para leer

¿Qué sabes sobre Julio Cortázar? ¿Lo conoces?

1 Busca datos sobre él para saber quién era y qué hacía y compártelos con tus compañeros.

2 Observa detenidamente las siguientes fotografías y las notas que las acompañan: ¿Quiénes aparecen en las fotografías? ¿Dónde y cuándo fueron tomadas? Lee el texto y encuentra las respuestas.

IMÁGENES Y MEMORIAS DEL ÚLTIMO VIAJE DE JULIO CORTÁZAR, *por Luis Alemany*

Primera parte

1 La silueta larguísima, la cara escondida detrás de una espesa barba negra y de unas enormes gafas, la ropa y el calzado modestísimos.

2 Usted es el señor Cortázar, ¿no es cierto? Lo vimos en el periódico.
Quienes se dirigieron a Julio Cortázar aquella tarde de agosto de 1983 fueron dos guardias civiles destinados en la provincia de Segovia, entre entusiasmados y cohibidos por saludar al escritor argentino en medio de un sendero rural.

3 Extraña escena. El editor Mario Muchnik asistió a ella y la inmortalizó con un par de fotografías. En la primera, la pareja y Cortázar posan **como si el escritor fuese un detenido**; en la segunda, un paisano y su burro se suman a la composición.

www.elmundo.es

2

<table>
<tr><td>

PIENSA

¿Crees que hay alguna relación entre las vidas de los viajeros y los ambientes que recorren?

</td></tr>
</table>

6 Para comprender el texto

1 Basándote en los párrafos 1 a 3 del texto, responde.

¿Cuáles de las siguientes características se incluyen en el texto? Indica con X la opción correcta (verdadera o falsa) y, en el caso de que sean verdaderas, escribe las palabras del texto que justifican tu respuesta.

	V	F
Ejemplo: Muestra las características físicas de Cortázar.	X	

Justificación: La silueta larguísima, la cara escondida detrás de una espesa barba negra y de unas enormes gafas, la ropa y el calzado modestísimos.

a Incluye aspectos de la personalidad de Cortázar.

    Justificación: ....

b Indica la actitud de los guardias civiles en el momento de encontrarse con Cortázar.

    Justificación: ....

c Describe físicamente a los guardias civiles.

    Justificación: ....

d Especifica la nacionalidad del escritor.

    Justificación: ....

e Hace referencias generales al tipo de paisaje.

    Justificación: ....

f Caracteriza la escena.

    Justificación: ....

g Presenta el estado de ánimo del campesino.

    Justificación: ....

EL JUEGO DE LAS PALABRAS

¿Cómo hacemos una descripción?

1 Observa las siguientes construcciones de la primera parte del texto.

La silueta *larguísima*   la ropa y el calzado *modestísimos*

la cara *escondida*   dos guardias civiles entre *entusiasmados* y *cohibidos*

una *espesa* barba *negra*   escritor *argentino*

unas *enormes* gafas   *extraña* escena

2 ¿Qué función cumplen las palabras destacadas? Elige la opción correcta.

a   Indican el tiempo de la acción.

b   Presentan características de objetos y personas.

c   Nombran objetos o personas.

d   Indican circunstancias de la acción.

3 ¿Qué tipo de característica señalan las palabras mencionadas? Relaciona cada palabra con la característica que corresponde. *Cuidado*: la misma respuesta puede aparecer más de una vez y hay algunas opciones que no corresponden a ninguna palabra.

a   larguísima   [i]   i   cualidad

b   escondida   [ ]   ii   cantidad

c   espesa   [ ]   iii nacionalidad

d   negra   [ ]

e   enormes   [ ]

f   modestísimos   [ ]

g   dos   [ ]

h   entusiasmados   [ ]

i   cohibidos   [ ]

j   argentino   [ ]

k   extraña   [ ]

Todas estas palabras que acompañan al sustantivo para expresar particularidades de la persona o cosa nombrada se llaman **adjetivos**.

Los **adjetivos calificativos** son palabras que modifican a un sustantivo y expresan sus cualidades y propiedades de diversa naturaleza.

4   Los textos en los que se muestran características de personas o de objetos se llaman textos descriptivos y existen descripciones objetivas y subjetivas. ¿Podrías agrupar las características del ejercicio anterior en las siguientes columnas?

Características objetivas	Características subjetivas

7 Para reflexionar y hablar

1   ¿Qué tipo de viajero crees que fue Julio Cortázar? Compara tus ideas con la segunda parte del texto y comenta tus conclusiones con tus compañeros.

Cuaderno 2.2
2 Lectura y comprensión
Ejercicios 1-8

IMÁGENES Y MEMORIAS DEL ÚLTIMO VIAJE DE JULIO CORTÁZAR

Segunda parte

La exposición "Cortázar por Mario Muchnik" reunió en el Centro de Arte Moderno de Madrid los retratos que el editor tomó del autor a lo largo de su vida y, sobre todo, en el verano de 1983, el último en la vida de Julio Cortázar. El mismo verano que Muchnik relata en las páginas del libro que acompaña a la muestra.

5   Su punto de partida es la muerte de Carol Dunlop, la última mujer del escritor, en 1982. "El duelo[1] de Julio duró hasta su muerte, en febrero de 1984". En esas condiciones, Muchnik y su mujer, Nicole, insisten a Cortázar para que no pase el verano solo y lo invitan a pasar unos días con ellos en un molino que tienen alquilado en la sierra de Segovia. En contra de lo previsto, y a última hora, su amigo accede.

10   "Ya estaba enfermo, es claro, pero nosotros no lo sabíamos y él, en principio, tampoco", escribe ahora Muchnik. "Pero ese día de agosto en que lo recibimos en la estación de Chamartín, Julio estaba dicharachero[2] y tenía buen aspecto. Había trabado amistad con un joven compañero de viaje y tuvimos que esperar a que intercambiaran direcciones y teléfonos".

15   Los siguientes días son una sucesión de mañanas de trabajo (el escritor se llevó una máquina de escribir Hermes Baby en el equipaje), cordero y vino tinto en los almuerzos, paseos por los bosques por las tardes y más cordero y vino en las cenas. El día del cumpleaños (el 26 de agosto, el mismo día de los guardias civiles y el del regreso a Francia), la dieta incluye alguna copa de *whisky* y una despedida atropellada.

[1]**Duelo:** dolor o aflicción por la muerte de un ser querido.

[2]**Dicharachero:** que habla mucho.

ESTRATEGIAS DE APRENDIZAJE

Hojas de Trabajo
2.2.2 y 2.2.3

Descripción de una persona

Cuando se describe a una persona se puede hacer referencia a sus características físicas y a sus rasgos de personalidad o actitudes.

A continuación puedes ver ejemplos de adjetivos que pueden utilizarse para describir ambos aspectos.

Características físicas: se refieren a las distintas **partes del cuerpo**.

- Cara: confiada, curtida, delgada, dulce, dura, expresiva, fina, franca, fresca, inexpresiva, inteligente, juvenil, larga, redonda, simpática, tranquila, triste…

- Frente: amplia, arrugada, estrecha, lisa…

- Ojos: azules, castaños, concentrados, despiertos, duros, francos, inquietos, intensos, inexpresivos, llorosos, maquillados, negros, redondos, rasgados, soñadores, turbios, tristes…

- Nariz: aguileña, fina, puntiaguda, recta, torcida…

- Boca: fina, fresca, grande, dura, firme, pequeña, torcida…

- Cuello: corto, fino, grueso, largo, elegante, estilizado…

- Dientes: blancos, amarillentos, desiguales, torcidos…

- Labios: finos, gruesos…

- Cejas: arqueadas, espesas, finas, gruesas…

- Orejas: grandes, largas, pequeñas…

- Manos: ágiles, ásperas, blancas, cálidas, delicadas, finas…

- Piernas: cortas, delgadas, enclenques, flacas, gruesas, largas…

- Cabellos: brillantes, castaños, desordenados, finos, grasos, gruesos, lacios, rizados, ondulados, rubios, sedosos, suaves…

Aspecto físico: alto, atlético, bajo, corpulento, débil, deportivo, esbelto, gordo, joven, maduro, robusto, viejo…

Vestimenta: abandonada, cuidada, elegante, pobre…

Características de actitud y de personalidad:

alegre–triste, amable–grosero, antipático–simpático, apasionado–indiferente, atento–desatento, atolondrado–cuidadoso, atrevido–prudente, bobo–listo, burlón–respetuoso, cobarde–imprudente, cobarde–valiente, confiado–desconfiado, culto–ignorante, decidido–inseguro, desordenado–ordenado, divertido–aburrido, dócil–rebelde, educado–maleducado, entusiasta–apático, exigente–complaciente, extravagante–convencional, extrovertido–tímido, feliz–desgraciado, fiel–infiel, generoso–avaro, honrado–deshonesto, inexpresivo–expresivo, ingenioso–simple, insolente–respetuoso, inteligente–poco inteligente, llorón–estoico, malhumorado–bienhumorado, malicioso–bondadoso, mentiroso–sincero, rebelde–dócil, risueño–hosco, salvaje–civilizado, sensato–insensato, serio–risueño, sociable–solitario, soñador–pragmático, trabajador–vago, tranquilo–nervioso…

Descripción de lugares y paisajes

Árboles: altos–bajos, gruesos–delgados, corpulentos, frondosos, redondeados–alargados, secos–verdes…

Bosque: verde–seco, espeso, frondoso, oscuro–luminoso, otoñal, nevado, húmedo, solitario, refrescante…

Cielo: azul, gris, plomizo, rojo, negro, estrellado, nublado, claro, soleado, lluvioso, despejado, cubierto…

Campos: verdes, amarillos, oscuros, secos, áridos–fértiles, cultivados…

Mar: azul, verdoso, sereno, ondulado, transparente, tranquilo–picado…

Montañas: elevadas–bajas, verdes–peladas, redondeadas–puntiagudas…

Casas: bajas–altas, antiguas–modernas, humildes–majestuosas, grandes–pequeñas, nuevas–viejas…

Ciudades: bulliciosas–silenciosas, tranquilas–ruidosas, agradables–desagradables, divertidas–aburridas, modernas–antiguas, históricas…

PARA USAR CORRECTAMENTE LA LENGUA

EL SUPERLATIVO ABSOLUTO

adjetivo	terminación -ísimo, -ísima, -ísimos, -ísimas	La silueta larguísima

Para relacionar

El La Los Las	más menos	(adjetivo)	de	El más alto del grupo

Muchas veces, al mirar personas o paisajes, tendemos a hacer comparaciones.

COMPARACIÓN DE SUPERIORIDAD E INFERIORIDAD

más menos	(sustantivo) (adjetivo) (adverbio)	que	… más entusiasmado que su compañero … menos cohibido que su compañero
Atención: más bueno más malo más grande más pequeño	**Comparativos irregulares** mejor peor mayor menor	que	Un campesino mayor que otro

COMPARACIÓN DE IGUALDAD

tan	(adjetivo) (adverbio)	como	Tan sorprendidos como los demás
tanto, tanta, tantos, tantas	(sustantivo)	como	Había tantas personas en una foto como en otra

1 ¿Quieres comparar a los personajes que aparecen en las imágenes del texto de la primera parte? Identifica o imagina características de los personajes y completa.

a Cortázar es .... alto .... los guardias civiles.

b El campesino está .... interesado en hablar con Cortázar .... los guardias civiles.

c Los dos guardias civiles están igualmente entusiasmados, pero, según lo que se ve en las fotos, el que no tiene bigote parece .... conversador .... el otro. Tal vez este último está .... cohibido.

d Cortázar es el .... sorprendido .... todos cuando ve que tienen tanto interés en hablar con él.

e Todos piensan que Cortázar es (amable) .... Les sorprende esta situación porque saben que es el .... famoso .... grupo.

8 Para reflexionar y hablar TdC

1 Conversa con tus compañeros.

a Describe a Cortázar con todas las características que puedas ofrecer: físicas y de personalidad (las que leas en las notas, las que tú mismo ves y las que imaginas a partir de las fotos).

b Describe el ambiente que rodea al escritor en cada una de las fotografías de la página 79: ¿Qué se ve en la primera? ¿Qué se ve en la segunda? ¿Y en la tercera? Establece semejanzas y diferencias.

c ¿Has tenido la experiencia de encontrarte con algún personaje muy conocido? Cuéntanos cómo fue: quién era, cuándo ocurrió, qué sentiste. Cuéntanos también el diálogo que se produjo.

2 En esta imagen ves a la cantante colombiana Shakira visitando a un grupo de niños desfavorecidos en Colombia.

a Busca información sobre Shakira y su actividad solidaria.

b ¿Qué características tienen los grupos sociales a los que pertenecen estas personas? ¿Te parece importante esta situación de encuentro entre personas tan distintas? ¿Por qué?

9 Para escribir

Cuaderno 2.2
4 Escritura
Ejercicio 1

1   Elige uno de los personajes de la foto de Shakira y construye su retrato. Para ello deberás incluir tanto sus características físicas como las de personalidad. Puedes adoptar una actitud subjetiva. Incluye comparaciones con los otros personajes de la escena. Propón un título y cierra el retrato con reflexiones sobre el personaje. Puedes emplear el diccionario. (Escribe alrededor de 250 palabras).

2   Imagina que eres el fotógrafo que captó la imagen de Shakira con estos niños. Redacta un informe de la situación en el que incluyas las notas visuales que te parecieron más interesantes para tomar las fotografías.

10 Para terminar

1   ¿Les damos vida a estos personajes? Construye un diálogo con tu compañero adoptando los siguientes roles.

Alumno 1. Imagina que eres uno de los niños. ¿Qué le preguntarías a Shakira?

Alumno 2. Imagina que eres Shakira y respóndele a tu compañero.

2.3 Vida deportiva: rompiendo estereotipos

¿Qué sientes cuando haces deporte u otra actividad física? Si no eres una persona deportiva, ¿qué otras actividades prefieres? ¿Piensas que tus actividades de ocio o deportivas son socialmente respetadas? Y si tus elecciones no se ajustaran estrictamente a lo que la sociedad establece, ¿las harías igual?

Objetivos de aprendizaje

En esta unidad vas a aprender a:

- Informarte sobre el fútbol femenino y la natación sincronizada masculina y las distintas posiciones existentes sobre el tema.
- Realizar breves entrevistas y tomar nota de las respuestas.
- Compartir información con tus compañeros.
- Tomar posición en forma personal y colectiva.
- Analizar en profundidad documentos escritos y de comprensión oral.
- Adquirir un vocabulario específico.
- Aprender a conocer las características de un anuncio publicitario y de una entrevista *(Historia de vida)*.
- Aprender sobre tiempos y modos verbales *(Presente de Indicativo e Imperativo)* y sobre la acentuación de las palabras.

2

1 Para empezar ⓣⒹⒸ

1   ¿Qué es lo que sabes sobre el fútbol femenino? Infórmate consultando la misión y los objetivos de la FIFA (Federación Internacional de Asociaciones de Fútbol) en relación con el fútbol femenino.

2 Para entender 🔊 Pista 8

1   La incorporación de la mujer al fútbol ha generado posiciones a favor y en contra. ¿Quieres conocer algunas de estas opiniones? Escucha esta entrevista dos veces y realiza las actividades propuestas.

   a   ¿Quién está a favor y quién en contra del fútbol femenino?

A FAVOR	EN CONTRA
Nombre(s):	Nombre(s):
....	....
....	....
....	....

   b   ¿Qué posición comparte el entrevistador? Justifica tu respuesta.

2   Ahora que conoces diversas opiniones sobre la participación de la mujer en el fútbol, discute con tus compañeros cuál te parece la posición más abierta, machista, realista, correcta, agresiva, etc.

3 Para leer

Lee el siguiente anuncio.

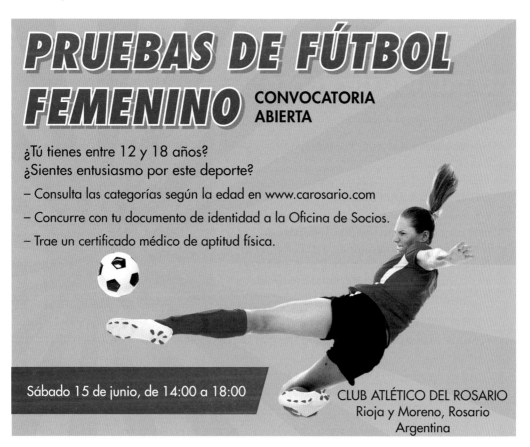

PRUEBAS DE FÚTBOL FEMENINO CONVOCATORIA ABIERTA

¿Tú tienes entre 12 y 18 años?
¿Sientes entusiasmo por este deporte?

– Consulta las categorías según la edad en www.carosario.com

– Concurre con tu documento de identidad a la Oficina de Socios.

– Trae un certificado médico de aptitud física.

Sábado 15 de junio, de 14:00 a 18:00

CLUB ATLÉTICO DEL ROSARIO
Rioja y Moreno, Rosario
Argentina

4 Para comprender el texto

1   Completa las siguientes frases con palabras extraídas del texto.

Si quieres participar en la convocatoria, debes…

a   tener .... por esta actividad.

b   aportar .... para comprobar tu estado de salud.

2   Responde la siguiente pregunta.

El propósito comunicativo del anuncio que acabas de leer es…

a   publicitar el fútbol femenino en los medios de comunicación.

b   difundir las actividades del club dentro de la ciudad de Rosario.

c   atraer a jugadoras experimentadas para la selección del club.

d   aumentar la presencia femenina en todas las categorías de fútbol del club.

5 Para leer

¿Quieres conocer la experiencia de una niña que llegó a ser una gran jugadora de fútbol? Lee el siguiente texto.

El mundo de Verito

Historia de vida

Para todos los amantes del deporte…

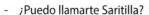

10 de enero

ENTREVISTA A SARITILLA

Este mes entrevistamos a Sara Peláez Martín, más conocida como Saritilla, jugadora de fútbol femenino y capitana del C.D. Zamora Amigos del Duero, equipo que se encuentra
5 **en el Grupo I de la Liga Nacional española.**

- ¿Puedo llamarte Saritilla?
- ¡Pues claro!
- Sé que tu club pone en marcha en estos días una campaña de promoción del fútbol femenino.
10 - Así es. Amigos del Duero se propone atraer a jugadoras que puedan incorporarse a los distintos equipos, según su edad.
- Tú has comenzado desde muy niña. ¿Cómo fueron tus inicios en el mundo del fútbol?
- Desde pequeñita me encantaba jugar al fútbol, porque en el pueblo nos pasábamos el día entero jugando en las calles. En Zamora, como a mis amigas no les gustaba jugar
15 al fútbol, solía ir con el equipo de mi hermano a entrenar. Un día, alguien informó a mi padre de que el Club Deportivo Amigos del Duero tenía una división de fútbol femenino. Fuimos, me inscribí y al fin de semana siguiente jugué mi primer partido. Ya han pasado 17 años y aquí sigo, fiel al club que me lo ha dado todo.
- ¿Tuviste algún impedimento para jugar al fútbol de pequeña en la calle o en el colegio?
20 - La verdad es que no recuerdo ningún problema, en el colegio nunca tuve ninguno, siempre jugaba con los chicos y otra chica al fútbol. Yo creo que hoy en día esto ya no sucede, cada vez somos más chicas las que jugamos al fútbol.
- ¿Qué le dirías a una niña que quiere jugar al fútbol, pero no se atreve a dar el paso?
25 - Todas hemos empezado igual, hay que probarlo y practicarlo, y lo que piensen los demás no tiene que importar si es algo que realmente te gusta de verdad. Ese miedo no tiene que existir, las mujeres podemos jugar al fútbol igual que los hombres.
- A pesar de tu juventud eres uno de los pesos pesados del equipo
30 zamorano.
- Sí, mi experiencia es muy gratificante. Pasé por todas las categorías inferiores del club hasta ser la capitana del primer equipo. Jugué con la selección sub-12 de Zamora y en la selección de Castilla y León hasta llegar a la sub-18.

Cuaderno 2.3
1 Vocabulario y ortografía
Ejercicios 1 y 2

Liga Nacional

inicios

entrenar

división

partido

impedimento

categorías inferiores

trayectoria profesional

35 - Tu trayectoria profesional es impresionante, ¿crees que otras niñas podrán imitarte?

- Eso espero, el fútbol femenino tiene un potencial impresionante y hoy en día las cosas son más fáciles porque hay más difusión en los medios y la gente comienza a interesarse cada vez más.

- Tus orientaciones pueden ser fundamentales para las candidatas. Diles qué se requiere
40 para ser una buena futbolista.

- Básicamente se necesita mucho entusiasmo y disciplina. No todo son rosas y no se llega al triunfo tan pronto. Mis consejos son los siguientes: entrena todos los días, así llueva, nieve o el sol te parta la cabeza; lleva una dieta equilibrada; tienes que saber que el espíritu de equipo lo es todo en el fútbol y que no hay lugar para las actitudes
45 individualistas; sigue las indicaciones de los entrenadores; y, lo que es fundamental, aprende a organizar tu tiempo, ya que fuera del fútbol tienes una vida de estudio, de familia y de amigos.

- ¿Te gustaría en un futuro ser entrenadora o algo relacionado con el fútbol?

- Por supuesto, desde este año me dedico a coordinar las categorías inferiores del club y
50 en un futuro, cuando deje de jugar, sí que me gustaría ser entrenadora o preparadora física de algún equipo.

- Muchas gracias, Saritilla, por realizar esta entrevista y por enviarme las fotos. Te deseo lo mejor para ti y para tu equipo esta temporada y las temporadas venideras, que sé que tienes cuerda para rato.

elmundoverito.blogspot.com.ar (texto adaptado)

potencial

orientaciones

triunfo

espíritu de equipo

actitudes individualistas

entrenadores

temporada

6 Para comprender el texto

1 Basándote en las líneas 1 a 11 del texto que acabas de leer, responde las siguientes preguntas.

a ¿Cuál es el apodo de Sara Peláez Martín?

....

b Saritilla ocupa un doble puesto en su club. ¿Cuál?

....

c ¿Qué actividad ha iniciado su club en la actualidad?

....

d ¿Cómo ubicarán a las nuevas jugadoras en los diferentes equipos del club?

....

Cuaderno 2.3
3 Lectura y comprensión
Ejercicio 1

2 Busca en el texto las palabras o expresiones que significan (líneas 12 a 23):

Ejemplo: comienzo   *inicios*

a las 24 horas   ....

b grupo   ....

c categoría   ....

d inconveniente   ....

Cuaderno 2.3
2 Vocabulario
Ejercicio 1

2

ESTRATEGIAS DE APRENDIZAJE

Tipo de texto: el anuncio publictario y la entrevista

En esta unidad hemos visto dos textos apelativos: el anuncio publicitario y la entrevista (*Historia de vida*). Puedes encontrar información sobre ellos en la Unidad 6.7 y 6.8 del tema Tipos de texto.

En ambos hay un emisor y un receptor claramente definidos.

1 En el anuncio que has leído:

 a El emisor es ....

 b El receptor es ....

2 En la entrevista:

 a El entrevistado es ....

 b El receptor de la entrevista es ....

El texto apelativo busca llamar la atención del receptor mediante sugerencias, argumentos, consejos, órdenes con fines determinados.

3 ¿Qué fines tendrá el anuncio? Lee tu respuesta sobre el propósito comunicativo del texto y responde la pregunta.

 a comerciales (empresas, comercios)

 b políticos (partidos políticos, Gobiernos)

 c institucionales (colegios, clubes, hospitales, universidades)

 d preventivos (advertencias)

4 La entrevista reproduce la historia de la vida deportiva de Saritilla. ¿Mediante qué recursos la entrevistada busca atraer la atención de sus receptores?

 a órdenes

 b sugerencias

 c argumentos

 d consejos

5 ¿Cuál crees que es el propósito comunicativo de esta entrevista?

 a Promocionar la figura de Saritilla en los medios de comunicación.

 b Contribuir a la campaña de promoción del fútbol femenino del C.D. Zamora.

 c Defender el fútbol femenino de los ataques de los medios de comunicación.

 d Destacar sus funciones de capitana del equipo del C.D. Zamora.

Hoja de Trabajo 2.3.1

¿Fútbol o futbol?

Tiene su origen en la palabra inglesa *football* y se adaptó al español con dos acentuaciones, ambas correctas.

FUTBOL

Se usa en México y Centroamérica. Es una palabra aguda y no lleva tilde.

FÚTBOL

Se usa mayoritariamente en el resto de América y en España. Es una palabra llana y lleva tilde.

También existe el término **balompié**, pero tan solo se utiliza como recurso estilístico para evitar repeticiones.

EL JUEGO DE LAS PALABRAS

¿Quieres aprender el vocabulario del fútbol?

1 Busca en los textos y en el audio de la unidad las palabras referidas al lenguaje del fútbol y crea un pequeño diccionario. También agrega otras palabras que puedan interesarte, informándote en Internet o con la ayuda de compañeras, compañeros, familiares o amigos que saben sobre el tema.

El lenguaje del fútbol

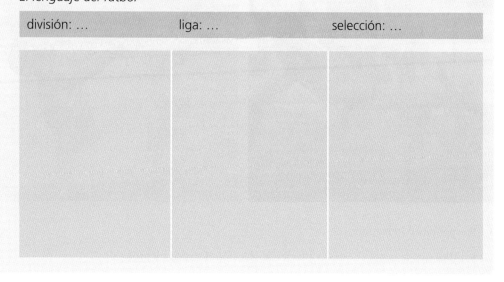

división: …	liga: …	selección: …

Cuaderno 2.3
4 Gramática en contexto
Ejercicios 1 y 2

PARA USAR CORRECTAMENTE LA LENGUA

En todo texto pueden aparecer tiempos y modos verbales diferentes. Presta atención a los verbos que se emplean en el anuncio publicitario.

1 Encuentra en el texto los verbos que están en *Presente* de *Indicativo* y escríbelos en tu cuaderno.

2 Ahora haz lo mismo con los verbos en *Imperativo*.

3 ¿Para qué se usa el modo *Imperativo* en este texto? ¿Se te ocurren otros contextos en los que se usa?

4 Las siguientes palabras son agudas o llanas. Unas necesitan llevar tilde y otras no. Clasifícalas según corresponda, acentuándolas correctamente cuando sea necesario.

mas	nacional	pues	se	dias	promocion	asi	atraer
segun	edad	club	jugar	solia	entrenar	informacion	
tenia	division	inscribi	jugue	aqui			

Con tilde	Sin tilde
más	*nacional*
...	...

7 Para entender 🔊 Pista 9

1 Responde esta pregunta.

• ¿Por qué la gente cuestiona a Javier su elección deportiva y profesional?

....

2 Indica en la casilla correspondiente la respuesta adecuada a las siguientes preguntas.

a La entrevista se realiza en…

☐

  i el complejo donde se desarrolló el Mundial de Natación de Kazán.

  ii las instalaciones donde Javier representó a la Argentina.

  iii las piscinas donde Javier entrena diariamente.

  iv el lugar de trabajo del entrevistador.

b Luego de observar a Javier y a sus compañeros, ¿qué aspectos de su trabajo destaca el entrevistador?

☐

  i La disciplina y el entusiasmo con el que bailan.

  ii El respeto a las reglas y la hermosura de las danzas.

  iii El orden de trabajo y la perfección de los movimientos.

  iv El desprecio a las reglas y la calidad de las coreografías.

c En sus comienzos, Javier se sintió impactado por…

☐

  i el número de la natación sincronizada.

  ii el partido de waterpolo.

  iii la simpleza de los movimientos.

  iv la habilidad de los jugadores de waterpolo.

d Javier se siente orgulloso de haber…

☐

  i comenzado con la natación sincronizada a los doce años.

  ii obtenido una medalla en el Mundial de Natación.

  iii competido con los otros grandes de la natación.

  iv sido el primer representante de su país en el Mundial.

e El desafío para Carolina y Javier es…

☐

  i no dejar escapar la oportunidad de las Olimpíadas de Kazán.

  ii ganar una medalla de oro en las próximas Olimpíadas.

  iii evitar que mujeres y hombres compitan entre sí en las Olimpíadas.

  iv lograr que la "sincro" masculina sea aceptada en las Olimpíadas.

f Javier quiere que los niños…

☐

  i se incorporen a la natación sincronizada masculina.

  ii le ayuden a abrir su mente y a que el público lo apoye.

  iii tengan que abrir un camino más fácil.

  iv sean las nuevas generaciones que lo apoyen.

PIENSA Y REFLEXIONA TdC

Compara las historias de Saritilla y Javier.

- ¿Qué puntos encuentras que tienen en común?

- ¿Compartes con Javier la frase "el deporte no tiene sexo"?

- ¿Crees que es correcto romper con los estereotipos fijados para el hombre y para la mujer?

- ¿Es importante ser fiel a uno mismo?

8 Para leer

Cuaderno 2.3
5 Lectura y comprensión
Ejercicios 1 y 2

Lee el siguiente texto sobre la historia reciente de la disciplina de natación sincronizada, aparecido en un periódico venezolano durante la realización de las Olimpíadas de Londres 2012. Desde entonces, algo está cambiando.

Los hombres quieren bailar en el agua

La natación sincronizada registró su octava participación olímpica de exclusividad femenina. Las protagonistas tienen opiniones encontradas sobre la apertura de género. Los hombres reclaman su oportunidad.

EL UNIVERSAL – CARACAS

Miércoles, 8 de agosto de 2012, 10:18 a. m.

Londres.- En los Juegos Olímpicos, en los que la mujer rompió barreras culturales y hasta se presentó en disciplinas tradicionalmente masculinas, todavía existe un deporte en el que el hombre sigue sin encontrar su lugar: la natación sincronizada.

Esta suerte de danza en el agua inició su octava participación olímpica nuevamente con
5 exclusividad femenina. Mientras las protagonistas todavía tienen opiniones encontradas sobre la apertura de género, los pocos representantes masculinos reclaman a gritos su oportunidad olímpica.

"A mí me parece que hay discriminación, sinceramente. Yo animo a que todos los hombres lo practiquen. Cuantos más sean, más competición habrá", aseguró la española
10 Andrea Fuentes, quien el martes ganó la medalla de plata en la rutina de dúo junto a Ona Carbonell.

La natación sincronizada existe como actividad olímpica desde los Juegos Olímpicos de Los Ángeles de 1984 y, desde su aparición, fue considerada como una disciplina exclusivamente femenina.

15 "Siempre lo vi como algo completamente femenino. La verdad, no imagino a los hombres haciendo figuras. Pero, bueno, esto es como *ballet* en el agua, y así como hay bailarines, podría haber bailarines acuáticos", dijo la mexicana Isabel Delgado.

Su compañera de dueto, Nuria Diosdado, se muestra hasta ilusionada con la posibilidad de ver una disciplina mixta: "Hay mucha gente que no lo acepta todavía, pero yo he
20 visto a muchos hombres nadar y sé que merecen estar aquí más que muchas niñas que están participando".

Londres 2012 fue también una edición de apertura del deporte hacia la mujer. Países como Arabia Saudita, Qatar y Brunei permitieron por primera vez que mujeres participaran en las distintas disciplinas, mientras que el boxeo femenino hizo su estreno absoluto en una
25 actividad que fue solo masculina durante más de 100 años en el olimpismo.

La natación sincronizada, por su lado, aún se mantuvo ajena a la llegada del hombre, lo cual generó una ola de críticas por parte de sus pocos representantes masculinos.

"Transformaría el deporte, porque los hombres tenemos más fuerza, pero menos agilidad", explicó el alemán Niklas Stoepel, quien hace unas semanas se quejó de que se trataba de un
30 claro acto de discriminación.

"Es increíblemente irónico que en los Juegos Olímpicos se hable de igualdad y nosotros no tengamos la oportunidad de competir", dijo el capitán del equipo británico, Stephen Adshead, quien junto a sus
35 compañeros redactaron una carta al Comité Olímpico Internacional (COI) y a la Federación Internacional de Natación (FINA), en la que reclamaron su derecho a participar.

Así y todo, no todas las protagonistas femeninas
40 reciben con los brazos abiertos a los hombres. Algunas consideran que podría tratarse de un atentado al espíritu estético de la especialidad.

"Los hombres no tienen que entrar. Es algo netamente femenino, y un hombre, adentro del agua y abriéndose
45 de piernas en 180 grados, no quedaría bien. Menos con lentejuelas en el *slip*, quedaría medio tosco", detalló la argentina Sofía Sánchez. "Es un deporte tan femenino, que el hombre se marca más y queda peor en el agua. Esto es estética pura y no, no lo veo", añadió Sánchez.

50 Mañana comenzará la actividad por equipos en el Aquatics Centre de Londres. La natación sincronizada iniciará su última especialidad de Londres 2012 aún con la incógnita de que los XXX Juegos Olímpicos actuales sean los últimos en los que solo las mujeres bailen en el agua.

www.eluniversal.com (texto adaptado)

9 Para comprender el texto

1 A partir de lo expresado en el artículo, determina quién dice cada opinión, indicando el nombre de la persona junto al resumen de la opinión que dio.

Ejemplo: **Sofía Sánchez:** *"La natación sincronizada en los hombres es antiestético".*

a ....: "La incorporación masculina haría que cada sexo aportara características propias que provocarían un cambio significativo en este deporte".

b ....: "Es un acto de injusticia que se modificaría si más hombres se animaran a practicarlo".

c ....: "Si hay hombres en el mundo de la danza, no veo por qué no podría haberlos también en el *ballet* acuático.

d ....: "No permitir el acceso de los hombres a la natación sincronizada se contrapone con los principios y valores del deporte en general, basados en el espíritu de superación, la convivencia pacífica y la igualdad de participación".

e ....: "Aunque no toda la gente lo apruebe aún, hay hombres que merecen ocupar un lugar en este deporte".

2

2 Tomando en cuenta las diversas opiniones femeninas que acabas de leer, indica el nombre de quien da la opinión más...

(*Atención:* hay un tipo de opinión que se puede aplicar a dos personas).

a intolerante: ....

b equilibrada: ....

c inclusiva: ....

---

10 Para reflexionar y hablar TdC

Hoja de Trabajo 2.3.2

1 Observa la siguiente imagen. En ella se muestra la respuesta de las futbolistas a las opiniones de quienes consideran que "el fútbol es cosa de hombres".

Recuerda que has leído algunas críticas al fútbol femenino al comienzo de la unidad.

Todos estamos de acuerdo en que hay que romper con viejos prejuicios.

¿Te parece apropiada la campaña que ellas han iniciado para responder a estas críticas?

Discute el tema con tus compañeros de clase.

Es un debate interesante, ¿no crees?

98

11 Para escribir y terminar

Cuaderno 2.3
6 Escritura
Ejercicio 1

1   Elige **una** de las siguientes actividades:

a   Elabora el anuncio publicitario de la campaña que tú harías para apoyar el desarrollo de la natación sincronizada masculina o por parejas. Escribe entre 80 y 120 palabras.

   • Determina quién será el emisor del anuncio (un/a periodista, un/a deportista, un/a entrenador/a, un hombre o una mujer común).

   • Determina quién será el receptor (los directivos de los medios de comunicación, los directivos de los clubes, los periodistas, los hombres, las mujeres o la sociedad en general).

   • Puedes utilizar imágenes.

   • En la redacción del texto, incluye una lista de consejos.

   • Utiliza el *Presente* y el *Imperativo*.

   • Asegúrate de acentuar correctamente las palabras agudas que emplees.

b   Imagina que tú eres periodista y entrevistas a una persona famosa (hombre o mujer) pidiéndole que cuente su experiencia en el mundo del deporte, del arte o de la ciencia. Escribe el texto de la entrevista usando alrededor de 250 palabras.

   • El objetivo es animar a los jóvenes a incorporarse a ese mundo sin temer las críticas, los sacrificios o las dificultades para dedicarse a hacer lo que realmente les gusta.

   • Incluye una lista de consejos.

   • Para esta lista utiliza el *Imperativo*.

   • Asegúrate de acentuar correctamente las palabras agudas que emplees.

Nivel Superior

2   Selecciona la opción b y escribe entre 350 y 400 palabras.

¿De qué manera el arte puede ser una forma diferente de viajar?

Objetivos de aprendizaje

En esta unidad, vas a aprender a:

- Identificar e interpretar textos literarios.
- Identificar personajes y situaciones dentro del cuento.
- Observar cómo se distribuyen las acciones de un relato en el tiempo.

1 Para empezar y entender 🔊 Pista 10

¿Recuerdas que en la Unidad 2.2 tomaste contacto con Julio Cortázar, el escritor argentino? Ahora vas a escuchar una entrevista sobre su trayectoria literaria.

Carmen es una estudiante del Departamento de Filosofía y Letras de la Universidad Complutense de Madrid y está preparando un trabajo sobre la trayectoria literaria de Julio Cortázar. Para ello, decide hacer una entrevista a Pablo Rey, profesor especialista en la obra de Julio Cortázar.

1 Escucha la audición dos veces y responde las siguientes preguntas.

    a Según el especialista Pablo Rey, Julio Cortázar…

        i escribía poesía y era un gran innovador del lenguaje.

        ii escribía literatura revolucionaria, pero no era un escritor crítico con su obra.

        iii escribía literatura revolucionaria y era un crítico de su obra.

    b ¿Dónde vivió Julio Cortázar la mayor parte de su vida?

        i En Argentina.

        ii En Bélgica.

        iii En Francia.

    c ¿Qué otros escritores influyeron en la obra de Julio Cortázar?

        i Escritores como Victor Hugo, Julio Verne y Edgar Allan Poe.

        ii Solo escritores como Apollinaire, Victor Hugo y Julio Verne.

        iii Escritores latinoamericanos como Jorge Luis Borges y Gabriel García Márquez.

    d Julio Cortázar y Jorge Luis Borges tenían en común que…

        i ambos tenían los mismos ideales políticos.

        ii ambos escribían cuentos o relatos.

        iii ambos pertenecían a la misma generación.

    e Julio Cortázar escribió principalmente…

        i poesía épica.

        ii novela trágica.

        iii cuento fantástico.

2 Basándote en la audición, busca un sinónimo para las siguientes palabras.

    Ejemplo: optimista ....*positivo*...............

    a suspense   ....

    b innovador   ....

    c policial   ....

    d relatos   ....

    e concepción   ....

2 Para reflexionar y hablar

1 Julio Cortázar había encontrado una forma muy original de viajar. ¿Cuál crees que fue?

2 Al buscar datos sobre Julio Cortázar, habrás leído que su novela más importante se llama *Rayuela*. ¿Sabes cómo se juega a la "rayuela"? Discútelo con tus compañeros.

3 Compara tus ideas sobre el juego de la rayuela con la definición que Julio Cortázar nos da en la novela. Te puede servir como ayuda mirar la imagen.

La rayuela se juega con una piedrita que hay que empujar con la punta del zapato. Ingredientes: una acera, una piedrita, un zapato, y un bello dibujo con tiza, preferentemente de colores. En lo alto está el Cielo, abajo está la Tierra, es muy difícil llegar con la piedrita al
5 *Cielo, casi siempre se calcula mal y la piedra sale del dibujo. Poco a poco, sin embargo, se va adquiriendo la habilidad necesaria para salvar las diferentes casillas (rayuela caracol, rayuela rectangular, rayuela de fantasía, poco usada) y un día se aprende a salir de la Tierra y remonta la piedrita hasta el Cielo, hasta entrar en el Cielo […], lo*
10 *malo es que justamente a esa altura, cuando casi nadie ha aprendido a remontar la piedrita hasta el Cielo, se acaba de golpe la infancia y se cae en las novelas, en la angustia al divino cohete, en la especulación de otro Cielo al que también hay que aprender a llegar. Y porque se ha salido de la infancia […] se olvida que para llegar al Cielo se*
15 *necesitan, como ingredientes, una piedrita y la punta de un zapato.*

Julio Cortázar, *Rayuela*, 1963

4 ¿Por qué crees que Cortázar le ha dado el título de *Rayuela* a su novela?

    a Subraya las partes del siguiente comentario donde encuentres información útil para tu respuesta.

La lectura de *Rayuela* nos propone un juego. Desde el comienzo y en el "Tablero de dirección" que la encabeza, el autor nos advierte que hay por lo menos dos maneras de leer la novela: la lectura lineal y ordenada, convencional, de principio a fin, y una lectura a saltos, como jugando a la rayuela, para la que el mismo autor nos indica un
5 orden específico entre capítulos variados, que no son consecutivos.

Por otra parte, la novela está dividida en tres partes. *Del lado de allá*, la primera parte, nos cuenta la vida del argentino Horacio Oliveira en París. *Del lado de acá*, la segunda parte, nos narra la historia del mismo personaje de regreso en Buenos Aires, y *De otros lados*, la tercera y última parte, nos permite conocer reflexiones variadas sobre la
10 manera de construir la novela misma y el juego de la rayuela.

En los saltos de un capítulo a otro, de una parte a otra de la novela, el lector juega y decide su manera de avanzar o de no avanzar, pero siempre juega, buscando junto con el personaje la manera de llegar al Cielo de la rayuela, sabiendo desde el principio que se trata de un juego difícil, con un objetivo casi siempre inalcanzable, pero al que nadie
15 quiere dejar de jugar.

Por Marina Durañona

    b Discútelo con tus compañeros.

c   Conversa y comenta con tus compañeros:

- ¿En tu país se juega a la rayuela?

- ¿Cómo es el tablero?

- ¿Es un juego popular? ¿Por qué?

- ¿Qué otros juegos populares existen?

- ¿Recuerdas algún juego que haya servido como punto de partida para crear una obra de arte?

EL JUEGO DE LAS PALABRAS

Las palabras en la literatura pueden adquirir nuevos sentidos. ¿Cuál crees que es el sentido del viaje en *Rayuela*?

1   a   Busca la palabra *viaje* en el diccionario y anota sus principales significados:

....

....

....

....

b   Subraya en la siguiente respuesta de Cortázar en una entrevista las expresiones que te resulten importantes en relación con el significado del *viaje* en *Rayuela*.

> … quizá Oliveira resume un poco el devenir de la raza humana, porque es evidente que a lo largo de la historia uno siente que el hombre es un animal que está buscando un camino; lo encuentra, no lo encuentra, lo pierde o lo confunde, pero desde luego no se queda en el mismo sitio […] Está siempre buscando algo. Hay quien dice que lo que el hombre busca es la felicidad […] Otro te dirá que busca la justicia y otro te dirá que la tranquilidad. La búsqueda existe, pero no está definida.
>
> Charla entre Cortázar y Omar Prego Gadea: "*Rayuela*: la invención desaforada".
>
> www.geocities.ws

c   Discute con tus compañeros cuáles de los significados de *viaje* que encontraste en el diccionario están más relacionados con las palabras de Julio Cortázar.

d   Vuelve a leer la reseña sobre *Rayuela* y busca también en ese texto referencias relacionadas con el sentido del *viaje*.

e   ¿Qué relación crees que existe entre el significado de *juego* y el significado de *viaje* en la novela? Debátelo con tus compañeros.

Puede servirte como ayuda pensar que Julia Kristeva, una estudiosa de la lengua y la literatura, al referirse al "espacio de la novela", dice que el viaje es un procedimiento por el cual el autor dibuja la geografía del libro, como lo hace Cortázar en el siguiente fragmento de uno de sus cuentos:

> … primero una sala azul, después una galería, una escalera alfombrada. En lo alto, dos puertas. Nadie en la primera habitación, nadie en la segunda. La puerta del salón, y entonces el puñal en la mano, la luz de los ventanales, el alto respaldo de un sillón de terciopelo verde, la cabeza del hombre en el sillón leyendo una novela.

2

Experiencias

3 Para leer

1 Lee un cuento completo de Cortázar y trata de responder las siguientes preguntas.

   a   ¿Cuántos personajes hay en la novela y quiénes son?

   b   ¿Dónde están los personajes?

   c   ¿Qué está haciendo cada uno de ellos?

Cuaderno 2.4
1 Vocabulario
Ejercicios 1-4

novela

trama

personajes

arrellanado

su sillón favorito

de espaldas a la puerta

capítulos

protagonistas

ilusión novelesca

héroes

diálogo

páginas

figura

coartadas

azares

Continuidad de los parques

Había empezado a leer la novela unos días antes. La abandonó por negocios urgentes, volvió a abrirla cuando regresaba en tren a la finca; se dejaba interesar lentamente por la trama, por el dibujo de los personajes. Esa tarde, después de escribir una carta a su apoderado y discutir con el mayordomo una cuestión de aparcerías, volvió al libro
5 en la tranquilidad del estudio que miraba hacia el parque de los robles. Arrellanado en su sillón favorito, de espaldas a la puerta que lo hubiera molestado como una irritante posibilidad de intrusiones, dejó que su mano izquierda acariciara una y otra vez el terciopelo verde y se puso a leer los últimos capítulos. Su memoria retenía sin esfuerzo los nombres y las imágenes de los protagonistas; la ilusión novelesca lo ganó
10 casi en seguida. Gozaba del placer casi perverso de irse desgajando línea a línea de lo que lo rodeaba, y sentir a la vez que su cabeza descansaba cómodamente en el terciopelo del alto respaldo, que los cigarrillos seguían al alcance de la mano, que más allá de los ventanales danzaba el aire del atardecer bajo los robles. Palabra a palabra, absorbido por la sórdida disyuntiva de los héroes, dejándose ir hacia las imágenes
15 que se concertaban y adquirían color y movimiento, fue testigo del último encuentro en la cabaña del monte. Primero entraba la mujer, recelosa; ahora llegaba el amante, lastimada la cara por el chicotazo de una rama. Admirablemente restañaba ella la sangre con sus besos, pero él rechazaba las caricias, no había venido para repetir las ceremonias de una pasión secreta, protegida por un mundo de hojas secas y senderos
20 furtivos. El puñal se entibiaba contra su pecho, y debajo latía la libertad agazapada. Un diálogo anhelante corría por las páginas como un arroyo de serpientes, y se sentía que todo estaba decidido desde siempre. Hasta esas caricias que enredaban el cuerpo del amante como queriendo retenerlo y disuadirlo dibujaban abominablemente la figura de otro cuerpo que era necesario destruir. Nada había sido olvidado: coartadas, azares,
25 posibles errores. A partir de esa hora cada instante tenía su empleo minuciosamente atribuido. El doble repaso despiadado se interrumpía apenas para que una mano acariciara una mejilla. Empezaba a anochecer.

Sin mirarse ya, atados rígidamente a la tarea que los esperaba, se separaron en la puerta de la cabaña. Ella debía seguir por la senda que iba al norte. Desde la senda
30 opuesta él se volvió un instante para verla correr con el pelo suelto. Corrió a su vez, parapetándose en los árboles y los setos, hasta distinguir en la bruma malva del crepúsculo la alameda que llevaba a la casa. Los perros no debían ladrar, y no ladraron. El mayordomo no estaría a esa hora, y no estaba. Subió los tres peldaños del porche y entró. Desde la sangre galopando en sus oídos le llegaban las palabras de la mujer:
35 primero una sala azul, después una galería, una escalera alfombrada. En lo alto, dos puertas. Nadie en la primera habitación, nadie en la segunda. La puerta del salón, y entonces el puñal en la mano, la luz de los ventanales, el alto respaldo de un sillón de terciopelo verde, la cabeza del hombre en el sillón leyendo una novela.

Julio Cortázar, "Continuidad de los parques", *Final del juego* (1964)

4 Para comprender el texto

1 Basándote en el contenido general del cuento, elige la opción correcta.

En el cuento…

a hay una superposición entre la realidad y la novela.

b la novela queda completamente aislada del mundo real.

c hay personajes que no son seres humanos.

d la novela trata sobre cuestiones legales.

2 Basándote en las líneas 16 a 27, contesta la siguiente pregunta: ¿Quiénes son los dos personajes que actúan en este fragmento?

....

3 Indica la opción correcta en la casilla de la derecha.

Los personajes de la novela que el hombre lee…

a intentan escapar de un crimen.

b acaban de conseguir el arma homicida.

c llevan adelante un plan homicida.

d están por arrepentirse de su decisión.

4 Basándote en las líneas 1 a 16, contesta las siguientes preguntas.

¿Qué expresiones del texto indican los siguientes aspectos referidos al hombre que lee?

a Tomó una posición especial para impedir la entrada del mundo exterior.

....

b Se metió inmediatamente en el mundo de la ficción.

....

c Disfrutaba la idea de separarse del mundo externo.

....

d Se sentía envuelto en las decisiones de los personajes.

....

5 Basándote en las líneas 32 y 33, transcribe las dos expresiones del texto que indican que todo funciona como los personajes de la novela lo esperaban:

a ....

b ....

6   Contesta la siguiente pregunta.

Además de "la luz de los ventanales", ¿qué otros elementos en común aparecen entre el mundo del lector del comienzo del cuento y el mundo de la novela que lee?

a   ....

b   ....

c   ....

7   ¿Quién es la víctima?

a   Un personaje nuevo y desconocido

b   El hombre que lee la novela

c   Uno de los personajes del parque

8   ¿Cuál es el significado de *continuidad* en este cuento?

a   unión   c   proceso

b   consecuencia   d   persistencia

Cuaderno 2.4
3 Gramática en contexto
Ejercicios 1 y 2

PARA USAR CORRECTAMENTE LA LENGUA

1   Vuelve a leer las líneas 1 a 8 del cuento *Continuidad de los parques*.

a   Elabora una lista con las acciones principales que <u>hizo</u> el hombre en relación con la lectura de su novela:

Ejemplo: la abandonó

....

....

b   ¿En qué tiempo aparecen estos verbos que expresan acciones?

....

2   Vuelve a leer las líneas 8 a 16.

a   Haz una lista de las descripciones que encuentres en relación con el lector, su manera de leer y la novela.

Ejemplo: su memoria retenía sin esfuerzo los nombres y las imágenes

....

....

....

....

b   Describe con dos cualidades la actitud del hombre que lee.

....

....

3 Vuelve a leer las líneas 16 a 27. Aquí el mismo tiempo verbal se usa para describir, pero ya no se describe al lector.

   a ¿Qué se describe?

     ....

   b ¿En qué tiempo aparecen los verbos que presentan estas descripciones?

     ....

4 Hay un momento en el que el narrador se refiere a una acción anterior a este proceso de lectura: ¿cuál es?

   a Transcribe las palabras del texto que lo expresan.

     ....

   b ¿Qué tiempo verbal es este?

     ....

   c Busca en el texto del cuento otro ejemplo de este tiempo verbal. Transcríbelo e indica su significado.

     ....

     ....

     ....

5 En la conclusión del cuento (líneas 28 a 38), los tiempos verbales se combinan. Vuelve a leerla detenidamente y conversa con tus compañeros para explicar el significado de cada uno de los tiempos verbales que aparecen allí.

6 En la oración: "El mayordomo no estaría a esa hora, y no estaba", ¿qué tiempo verbal es *estaría*? ¿Identificas su significado en ese contexto?

....

7 El último fragmento del cuento no tiene verbos. ¿Serías capaz de reponerlos? Puedes agregar otros indicadores temporales o nexos que necesites.

> … *primero una sala azul, después una galería, una escalera alfombrada. En lo alto, dos puertas. Nadie en la primera habitación, nadie en la segunda. La puerta del salón, y entonces el puñal en la mano, la luz de los ventanales, el alto respaldo de un sillón de terciopelo verde, la cabeza del hombre en el sillón leyendo una novela.*

8 Responde por qué crees que el autor los ha eliminado.

....

2

Hojas de Trabajo
2.4.1 y 2.4.2

9 Observa el funcionamiento de los tiempos verbales en la narración:

Tiempos de la narración

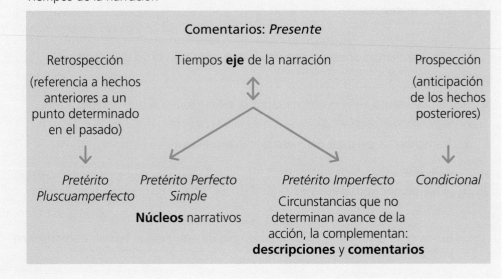

Comentarios: *Presente*

Retrospección (referencia a hechos anteriores a un punto determinado en el pasado)

Tiempos **eje** de la narración

Prospección (anticipación de los hechos posteriores)

Pretérito Pluscuamperfecto

Pretérito Perfecto Simple

Núcleos narrativos

Pretérito Imperfecto

Circunstancias que no determinan avance de la acción, la complementan: **descripciones** y **comentarios**

Condicional

PIENSA Y COMENTA CON TUS COMPAÑEROS

¿Qué otras expresiones artísticas pueden hacer a una persona escapar de su vida cotidiana y viajar? ¿Cómo consiguen ese objetivo?

Cuaderno 2.4
4 Escritura
Ejercicios 1, 2 y 3

5 Para escribir

1 Elige alguna de esas expresiones artísticas y, siguiendo el modelo de la reseña que has leído con anterioridad, escribe una reseña para presentar esa obra ante tus compañeros (emplea 200-250 palabras).

2 Escríbele una carta a Julio Cortázar en la que le cuentes tus experiencias como lector activo de alguno de sus textos: qué te atrae, qué te resulta difícil de entender, etc. (emplea 200-250 palabras).

Cuaderno 2.4
2 Lectura y comprensión
Ejercicios 1-4

6 Para terminar

1 Tú puedes jugar a escribir como lo hacía Julio Cortázar. Para eso…

a Aquí abajo, desordenados, se encuentran los fragmentos de un cuento cuyo título es *Historia verídica*. Léelos detenidamente.

Fragmento 1

A un señor se le caen al suelo los anteojos, que hacen un ruido terrible al chocar con las baldosas.

Fragmento 2

Una hora más tarde se le cae el estuche, y al agacharse sin mayor inquietud descubre que los anteojos se han hecho polvo.

Fragmento 3

A este señor le lleva un rato comprender que los designios de la Providencia son inescrutables, y que en realidad el milagro ha ocurrido ahora.

Fragmento 4

El señor se agacha afligidísimo porque los cristales de los anteojos cuestan muy caros, pero descubre con asombro que por milagro no se le han roto.

Fragmento 5

Ahora este señor se siente profundamente agradecido, y comprende que lo ocurrido vale por una advertencia amistosa, de modo que se encamina a una óptica y adquiere en seguida un estuche de cuero almohadillado de doble protección, a fin de curarse en salud.

b   Trabaja con un compañero para ordenarlos y obtener el texto completo del cuento. El fragmento 1 ya está bien ubicado.

c   Cambia la oración del final y propón un final distinto para el cuento. ¿Qué título le pondrías ahora?

d   El cuento está narrado en presente. Trasládalo al pasado y haz todos los cambios necesarios en los tiempos verbales y en otras palabras que quieras cambiar. Reflexiona con tus compañeros acerca de los tiempos verbales que usaste y por qué has usado cada uno de ellos.

e   Estos son algunos títulos de cuentos de Cortázar: *La foto salió movida*; *Las líneas de la mano*; *Una flor amarilla*; *Carta a una señorita en París*. Elige uno de esos títulos y redacta un breve cuento usando los verbos en pasado.

f   Compara tu cuento con el original de Cortázar. Comenta con tus compañeros semejanzas y diferencias.

MONOGRAFÍA

En esta unidad has reflexionado sobre experiencias enriquecedoras, como la de Julio Cortázar, que dio lugar a creaciones artísticas de valor universal, y has tomado contacto con algunos de sus cuentos. El universo literario de Julio Cortázar es un punto de partida muy productivo para reflexionar sobre distintos aspectos literarios en el desarrollo de una monografía centrada en la Categoría 3, Literatura. Una pregunta de interés para seguir una línea de investigación relacionada con la obra de Cortázar puede ser la siguiente: ¿De qué manera el tiempo y el espacio de los cuentos *Continuidad de los parques* y *La noche boca arriba* contribuyen a producir en el lector una experiencia de ruptura con la realidad?

3 | Ingenio humano

3.1 Frida Kahlo

¿Qué conduce al artista a expresarse a través del arte?

Objetivos de aprendizaje

En esta unidad vas a aprender a:

- Establecer una relación entre el arte, la vida y la cultura.
- Conocer en esencia el significado de un cuadro.
- Conocer una personalidad de gran creatividad artística.
- Utilizar los verbos en *Pretérito Perfecto Simple*.
- Repasar el uso de los verbos *ser* y *estar*.
- Utilizar las preposiciones.
- Escribir una crítica cinematográfica.
- Crear un autorretrato.

1 Para empezar TdC

1   Lee, junto a tus compañeros, la siguiente información sobre la pintora mexicana Frida Kahlo. Presta atención a la relación de su atuendo con la tradición de la cultura mexicana.

FRIDA KAHLO: FACTOR DEL NACIONALISMO MEXICANO

Por Hugo Mario Silva Martínez

Frida Kahlo es la pintora latinoamericana más famosa del siglo XX, considerada como un símbolo fundamental del arte mexicano, quien actualmente genera gran admiración en el ámbito nacional e internacional, tanto por el impacto de su obra como por su
5 propia personalidad y su impresionante vida, que nos presenta una sucesión de amor, dolor, sufrimiento, arte y política.

Son varios los elementos y circunstancias que nos hacen afirmar que la pintora Frida Kahlo es un factor de nacionalismo mexicano.

Contexto socio-político en el que vivió Frida Kahlo

10 Frida Kahlo, nacida el 6 de julio de 1907 en Coyoacán, al sur de la Ciudad de México, fue testigo en sus primeros años de muchos acontecimientos de la revolución que estallara en 1910, lo que seguramente influyó en ella y en la formación de su pensamiento de manera significativa. Al comenzar la década de 1920, y finalizada ya la lucha armada en contra del régimen dictatorial del general Porfirio Díaz, el nuevo Gobierno, encabezado
15 por el presidente Álvaro Obregón, se vio en la necesidad de organizar la reconstrucción del país.

Frida Kahlo fue un miembro activo de grupos intelectuales de izquierda que buscaban generar conciencia social usando el arte y la literatura como arma para rebelarse contra el sistema.

20 Producción artística

El elemento indígena se vuelve parte de su pintura y poco a poco se irán incorporando a ella símbolos claramente articulados que recuerdan siempre la cultura prehispánica y la herencia que a través de los siglos ha llegado hasta nosotros.

Figura exótica

25 Amante de las particularidades de su patria, se identificó claramente con las manifestaciones típicas de México, como la comida, el lenguaje popular, la vestimenta y el rechazo hacia la injusticia social y la intervención extranjera.

Vestimentas características de Frida

Frida adoptó la vestimenta típica de las mujeres de Tehuantepec, región del estado
30 de Oaxaca, que se distinguía por sus faldas largas rematadas con encajes y por los llamativos bordados de vivos colores. La decisión de usar este atuendo respondía a varios factores: era una manifestación explícita de su mexicanidad y el símbolo de su propio mestizaje.

Conclusión

35 Frida y su obra forman parte indispensable del legado cultural que todo aquel que pretenda conocer y acercarse a la historia de México no puede evitar, logrando así convertirse en un factor especial y artístico de nacionalismo cultural en México.

academiacomunicaion.wordpress.com (texto adaptado)

2   Junto a tus compañeros, presta atención a la imagen anterior de Frida Kahlo (imagen 1) y a las
    dos de más abajo (imágenes 2 y 3), y contesta las siguientes preguntas después de haber leído
    la información anterior sobre la pintora mexicana.

a   i   ¿Cómo describirías su rostro?

    ii ¿Te parece una mujer convencional para su época o tal vez con gran personalidad?
        ¿Por qué?

    iii Describe los adornos que lleva Frida. ¿Son los habituales de una mujer de su época o,
        por el contrario, se podrían considerar una provocación? ¿Tienen alguna relación con
        la cultura mexicana?

    iv Presta atención al collar (imagen 1). ¿Por qué crees que Frida Kahlo lo ha pintado de
        esa manera?

b   i   ¿Qué mensaje puedes leer en la pancarta (imagen 2) que se encuentra detrás de las
        personas?

    ii ¿Cómo lo relacionarías con el contexto histórico-social que vivió Frida Kahlo?

    iii ¿Por qué crees que ella está en primera línea de la foto?

    iv En la foto Frida es la única mujer delante de la pancarta, entre varios hombres. ¿Crees
        que sería admirada por ello en su época o, por el contrario, la criticarían?

    v   Frida está al lado de Diego Rivera, quien se encuentra situado en el centro de la
        imagen. ¿Sabes quién fue Diego Rivera? Busca información en Internet sobre él.

c   i   Describe este autorretrato de Frida Kahlo (imagen 3).

    ii ¿Qué tiene alrededor de su cabeza?

    iii Su vestimenta y adornos ¿están relacionados de alguna manera con la cultura
        mexicana? ¿De dónde procede el estilo de su vestimenta?

    iv ¿Crees que llevaba este atuendo solamente para hacerse un autorretrato, o que lo usaba
        en su vida cotidiana? ¿Por qué?

3   Lee, junto a tus compañeros, el siguiente texto sobre el Istmo de Tehuatepec, cuya cultura
    sirvió de inspiración al arte de Frida Kahlo.

En el Istmo de Tehuatepec se dio una de las interculturalidades más grandes de México

Esta área abarca los estados de **Chiapas**, **Oaxaca**, **Tabasco** y **Veracruz**. Se trata de la región más estrecha de México,

5 que separa los dos océanos, el Pacífico y el golfo. Ahí las tehuanas (así se les llama a las mujeres vestidas con uno de los trajes típicos más apreciados

10 y reconocidos del mundo) se paseaban, sobre todo durante las festividades, por este espacio que siempre ha sido un gran corredor cultural, biológico y de comercio.

15 Lo anterior se aprecia fuertemente en el vestigio que nos dejó de ello uno de los grandes cineastas de la historia universal, Sergei Eisenstein, o bien Tina Modotti, en sus inolvidables fotografías. En la región del **Istmo de Tehuantepec** se dio una de las mezclas culturales más importantes desde la época prehispánica (aquí confluyen huaves, zapotecos y zoques). Y la

20 ciudad de **Tehuantepec**, de hecho, es la más antigua del reino zapoteco. Esta región, además, se reconoce sobre todo por medio de la **tehuana,** y es una de las zonas más matriarcales de México. Aquí, la mujer guarda una relación de poder superior a la del hombre, y ello es expresado en el hecho de que ellas bailan con otras mujeres, y que se "paran" a bailar sin

25 los hombres.

El Istmo de Tehuatepec fue en tiempos un México diferente: la gente india no estaba sometida y tenía cierta autonomía.

masdemx.com (texto adaptado)

4   Junto a tus compañeros, contesta las siguientes preguntas.

a   ¿Quiénes son las tehuanas?

b   ¿Qué peculiaridad se ha producido en el Istmo de Tehuantepec desde la época prehispánica?

c   ¿Qué significa "es una de las zonas más matriarcales de México"?

d   ¿Cómo era la comunidad indígena hace un tiempo en Tehuantepec?

2 Para reflexionar

PIENSA

Después de haber leído los dos textos anteriores, el primero sobre Frida Kahlo y el segundo sobre el Istmo de Tehuantepec, vas a debatir con tus compañeros sobre la huella de la cultura de las tehuanas en el arte de Frida y su personalidad. Si necesitas más información puedes consultar en Internet o en cualquier otro medio.

- Puedes comparar las imágenes de ambos textos y comprobar similitudes y diferencias.

- Comenta la vestimenta y adornos de Frida. Busca en ellos alguna relación con la tradición mexicana.

- ¿Hay alguna conexión entre el poder de la mujer en el Istmo de Tehuantepec y Frida Kahlo?

- ¿Tiene alguna relación el tipo de población indígena del Istmo con Frida Kahlo y su pintura?

1 Ya has podido comprobar cómo Frida Kahlo reflejó en sus pinturas diferentes aspectos de la cultura mexicana. También en ellas se pueden encontrar los colores y el emblema de la bandera mexicana.

¿Sabes lo que significa la bandera mexicana? Lee a continuación, junto a tus compañeros, su significado e historia.

La bandera mexicana: significado e historia

Tiene tres colores distribuidos en forma vertical: verde, blanco y rojo. El significado de cada color es diferente: el verde simboliza la esperanza del pueblo en el destino de su raza, el blanco representa la pureza de los ideales del pueblo y el rojo simboliza la sangre que derramaron los héroes por la patria.

5 El centro de la bandera, la franja blanca, contiene un escudo; este escudo tiene su origen en el jeroglífico que usaron los aztecas para representar la fundación de Tenochtitlán.

La leyenda narra que los aztecas (una de las civilizaciones indígenas más importantes que tuvo México) vivían tranquilos en Aztlán cuando su dios principal, llamado Huitzilopochtli, habló con los sacerdotes y les dijo que tenían que abandonar Aztlán para buscar una tierra nueva donde
10 tendrían riquezas y poder, y donde nacería un nuevo pueblo; y que, cuando encontraran un águila posada en un nopal devorando una serpiente, habrían llegado a la tierra prometida. Después de aproximadamente 302 años encontraron la señal y ahí fundaron Tenochtitlán, de modo que este acontecimiento es considerado como la fundación de México, y por su importancia se adoptó como símbolo del escudo nacional.

15 El escudo, al igual que la bandera, ha sufrido cambios a través del tiempo. El actual está constituido por un águila mexicana, con la parte superior de las alas en actitud de combate. Posada su garra izquierda sobre un nopal florecido que nace en una penca sobre un lago, sujeta con la garra derecha y con el pico a una serpiente curvada, de modo que armonice con el conjunto. Varias pencas del nopal se ramifican a los lados. Dos ramas, una
20 de encino al frente del águila y otra de laurel al lado opuesto, forman entre ambas un semicírculo inferior que se une por medio de un listón dividido en tres franjas. El águila representa la fuerza cósmica del sol, el nopal el paisaje de México y la serpiente las potencialidades de la tierra.

3

Ingenio humano

2   Relaciona, junto a tus compañeros, el significado cultural de la bandera de México con el siguiente autorretrato de Frida Kahlo.

---

3 Para leer ⓣdC

¿La expresión artística es el espejo de la personalidad del pintor, de su cultura o de sus vivencias? Lee el siguiente texto para tener más información.

Frida Kahlo: la pintura de su vida

Frida Kahlo, la pintora mexicana más famosa, pintó el diario de su vida usando su único y personal estilo "folklórico"

LOS COMIENZOS

1   Magdalena Carmen Frida Kahlo Calderón nació el 6 de julio de 1907 en Coyoacán, México. Era una de las cuatro hijas de Guillermo Kahlo, un judío de origen húngaro-alemán, y de Matilde Calderón González, de ascendencia indígeno-mexicana.

2   A la edad de seis años, Frida enfermó de poliomielitis, lo que le afectó el uso de su pierna derecha, la cual se desarrolló muy delgada y el crecimiento de su pie se estancó. Frida intentó esconderlos llevando pantalones, faldas largas o dos pares de calcetines en su pie derecho. Sus compañeros de colegio la apodaron cruelmente "Frida pata de palo".

3   Originalmente no planeaba el convertirse en una artista, sino en una doctora, debido a sus problemas de salud. Sin embargo, empezó a pintar en sus días de juventud, fundamentalmente autorretratos y retratos de su propia familia y amigos.

4   A los 18 años, Frida sufrió un accidente que cambiaría el resto de su vida e influiría significativamente en su trabajo. El autobús donde se subió con su novio fue embestido por un tranvía lateralmente y varias personas murieron. Pasó alrededor de un año en la cama, recuperándose de roturas en la columna vertebral, hombros y costillas, de la pelvis astillada y de daños en el pie. Sufrió más de 30 operaciones a lo largo de su vida.

5   Durante sus meses de convalecencia del accidente de autobús, empezó a tomar la pintura con interés. El primero de los muchos autorretratos que pintaría en serio fue *Autorretrato con traje de terciopelo*. Sus pinturas, principalmente autorretratos y naturalezas muertas, eran deliberadamente ingenuas y llenas de colores y formas inspiradas en el arte folklórico mexicano.

6   En gran parte de sus autorretratos Frida emplea el estilo folklórico llamado "mexicanismo" (el arte mexicano debía volver a sus raíces indígenas y reflejar los elementos y formas de los pintores mexicanos del siglo XIX): colores vivos y variados, fundamentalmente rojo, blanco y verde (los colores de la bandera mexicana). Frida vestiría a menudo el estilo de los trajes típicos de las mujeres nativas de la región tehuana, en México. En muchas de las pinturas de Frida, ella llevaba este tipo de indumentaria. Estos largos vestidos, ricamente decorados, no eran solo muy hermosos, sino que también le permitían ocultar la deformidad física de su pierna derecha. Cuando viajaba al extranjero, Frida atraía muchísimo la atención e incluso inspiró una línea de vestidos en París.

www.fridakahlofans.com (texto adaptado)

artista

autorretratos

retratos

pintura

naturalezas muertas

arte folklórico mexicano

raíces indígenas

colores vivos

largos vestidos

ricamente decorados

Cuaderno 3.1
1 Lectura y comprensión
Ejercicios 1, 2 y 3

4 Para comprender el texto

1 Responde las siguientes preguntas (párrafos 1 a 4).

- ¿Cuál era la procedencia de la madre de Frida?

- ¿Por qué usaba siempre Frida vestidos largos o pantalones?

- ¿Por qué motivo se planteó en principio estudiar Medicina?

- ¿Cómo marcó el accidente de Frida su vida? ¿A qué edad tuvo Frida un accidente?

EL JUEGO DE LAS PALABRAS

1 Busca en el texto (párrafos 5 y 6) las palabras o expresiones que significan:

Ejemplo: Pintura de una persona hecha por ella misma → autorretrato

a inocente

b arte típico tradicional del país de origen de Frida

c tonos vistosos

d colores de la bandera (usados por Frida)

e vestidos típicos

f marcó una tendencia en la moda femenina del momento

PARA APRENDER MÁS...

¿Lo sabías?

Algunos títulos de las pinturas de Frida Kahlo:
Autorretrato con trenza, Diego y yo, El camión, El sueño (La cama), Las dos Fridas, Naturaleza viva, Naturaleza muerta, El venado herido, La columna rota, Autorretrato con Stalin, Retrato de Cristina (mi hermana), Recuerdo de la herida abierta, Sin esperanza.

5 Para leer

Lee el siguiente texto, en el que podrás comprobar cómo la turbulenta vida de Frida Kahlo se refleja en su arte.

EL DIARIO DE SU VIDA PINTADO

1   En 1928, casi totalmente recuperada del accidente, se unió a un grupo de jóvenes artistas políticamente cercanos al comunismo. A través de ellos conoció al que sería el hombre más importante de su vida, el muralista Diego Rivera. El 21 de agosto de 1929 Kahlo se convirtió en la tercera esposa de Rivera. Diego tenía 42 años y Frida 22. En diciembre los Rivera se mudaron a Cuernavaca, donde Frida pintó su segundo autorretrato, *El tiempo vuela*, en el cual estableció el estilo folklórico que se convirtió en su firma como artista.

2   A principios de 1930 Frida sufrió un aborto provocado porque el feto estaba en una posición incorrecta debido a su pelvis fracturada por el accidente. En noviembre de ese mismo año, Frida y Diego se trasladaron a San Francisco, donde Frida pintó *Frida y Diego Rivera*, la primera muestra pública de su trabajo, un doble retrato basado en una fotografía de boda.

3   En 1932 el segundo embarazo de Frida acabó en un aborto espontáneo en el hospital y perdió el bebé que tanto deseaba. Fue una experiencia muy traumática para ella. En 1934 Frida sufrió el tercer aborto. Su obsesión por la incapacidad de llevar a buen término un embarazo produjo algunos cuadros como *Retrato de familia*, donde el feto es el niño que nunca tuvo. Por otra parte, debió someterse a una cirugía en su pie derecho para amputar las puntas de sus dedos, puesto que tenían gangrena.

4   De vuelta en México, estos fueron años difíciles para Frida. Además de sus problemas de salud, estaba teniendo un montón de dificultades en su matrimonio con Diego. En 1935 Frida descubrió que Diego, el cual había tenido otros asuntos amorosos con otras mujeres durante su matrimonio, estaba manteniendo una relación sentimental con la hermana más joven de Frida, Cristina. Frida estaba tan terriblemente dolida por la relación que abandonó la casa común. Rivera no cejó en sus infidelidades y Frida empezó a tener sus propias aventuras amorosas, no solo con hombres, sino también con mujeres. En 1936 Frida sufrió otra operación en el pie derecho.

5   En 1937 Leon Trotsky y su esposa llegaron a México, en donde les habían concedido asilo político, gracias sobre todo a la intervención de Diego Rivera. Frida les dejó su casa de Coyoacán. Poco después de su llegada, Frida y Trotsky se embarcaron en una relación amorosa secreta que acabó a los pocos meses.

6   En 1938 Frida viajó a Nueva York para preparar su primera exposición en solitario. Se quedó sorprendida al saber que a la gente le gustaban sus cuadros y estaban dispuestos a comprarlos. Frida estaba muy animada con su nueva fama porque le daría independencia económica de Rivera y más libertad.

7   En 1939 Frida viajó sola a París, donde tuvo un limitado éxito. No le impresionó ni París ni sus habitantes. Ese mismo año Diego y Frida se divorciaron. La separación afectó emocionalmente mucho a Frida. Intentó desesperadamente ahogar sus penas bebiendo y sumergiéndose en su trabajo. *Las dos Fridas* es un clásico ejemplo de cómo expresaba sus emociones hacia Diego sobre un lienzo.

8   Los problemas de salud de Frida reaparecieron, lo que no contribuyó a ayudar a mejorar su estado emocional. Se fue a San Francisco a visitar a su amigo y doctor de confianza. Rivera se encontraba también en esa ciudad pintando un mural. El doctor hizo de intermediario entre ambos y finalmente se volvieron a casar en 1940.

exposición

emociones

lienzo

mural

cuadro

9   En 1943 de nuevo sufría agudos dolores en su espalda y pie derecho y le ordenaron descansar. Tenía que llevar un corsé de acero, que se convirtió en el tema de su cuadro de 1944 *La columna rota*.

10 En 1948 Rivera empezó una relación amorosa con la actriz María Félix, que causó un escándalo público. Finalmente, tras la intervención de la hermana de Frida, la relación acabó. Frida una vez dijo: "Sufrí dos graves accidentes en mi vida… Uno en el cual un tranvía me arrolló y el segundo fue Diego".

11 En 1950 Kahlo fue hospitalizada durante nueve meses debido a problemas recurrentes de la columna vertebral durante ese período. Después de ser dada de alta en el hospital, Frida tuvo que usar una silla de ruedas la mayor parte del tiempo.

12 Gravemente enferma con una neumonía, Frida Kahlo falleció el 13 de julio de 1954. La causa del fallecimiento fue embolia pulmonar, aunque los pensamientos suicidas expresados en su diario hicieron pensar a algunas personas que quizás se suicidó.

www.fridakahlofans.com (texto adaptado)

6 Para reflexionar

1   Presta atención a los nombres de los cuadros de Frida Kahlo que has podido ver a lo largo del texto y a su significado. Relaciona el nombre de cada cuadro con su significado.

Cuadros		Significado	
a	*El tiempo vuela*	i	Intenso dolor físico
b	*Frida y Diego Rivera*	ii	Amor y sufrimiento por Diego Rivera
c	*Retrato de familia*	iii	El hijo que no pudo tener
d	*Las dos Fridas*	iv	La primera exposición pública de su arte
e	*La columna rota*	v	Comienzo de su estilo folklórico

2   Frida Kahlo también expresa en sus pinturas su intimidad. Una buena muestra de ello fue su tormentosa relación con Diego Rivera. Después de haber leído el texto completo, contesta las siguientes preguntas, cuyas respuestas te ayudarán a comprender el impacto de Diego Rivera en la vida y el arte de Frida Kahlo.

a   ¿Qué ocupación tenía Diego Rivera, el marido de Frida Kahlo?

b   ¿Por qué Frida Kahlo dejó a Diego Rivera?

c   ¿Por qué Frida Kahlo podría ser más independiente de Diego Rivera tras su exposición en Nueva York?

d   ¿Cómo intentó desahogarse Frida tras divorciarse de Diego Rivera?

e   ¿Qué ocurrió cuando Frida y Diego se reencontraron de nuevo en San Francisco?

f   ¿Por qué Frida se volvió a separar de Diego Rivera?

PARA USAR CORRECTAMENTE LA LENGUA

Revisa el uso de los verbos en *Pretérito Perfecto Simple* o *Pretérito Indefinido* que has aprendido en la Unidad 1.2 y, a continuación, haz el siguiente ejercicio.

1 Basándote en los tres primeros párrafos de la segunda parte del texto (*El diario de su vida pintado*), escribe cada verbo en la tercera persona del singular del *Pretérito Indefinido*.

Cuaderno 3.1
2 Gramática en contexto
Ejercicio 1

Ejemplo: unirse (tercera persona singular) → se unió

a   conocer   c   pintar   e   sufrir

b   mudarse   d   convertirse   f   trasladarse

Hoja de Trabajo 3.1.2

2 Revisa el uso de los verbos *ser* y *estar* y selecciona de la siguiente lista de verbos los que correspondan a cada oración.

fueron	sería	es	era	estaban	eran	estaba

a   Frida Kahlo .... de ascendencia indígeno-mexicana.

b   Sus pinturas .... ingenuas.

c   Conoció al que .... el hombre más importante de su vida: Diego Rivera.

d   En el cuadro *Retrato de familia* el feto .... el niño que nunca tuvo.

e   Esos años en México .... difíciles para Frida.

f   Frida .... terriblemente dolida por la relación de Diego con su hermana.

g   Las personas .... dispuestas a comprar sus cuadros.

3 Revisa el uso de las preposiciones que has estudiado en unidades anteriores y escribe en el siguiente fragmento las preposiciones que faltan.

En 1950 Kahlo fue hospitalizada durante nueve meses debido a problemas recurrentes de la columna vertebral durante ese período. Después **[A]** .... ser dada de alta en el hospital, Frida tuvo que usar una silla de ruedas la mayor parte del tiempo. **[B]** .... 1953 se organizó la primera exposición en solitario **[C]** .... trabajo de Frida en México. La tarde de la inauguración los doctores insistieron en que se quedara **[D]** .... cama. No obstante, Frida estaba empeñada en no perderse el acontecimiento y, con la testarudez que la caracterizaba, acudió. Acordó que llevaran la cama en la que estaba convaleciente **[E]** .... la exposición y, **[F]** .... el dolor calmado **[G]** .... analgésicos, llegó más tarde **[H]** .... una ambulancia. Unos meses más tarde tuvieron que amputarle la pierna **[I]** .... debajo de la rodilla porque estaba infectada de gangrena. Le reconstruyeron una pierna artificial que le permitía caminar, pero la operación la sumió **[J]** .... un estado de depresión profunda.

7 Para escribir

Cuaderno 3.1
5 Escritura
Ejercicio 1

1   La vida privada y artística de Frida Kahlo ha sido llevada al cine. Se han hecho varias películas sobre la pintora. La última fue la que muestra el cartel: *Frida* (2002), de Julie Taymor. Puedes ver alguna de las películas y, a continuación, realizar una crítica cinematográfica sobre ella. Recuerda que puedes, como punto de partida, leer la crítica cinematográfica de la Unidad 1.4.

Vamos a repasar las características esenciales de la **crítica cinematográfica**:

- Un crítico hace un juicio razonable sobre una película para influir en el espectador.

- Presenta los datos técnicos de la película.

- Comienza con una breve contextualización y argumento, sin contar el final, obviamente.

- Analiza aspectos positivos y negativos o mejorables.

- Aporta datos concretos y verídicos.

- Le otorga una puntuación.

2   Ahora vas a escribir tu propia crítica cinematográfica sobre una de las películas que puedes ver sobre Frida Kahlo. Para elaborarla, recuerda toda la información que ya tienes sobre la vida de Frida Kahlo y el cartel de la película anterior.

8 Para entender 🔊 Pista 11

Frida Kahlo es muy conocida, entre otras obras de arte, por los autorretratos que se hizo mientras estaba enferma para calmar su soledad. Hoy en día algunas personas afirman que fue una pionera del actual *selfie*.

Ahora vas a escuchar los consejos que da Javier Beltrán, el propietario de la agencia de fotografía De Frente, sobre cómo hacer un *selfie* o un autorretrato.

Antes de escuchar las instrucciones, responde las siguientes preguntas.

- ¿Tú sueles hacer muchos *selfies*? ¿Por qué los haces?

- ¿Habitualmente sigues los *selfies* de tus amigos? ¿Por qué?

PARA APRENDER MÁS...

¿Lo sabías?

La película *Frida* (2002), interpretada por Salma Hayek, recaudó más de $120.000.000 en taquilla.

1 Ahora escucha la audición dos veces y responde las siguientes preguntas.

    a   Para hacerte un *selfie* de tu rostro…

        i   enciende siempre la luz.

        ii   mantén un fondo blanco y neutral.

        iii   mantén siempre colores vivos.

    b   Para que tus ojos tengan un mejor efecto…

        i   baja la cámara progresivamente hacia abajo.

        ii   gira la cámara hacia la izquierda.

        iii   mantén la cámara un poco por encima de tu cabeza.

    c   Si quieres aparecer con una buena expresión…

        i   intenta mantener tu sonrisa natural.

        ii   viste siempre complementos que favorecen tu expresión.

        iii   sonríe aunque no seas espontáneo/a.

    d   El estilo debe ser…

        i   siempre el mismo.

        ii   distinto.

        iii   con diversas características y muy auténtico.

PIENSA Y COMENTA CON TUS COMPAÑEROS

- ¿La autofoto, o *selfie*, te parece una creación artística o es pura vanidad?
- ¿Las personas a quienes les gusta hacerse *selfies* tienen un tipo de personalidad determinado?

---

9 Para reflexionar y hablar ⓣdC

¿Se puede ser un buen artista llevando una vida convencional?

Cuaderno 3.1
3 Lectura y comprensión
Ejercicios 1, 2 y 3

1 Frida Kahlo, ¿mujer adelantada a su tiempo, provocadora o artista rompedora? Prepara una presentación oral sobre la trascendencia de la rompedora personalidad de Frida Kahlo como mujer y como pintora.

2 Debate con tus compañeros.

- ¿Por qué Frida Kahlo mostró el indigenismo, aparte de en su creación artística, en su indumentaria?

- ¿Las mujeres que en la actualidad siguen una tendencia similar a su estilo crees que quieren imitar su apariencia o su brillante personalidad?

3 Compara las cuatro imágenes con tus compañeros: las dos de Frida Kahlo como mujer adelantada a su tiempo para unos, excéntrica para otros, con la foto de la cantante Lana del Rey y la de la mujer modelo.

> **Cuaderno 3.1**
> **4 Vocabulario y ortografía**
> Ejercicios 1, 2 y 3

Frida Kahlo

Modelo

Lana del Rey

Frida Kahlo

10 Para reflexionar y escribir (TdC)

1 Lee el siguiente fragmento y elabora una respuesta personal de 150 a 250 palabras.

> **Fue la reina del *selfie* (antes de que existiera).** Por culpa de la polio y del grave accidente de tráfico que sufrió siendo muy joven, Kahlo estuvo grandes períodos de su vida postrada en una cama (a lo largo de su vida pasó por quirófano más de 30 veces). Así empezó a pintar sus autorretratos, viendo su
> 5 rostro reflejado en un espejo. Lo hacía con el mismo propósito que hoy día tienen los *selfies*: compartir la soledad para sentirse menos sola. "Si Frida viviese hoy día, creo que tendría Instagram y un blog cañero, comprometido, en el que hablaría absolutamente de todo. Eso sí, no creo que compartiese imágenes con afán de acumular muchos *likes*, eso más bien le haría
> 10 plantearse: 'Algo estoy haciendo mal si mis publicaciones gustan a todos y no incomodan a nadie'".
>
> smoda.elpais.com

En tu respuesta personal no olvides comentar las siguientes frases del texto.

- "Compartir la soledad para sentirse menos sola".

- "Si Frida viviese hoy día creo que tendría Instagram y un blog cañero, comprometido".

- "Algo estoy haciendo mal si mis publicaciones gustan a todos y no incomodan a nadie".

11 Para terminar

1 Presta atención a este autorretrato de Frida Kahlo. Observa detenidamente todos los detalles característicos de su persona y su vida: su ropa de estilo folklórico, el pie vendado, el corazón gigante en el suelo destrozado y sangrando, etc.

2 Ahora vas a pensar en hacer tu propio autorretrato, pero en un formato que te resulte cómodo: digitalmente, en papel, un *collage*, pintado, etc. Ten en cuenta las siguientes pautas:

- Previamente haz tu propia descripción por escrito.

- Piensa en objetos, particularidades, características tuyas que podrías incluir en el retrato.

- Prepara una lista de frases o palabras significativas para incluir en el cuadro.

- Añade fotos, imágenes de familiares, amigos, mascotas o personas importantes para ti.

- Selecciona momentos o vivencias importantes en tu vida para reflejarlos en tu creación artística.

3 Haz tu propia creación artística utilizando la técnica que más se acomode a tus circunstancias. En tu autorretrato debe quedar reflejado lo esencial de tus vivencias, gustos y personalidad.

4 Cuando hayas finalizado tu autorretrato, preséntalo y compártelo con tus compañeros. Comentad el resultado final de todos los autorretratos.

3.2 Borges e Internet

¿Hasta qué punto el arte puede anticipar aspectos de la ciencia y de la tecnología? ¿Se te ocurren películas, imágenes pictóricas o textos literarios que funcionen como ejemplo?

Objetivos de aprendizaje

En esta unidad vas a aprender a:

- Identificar conexiones entre el arte y los avances científicos.
- Establecer comparaciones entre ellos.
- Identificar características y significados de la creación literaria de un autor.
- Identificar características del informe como tipo textual.
- Identificar el funcionamiento de tiempos verbales como el *Pretérito Perfecto Compuesto* y el *Futuro* en textos informativos.
- Identificar aspectos positivos y negativos de datos objetivos presentados en textos.

1 Para empezar ⓣ𝐝𝐜

1   Internet es el gran medio de comunicación en nuestros días. Responde las siguientes preguntas trabajando con un compañero.

   a   ¿Cómo crees que esta manifestación de la tecnología influye en tu vida?

   b   ¿Te sientes cómodo haciendo uso de ella, o crees que te invade demasiado?

   c   ¿Crees que te es más útil en tu vida personal o en tu vida como estudiante?

3

2 Para entender 🔊 Pista 12

1   ¿Cuáles son tus respuestas a las preguntas anteriores? Ahora escucha la opinión que tiene David sobre el uso de Internet.

2   Escucha la audición dos veces y responde las siguientes preguntas.

a   Para David, Internet ha sido…
   i   un medio de crecimiento.
   ii   un entorno difícil.
   iii un ambiente académico.

b   Como resultado de sus intercambios en Internet, David…
   i   se siente más acompañado.
   ii   ha perdido a sus viejos amigos.
   iii valora más sus momentos de soledad.

c   David piensa que sus contactos en Internet…
   i   son poco profundos.
   ii   son muy variados.
   iii son demasiado distantes.

d   Las redes sociales le han abierto posibilidades de…
   i   crear una emisora de radio.
   ii   participar en un programa de radio.
   iii publicitar su trabajo en una radio.

e   David se define como una persona…
   i   sociable por naturaleza.
   ii   habituada a las cámaras.
   iii menos tímida que antes.

f   David se enamoró de su novia…
   i   por su físico.
   ii   cuando la vio por primera vez.
   iii por su personalidad.

g   David recomienda usar Internet…
   i   sin temor.
   ii   con mucho cuidado.
   iii con control de los padres.

3   Debate el punto de vista de David con tus compañeros.

PIENSA Y COMENTA CON TUS COMPAÑEROS TdC

¿Qué tipo de lector eres tú? Marca en el siguiente recuadro los aspectos que te resulten más próximos a tus actitudes.

Nunca termino de leer lo que empiezo.	
Leo todo lo que pasa por mis manos.	
Leer me da sueño.	
Cuando leo, me olvido del mundo.	
Ando con mis libros por todas partes.	
Leo solo por obligación.	
Nunca hablo con mis amigos de lo que leo.	
Con mis amigos hablamos mucho de libros.	
Solamente leo por Internet.	
Amo los libros en papel.	

3 Para reflexionar

1 Lee el siguiente texto.

Literatura e Internet: ¿sueñan los escritores con novelas eléctricas?

Lo más joven de la literatura argentina escribe sobre la red y se pregunta por la potencia y los límites de la cultura digital

DOMINGO, 24 DE ENERO DE 2016
Martín Lojo

"Todos nuestros sueños ya son de Windows", dice un personaje de *Te quiero*, la novela de J. P. Zooey. Una frase que, con su entonación publicitaria, parece burlarse de la libertad con
5 la que, según creemos, nuestra imaginación y nuestros deseos se dispersan por las redes virtuales. Como nunca en la historia de la humanidad, la información está al alcance del público a costos relativamente baratos. Internet representa el archivo más completo de casi todo el saber, las imágenes, las narraciones y los productos comerciales. Provee los medios de comunicación que alimentan y ponen en circulación nuestra cultura. El conocimiento está
10 allí, al alcance de un teclado, lo que debería representar una garantía de libertad de elección y de creatividad. Sin embargo, la pregunta que nos deja la novela de Zooey parece el despertar de una pesadilla borgeana: ¿somos nosotros los que expresamos nuestras ideas a través de la red o es la red la que nos piensa?

Después de que el chisporroteo de la Alt Lit, nacida de los casi extintos blogs, mostró el
15 potencial de una literatura nacida en Internet, es la propia literatura la que da su mirada sobre cómo la informática transforma la experiencia. Seis novelas de autores argentinos jóvenes, con muy diversos estilos e ideas narrativas, invitan a reflexionar sobre la potencia y los límites de la cultura digital en la segunda década del siglo XXI.

La Nación, www.lanacion.com.ar

cultura digital

redes virtuales

información

archivo

imágenes

narraciones

medios de comunicación

circulación

teclado

Ingenio humano

2 Analiza tu actitud como lector más profundamente.

    a ¿Qué disfrutas más de tu experiencia de lectura?

       i La posibilidad de reflexión interior

       ii La interactividad con el texto

       iii El desarrollo de la imaginación

       iv Todos los anteriores

    b ¿En qué medio sientes que tus características como lector se vuelven más productivas, en papel o en un medio digital?

3 Según tus respuestas, ¿crees que deberías modificar tu forma de contacto con la literatura? ¿Por qué?

4 Saca conclusiones: ¿qué piensas sobre el valor de Internet como medio de transmisión de la cultura en la sociedad contemporánea?

Apóyate en las reflexiones anteriores y en las siguientes respuestas a interrogantes que propone el fragmento del texto que leíste:

- ¿Piensas que la afirmación "Todos nuestros sueños ya son de Windows", con la que se inicia el texto, es verdadera o falsa? Justifica tu respuesta.

- Propón tu respuesta personal a la pregunta con la que se cierra el texto: "¿Somos nosotros los que expresamos nuestras ideas a través de la red, o es la red la que nos piensa?".

Cuaderno 3.2
2 Lectura y comprensión
Ejercicios 1-8

el	idioma
Aleph	argentinos
la	inquisiciones
libro	las
cuerdas	Brodie
eternidad	ficciones
de	arena
muerte	informe
brújula	seis
para	historia
y	los

4 Para leer

¿Qué sabes sobre Jorge Luis Borges? ¿Lo conoces?

1 En estas palabras puedes encontrar los títulos de algunas de sus obras más importantes. Con la ayuda de una biografía del autor, escribe a continuación una lista de esos títulos.

    a ....

    b ....

    c ....

    d ....

    e ....

    f ....

    g ....

    h ....

    i ....

2   Comenta con tus compañeros: ¿qué te sugieren estos títulos en relación con las preocupaciones del escritor? ¿Has leído algo de Borges?

3   Busca datos para completar el panorama de su obra: época en la que vivió y escribió, temas centrales en su literatura.

Lo que vas a leer a continuación tiene que ver con un aspecto en particular de la literatura de Borges: su ingenio para anticipar la ciencia.

4   Lee detenidamente el texto y responde las siguientes preguntas.

a   ¿Qué aspecto del ingenio de este autor destaca el texto?

b   ¿Cómo se manifiesta ese "aspecto ingenioso"?

c   ¿En qué tipo de textos aparece especialmente su ingenio?

LECTURAS DE LA OBRA DEL GRAN ESCRITOR ARGENTINO

¿Borges fue precursor de Internet?

Clarín. Revista Ñ, 8 de enero de 2008

Varios críticos encuentran en sus textos las claves de la intersección entre nueva tecnología y literatura. Un ejemplo es la idea de "biblioteca total", que aparece en 1941 y que anunciaría la capacidad de Internet.

Por Noam Cohen

Primera parte

1   Jorge Luis Borges parece un candidato inesperado al "hombre que descubrió Internet". Sin embargo, un creciente número de comentaristas contemporáneos —ya se trate de profesores de literatura o de críticos culturales como Umberto Eco— concluye que, por más extraordinario y bizarro que parezca, Borges **prefiguró** la World Wide Web.

2   En un libro reciente, *Borges 2.0: From Text to Virtual Worlds (Borges 2.0: del texto a los mundos virtuales)*, Perla Sassón-Henry explora las relaciones entre el Internet descentralizado de YouTube, los blogs y Wikipedia y los cuentos de Borges, que "hacen del lector un participante activo". Sassón-Henry, profesora asociada del Departamento de Estudios del Lenguaje de la Academia Naval de los Estados Unidos, describe a Borges como alguien "del Viejo Mundo, pero con una visión futurista".

3   Un grupo de relatos de Borges —entre ellos *Funes, el memorioso, La biblioteca de Babel* y *Tlön, Uqbar, Orbis Tertius*— se publicó en los Estados Unidos bajo el título de *Labyrinths* a principios de los años sesenta. Con sus bibliotecas infinitas y hombres que no olvidan, enciclopedias y mundos virtuales, así como portales que abarcan todo el planeta, los relatos pasaron a constituir un canon para los que se encuentran en la **intersección** de la nueva tecnología y la literatura.

www.clarin.com

intersección

biblioteca total

prefiguró

lector

participante activo

visión futurista

portales

Cuaderno 3.2

3 Lectura y comprensión

Ejercicios 1 y 2

5 Para comprender el texto

Basándote en la introducción del texto, responde las siguientes preguntas.

1 Busca la palabra cuyo sentido es equivalente a *confluencia*.

   ....

2 Señala la característica de la biblioteca pensada por Borges que anticiparía la gran dimensión de Internet.

   ....

3 Busca en el párrafo 1 expresiones equivalentes a:

   Borges adivinó Internet

   a ....

   b ....

4 Completa las siguientes frases con palabras tomadas del párrafo 2:

   La característica del lector que le interesa a la profesora Sassón-Henry es que se trata de…

   ....

5 Desde la perspectiva de Sassón-Henry, aunque Borges no es un escritor del siglo XXI, se anticipa a él a través de…

   ....

6 En el párrafo 3 del texto se mencionan tres cuentos de Borges. ¿Cuáles son?

   a ....

   b ....

   c ....

7 Dos de estos cuentos sugieren, por el contenido de sus títulos, una relación con las características que se enumeran después en el mismo párrafo del texto. Relaciona los dos títulos con la característica que te parezca más representativa entre las que se enumeran en la columna de la derecha.

   a *Funes el memorioso*   i   bibliotecas infinitas

   b *La biblioteca de Babel* ii   hombres que no olvidan

                               iii máquinas y robots

                               iv   libros electrónicos

8 Responde:

   Según el párrafo 3, ¿qué clase de lectores de Borges pueden percibir su actitud visionaria?

   ....

9 Ahora que has leído con detenimiento el artículo, ¿cómo crees que esta "actitud visionaria" de Borges se relaciona con la actitud de los escritores contemporáneos que "sueñan con novelas eléctricas"? Coméntalo con tus compañeros.

6 Para reflexionar y hablar

1 Observa cómo la biblioteca de Borges se ha materializado en un sitio web. Intenta introducirte en ese universo virtual después de leer este artículo y comenta tu experiencia con tus compañeros.

La laberíntica, hexagonal y vertiginosa biblioteca de Babel de Borges en un sitio web

1 Todo el que en el siglo XXI haya leído a **Borges** se habrá preguntado qué diría el escritor sobre el **probable infinito del Internet**. Sobre los enlaces, en especial, que funcionan como los pies de página y por lo tanto podrían remitirnos a **todo lo que se ha escrito, se está escribiendo y se va a escribir (o incluso digitalizar) en el futuro**. El escritor neoyorkino **Jonathan Basile** no solo se lo preguntó, sino que está construyendo una auténtica **biblioteca de Babel** en su versión digital.

2 **Basile** tuvo que **aprender a programar desde cero** para poder recrear la **biblioteca universal de Borges** como un sitio web. Hasta ahora, los resultados son por lo menos abrumadores: un sitio laberíntico, interminable, y, a ratos, metafísico, como el cuento de **Borges**, que en más de un sentido puede ser un cuento de terror. El programador tomó como guía estructural el primer párrafo de *La biblioteca de Babel*, que describe una vasta arquitectura de hexágonos interconectados, cada uno con cuatro paredes de anaqueles y pasadizos que llevan a otros hexágonos idénticos.

3 Cuando se complete, la biblioteca digital contendrá cada combinación posible de 1.312.000 caracteres, incluidas las 24 letras del alfabeto, puntos, comas y espacios. Así, **llegará a albergar cada libro que se haya escrito y cada libro que podría ser escrito.** Por ahora ya contiene 1.024.640 volúmenes de aparente **sinsentido**, que son más que suficientes para generar **vértigo en cualquiera.**

4 Pero lo relevante, lo significativo, sería poder extraer del inmenso cardumen de literaturas posibles aquello perdurable, necesario, como lo intentan **los bibliotecarios del cuento de Borges,** que están condenados a revisar volúmenes para encontrar secuencias de significado. De entre todas las combinaciones finitas de 24 letras, puntos, comas y espacios, **encontrar algo que nos retribuya en significado**, es decir, una o una serie de palabras coherentes. Y esta es quizá la mejor parte de la versión digital (acaso envidiable para los bibliotecarios del cuento): **el Control Find**.

5 Sobra decir que la ambición de **Basile** es de una **envergadura épica**, pero alguien tenía que hacerlo. Es importante mencionar que, dado que es un sitio web interactivo y móvil, ya no es esa biblioteca **"solitaria, perfectamente inmóvil y secreta"** que Borges imaginó.

6 También hay que destacar que el proyecto le es **fiel a la alquimia de laberintos, espejos y textos propios del universo borgiano**. Y que es una extensión hermosa. Podríamos pensar también —¿por qué no?— que este experimento cibernético es más bien uno de los universos posibles dentro de **"la biblioteca de Babel"**, uno de los libros que alguien imaginó en la forma de una **biblioteca entera, hipervinculada y digital.**

El proyecto, más de lo que se pueda explicar aquí, se ilumina mientras se recorre. Pero, si no sabes por dónde empezar:

Busca tu nombre (o palabra favorita) en algún texto de algún hexágono de la biblioteca: libraryofbabel.info/textsearch.html

Busca un hexágono con tus iniciales, con tu número de la suerte: libraryofbabel.info/browse.cgi
Autor Webmaster
Etiquetas: Cultura, Cultura Geek, Informática, Websites

www.piratageek.com

2   Lee el párrafo 1 y extrae la frase en la que se indica pasado, presente y futuro del acto de escribir.

....

3   ¿Qué tipo de hechos crees que señala la forma del pasado que se usa en esa frase?

Elige la opción correcta.

a   hechos puntuales en el pasado

b   hechos del pasado que tienen consecuencias presentes

c   hechos del pasado sin consecuencias presentes

d   hechos muy lejanos en el pasado

Cuaderno 3.2
4 Gramática en contexto
Ejercicios 1 y 2

Hoja de Trabajo 3.2.2

PRETÉRITO PERFECTO COMPUESTO

El *Pretérito Perfecto Compuesto* se forma con el *Presente* del verbo *haber* + *Participio* del verbo principal.

Pretérito Perfecto Compuesto	
he	
has	disfrut*ado*
ha	com*ido*
hemos	viv*ido*
habéis	
han	

Este tiempo expresa una acción pasada que guarda relación con el momento presente.

Se emplea para indicar:

1   Un hecho que acaba de suceder, próximo al presente. *El libro se **ha publicado*** (por "acaba de publicarse"); ***He escuchado** las noticias.*

2   Hechos que aún no han terminado o cuyas consecuencias aún duran. *Las obras de muchos autores **han versado** sobre asuntos tecnológicos.* En el ejemplo *Muchas generaciones **hemos disfrutado** con su despliegue de imaginación*, el verbo *disfrutar* se usa en *Pretérito Perfecto Compuesto* porque, en el momento actual, se sigue leyendo y disfrutando esa literatura.

3   Existen muchos puntos de contacto entre los dos pasados: *Pretérito Perfecto Simple* (o *Pretérito Indefinido*) y *Pretérito Perfecto Compuesto*. El predominio de uno en detrimento del otro varía según las regiones de habla hispana. En general, el hablante usa indistintamente el *Pretérito Perfecto Simple* o el *Pretérito Perfecto Compuesto* para expresar un hecho puntual ocurrido en el pasado. *Trabajamos toda la noche para terminar el libro; Hemos trabajado toda la noche para terminar el libro.*

FUTURO SIMPLE

Recuerda que este **futuro** se forma con *Infinitivo* + terminaciones del *Futuro Simple*.

Futuro	
disfrutar comer vivir	-é
	-ás
	-á
	-emos
	-éis
	-án

Este futuro es más propio de la lengua escrita; en la lengua oral, muchas veces se sustituye con la forma:

ir + a + Infinitivo → va a escribir

4 Ahora observa la construcción que se usa para expresar el futuro.

   Ejemplo: ... se va a escribir (o incluso digitalizar) en el futuro...

   • ¿Hay más frases del texto que indiquen futuro?

   • Transcríbelas a continuación:

   ....

3

7 Para leer

La situación de Internet en la actualidad se discute desde muy diferentes perspectivas. Aquí tienes un texto que analiza esa situación y sus proyecciones futuras.

1 Completa el siguiente texto con las formas verbales que correspondan.

Un momento crítico para el futuro de Internet

POLÍTICA EXTERIOR nº 172 - Julio-agosto 2016

PABLO BELLO

Internet es la infraestructura esencial para el crecimiento económico, el afianzamiento de la libertad de expresión y el desarrollo social. Dado su poder para definir el orden internacional del siglo XXI, Europa debería promover un
5 Internet abierto, seguro, fiable e inclusivo.

Internet **[A]** (transformar) ....
nuestras vidas, la forma de relacionarnos, la economía
global, la cultura, la política. Estamos viviendo la era de Internet. Actualmente
más de 3.400 millones de personas usan Internet en todo el mundo. En cinco años **[B]** (haber)
10 .... más de 20.000 millones de dispositivos conectados. Internet
es ya la infraestructura global más importante y se está convirtiendo de forma acelerada en la
infraestructura esencial sobre la que se desarrollan todas las actividades en el mundo de hoy.
Internet, como lo hemos conocido hasta ahora, **[C]** (ser) .... un motor
de oportunidades económicas y de desarrollo, pero su futuro como factor de progreso está
15 en riesgo.

En los últimos años se **[D]** (deteriorar) .... de forma significativa la
confianza en Internet. Como refleja la Encuesta Global sobre Seguridad y Confianza en Internet
realizada por CIGI-Ipsos, los usuarios se sienten cada vez más inseguros, expresan preocupación
por la pérdida de privacidad y la hipervigilancia de los Gobiernos, les preocupa la explotación
20 comercial de sus datos personales y dudan de la protección de los datos bancarios.

La estructura abierta y distribuida de Internet **[E]** (ser) .... una de
las cualidades fundamentales que **[F]** (permitir) .... el desarrollo
acelerado de la sociedad digital, estimulando la creatividad y la innovación. Pero en los últimos
años se **[G]** (evidenciar) .... una tendencia a la fragmentación
25 como consecuencia de políticas nacionales de diversa naturaleza, en algunos casos asociados
a la censura, en otros a la obligación de localización de contenidos por razones de jurisdicción.
No puede darse por garantizado que Internet **[H]** (ser) ....
siempre una plataforma unitaria y global para la libertad de expresión. De hecho, ya no lo
[I] (ser) .... en algunos rincones del mundo. Es esa una pelea que
30 debemos dar.

Si no se actúa sobre estos riesgos, a medida que los usuarios
perciban que los costes potenciales del uso de Internet
son mayores que los beneficios, el valor económico y
social producido por una red robusta **[J]** (perderse)
35 ....

www.politicaexterior.com

ESTRATEGIAS DE APRENDIZAJE

Tipo de texto: el informe

1 Basándote en el texto anterior, piensa y comenta con tus compañeros.

- ¿Qué características crees que debe tener el autor de este texto (Pablo Bello) para poder escribirlo?

- ¿A qué tipo de audiencia va dirigido?

- Sintetiza en una frase el tema.

- ¿Cuáles son los tiempos verbales que se han empleado? ¿Qué valor adquiere cada uno de ellos en el texto?

- Elige las opciones correctas y márcalas

   El texto:

   a informa   f es imparcial y objetivo

   b describe situaciones   g es parcial y subjetivo

   c cuenta una historia   h es informal

   d propone soluciones   i es formal

   e propone ejemplos   j incluye el nombre del autor

   Busca en el texto ejemplos de estos aspectos.

2 ¿Cuáles de los siguientes elementos aparecen en el formato del texto y qué recursos observas en su desarrollo? Marca la casilla correspondiente. Señala algunos de estos elementos en el texto.

EL TEXTO		
a Titular	Sí	No
b Introducción		
c Subtítulos		
d Expresiones que muestran sentimientos		
e Estadísticas, fechas, evidencias		
f Marcas de diálogo		
g Imágenes		
h Mención de fuentes de información		

3   ¿En qué tipo de publicación puede aparecer un texto como este? Indica las opciones correctas en las casillas de la derecha. ¿En cuál aparece realmente?

a   En un libro de cuentos ☐

b   En una revista ☐

c   En un sitio de Internet de información general ☐

d   En un diario o periódico ☐

e   En un libro de textos administrativos ☐

f   En un libro de biología ☐

g   En un blog ☐

h   En un libro de derecho ☐

4   Según lo que has respondido en las actividades anteriores, completa el comienzo de la frase siguiente y explica por qué el texto es un informe:

El texto es un **informe** porque ....

....

....

....

5   Busca un informe relacionado con el tema en cuestión y tráelo a clase para discutirlo con tus compañeros. Analiza en este texto sus características y estructura.

Cuaderno 3.2
1 Vocabulario
Ejercicio 1

EL JUEGO DE LAS PALABRAS

El mundo de los opuestos

Lee las siguientes palabras del informe y colócalas en la columna adecuada según señalen aspectos **positivos** o **negativos**.

motor de oportunidades	riesgo	pérdida de privacidad	
crecimiento económico	libertad de expresión	factor de progreso	
hipervigilancia	desarrollo social	censura	protección
fragmentación	innovación	plataforma global	creatividad

Aspectos positivos	Aspectos negativos

8 Para escribir y terminar

Cuaderno 3.2
5 Escritura
Ejercicios 1-4

1   Elige una de las palabras del cuadro de la sección anterior, profundiza tu investigación sobre el tema buscando información en Internet y escribe junto a tu compañero un informe sobre este aspecto, por ejemplo *La censura en Internet*. Recuerda cumplir con todos los requisitos que corresponden a este tipo de texto.

2   ¿Te animas a leer el cuento *La biblioteca de Babel* completo? Coméntalo con tus compañeros.

3   El artículo de Noam Cohen (página 129) tiene una segunda sección que él presenta con la siguiente frase: "Lo que sigue son pasajes de cuentos proféticos de Borges y ejemplos de las profecías cumplidas".

Esta es la transcripción de una de esas profecías cumplidas.

Biblioteca universal

Borges:

"De esas premisas incontrovertibles dedujo que la biblioteca es total (...) o sea, todo lo que es dable expresar: en todos los idiomas. Cuando se proclamó que la biblioteca abarcaba todos los libros, la primera impresión fue de extravagante felicidad. Todos los hombres se sintieron señores de un tesoro intacto y secreto. No había problema personal o mundial cuya elocuente solución no existiera: en algún hexágono".

Jorge Luis Borges, "La biblioteca de Babel", *Ficciones*, Obras Completas (1974)

4   A partir de los aspectos señalados en los textos anteriores, de tu participación en la experiencia virtual y del fragmento (o el cuento completo) *La biblioteca de Babel* que leíste, imagina que eres uno de esos hombres sorprendidos por haber encontrado la biblioteca total. Escribe en tu diario personal el relato de cómo fue esa experiencia, cómo te sientes frente a ella y qué posibilidades futuras imaginas (emplea entre 200 y 250 palabras).

¿Te has puesto a pensar en cómo el desarrollo científico y tecnológico afecta a nuestras vidas?

Objetivos de aprendizaje

En esta unidad vas a aprender a:

- Informarte sobre las relaciones entre la ética, la ciencia y la tecnología.

- Analizar imágenes.

- Reconocer y analizar las distintas posiciones existentes sobre el tema.

- Poner en relación los temas de la unidad con la asignatura Teoría del Conocimiento.

- Compartir información con tus compañeros.

- Tomar posición frente a hechos de la realidad.

- Comunicar con claridad ideas personales o grupales.

- Analizar en profundidad documentos escritos y de comprensión auditiva.

- Adquirir un vocabulario específico.

- Aprender a conocer las características de un artículo de opinión.

- Aprender a reconocer y emplear oraciones complejas (coordinadas).

1 Para empezar (TdC)

Vivimos inmersos en un constante cambio científico y tecnológico que nos permite crecer como individuos y como sociedad, pero que, al mismo tiempo, no deja de ocasionar problemas.

1   Analiza estas imágenes. ¿Qué te sugieren? Luego, conversa con tus compañeros.

 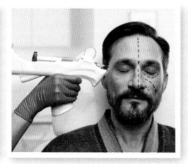  

2 Para entender 🔊 Pista 13

1   Escucha la entrevista que el periodista Marco San Juan hace a varios especialistas sobre el impacto que el avance tecnológico tiene hoy en día en la sociedad. ¿Cuáles crees que van ser sus opiniones sobre los efectos de la tecnología? Discute con tus compañeros.

2   Escucha de nuevo la audición y completa la información.

a   **Nombre:** Pedro Martín

   Especialidad: ....
   ....

   Enfermedad: ....

   Causa: empleo constante de los pulgares
   para ....

   Consecuencias: ....
   en los tendones de los pulgares

b   **Nombre:** Soledad Castilla

   Especialidad: fonoaudióloga y
   especialista en ....

   Enfermedad: ....

   Causa: exposición ....
   a un ruido

   Consecuencias: pérdida
   .... de la audición

c   **Nombre:** Ángel Campillo

   Especialidad: ....

   Enfermedad: ....

   Causa: miedo a no encontrar el
   ....

   Consecuencias: desesperación y
   ....

d   **Nombre:** Pilar Campoamor

   Especialidad: ....

   Enfermedad: pérdida de las
   ....

   Causa: .... generado
   por el uso excesivo de los videojuegos y
   redes sociales

   Consecuencias: incapacidad para
   establecer ....
   ....

3

Ingenio humano

PIENSA TdC

En la asignatura Teoría del Conocimiento se discuten temas como los que se están abordando en esta unidad. ¡Quizás hasta puedas comentarlos con el profesor de TdC!

Pregúntale o busca información sobre los siguientes aspectos y reflexiona, junto con tus profesores y compañeros de clase, sobre los temas y frases que se transcriben a continuación.

- ¿Qué es la ética?
- Distinguir lo que está bien de lo que está mal ha sido una preocupación constante del género humano.
- Mi límite termina cuando comienza a afectar el de los demás.

Los límites éticos en el ámbito de la ciencia nos hablan de:

- Hasta qué extremo puede llegar un científico y qué medios utiliza para su investigación.
- Cómo los resultados de la investigación científica pueden ayudar o perjudicar a la sociedad.

La ciencia y la humanidad en su conjunto tienen que partir de establecer algunos límites fundamentales, como:

- Buscar cómo asegurar el equilibrio entre el respeto a la vida y la dignidad humana, y las aplicaciones de los avances científicos.
- Garantizar que la ciencia y la tecnología no degraden a los seres humanos, a los seres vivos y a la naturaleza.

Tras haber reflexionado colectivamente sobre estas cuestiones, realiza la siguiente actividad.

Hoja de Trabajo 3.3.1

EL JUEGO DE LAS PALABRAS

aborto Vida PROGRESO Humanidad INDIVIDUO
Gas Leyes CLONACIÓN Ciencia
Transgénicos Investigación Cordón
Eutanasia CLIMÁTICO transplante umbilical
CLIMA Ética Tecnología Naturaleza Células madre
ADN Justicia IMPLICACIONES Lluvia Clonación

1 Busca en esta nube de palabras aquellas vinculadas con el tema de la ética que indiquen las siguientes afirmaciones:

a Algunas cuestiones que deben ser respetadas

Ejemplo: leyes

....

....

b   Avances científicos significativos

Ejemplo: ADN

....

....

c   Efectos de avances que pueden generar conflictos éticos

Ejemplo: aborto

....

....

3 Para leer

¿La ciencia y la tecnología deben respetar códigos morales, o actuar de manera independiente? ¿Crees que los beneficios del desarrollo científico y tecnológico pueden ser compartidos por todos? Lee el siguiente texto.

Ética, ciencia y tecnología

1   Entre la segunda mitad del siglo XVIII y el comienzo del siglo XIX se vivió una etapa de cambios sorprendentes: la Revolución Industrial. Durante ese período, se mejoró considerablemente la calidad de vida de muchos habitantes del planeta. Esta época abrió paso a la fabricación de productos en serie; permitió descubrir nuevos horizontes en el campo de las investigaciones científicas y tecnológicas e instaló la idea de las posibilidades ilimitadas de la mente humana.

2   Los avances fueron importantísimos, pero el progreso se realizó sobre el trabajo y el sufrimiento de muchos. Los mineros, los obreros, las mujeres y los niños fueron explotados, trabajaron jornadas muy extensas y apenas recibieron unas monedas de salario para alimentarse.

3   Los tiempos han cambiado y la humanidad ha evolucionado hacia una sociedad de consumo. Los beneficiarios del desarrollo científico y tecnológico son cada vez más numerosos, pero la cantidad de trabajadores, muchas veces esclavos, de países pobres que fabrican esos productos no ha disminuido.

4   Cada etapa en el desarrollo de la humanidad ha tenido sus ventajas y desventajas. En nuestro siglo XXI, se da la contradicción de que muchas veces aquellos que se benefician con los descubrimientos científicos y las nuevas tecnologías terminan siendo también víctimas de estos avances.

5   Por ejemplo, el desarrollo de Internet ha permitido comunicarse a hombres y mujeres de diferentes países y los niños de escuelas rurales han podido conocer animales, ciudades y plantas de geografías lejanas y muy diferentes a la suya. Pero algunas personas se han transformado en adictas al uso de Internet y sus conductas y hábitos han cambiado, alejándolos del contacto con sus compañeros, amigos y familiares.

---

calidad de vida

investigaciones científicas y tecnológicas

avances

progreso

sociedad de consumo

contradicción

nuevas tecnologías

conductas

hábitos

culto al cuerpo

eterna juventud

debate fundamental

reglas

igualdad de oportunidades de acceso

6 La medicina estética ha avanzado enormemente y ha generado un culto al cuerpo donde la belleza y la búsqueda de la eterna juventud se han convertido en el único objetivo de muchos hombres y mujeres.

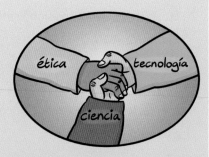

7 El desarrollo científico y tecnológico no es completamente maravilloso, ni sus resultados son totalmente negativos. Todo depende del uso que se haga de esos descubrimientos. Su empleo debe ser apropiado, o su utilización resultará incorrecta.

8 La humanidad debe realizar un debate fundamental sobre el uso de la ciencia y la tecnología, debe establecer reglas que favorezcan la igualdad de oportunidades de acceso a los beneficios de los descubrimientos, pero también debe evitar que estos avances alejen al hombre de su propia naturaleza.

4 Para comprender el texto

1 Elige las dos frases que son verdaderas de acuerdo con los párrafos 1 y 2 del texto. Escribe las letras de estas frases en las casillas correspondientes.

   a La Revolución Industrial fue una época de grandes retrocesos.

   b La Revolución Industrial duró más de un siglo y medio.

   c Durante la Revolución Industrial se empezaron a fabricar productos en serie.

   d Todos los habitantes del planeta se vieron beneficiados en su calidad de vida.

   e En esta época existía la creencia de que la creatividad y el pensamiento humanos tenían límites.

   f El progreso se basó exclusivamente en la explotación de los más pobres.

   g Los obreros recibían un salario que les permitía solo alimentarse.

   h Los niños no podían trabajar y debían ir a la escuela.

2 Basándote en los párrafos 3 y 4 del texto, completa las frases siguientes eligiendo la opción correcta.

   a El desarrollo científico y tecnológico en el siglo XXI ha permitido que dentro de la población mundial haya…

      i igual cantidad de beneficiados que de explotados.

      ii mayor número de explotados y una disminución de beneficiados.

      iii un porcentaje mayor de beneficiados y una disminución de explotados.

      iv una cantidad en aumento de beneficiados, pero siempre el mismo número de explotados.

b En numerosas ocasiones, los descubrimientos científicos y las nuevas tecnologías causan que haya…

    i víctimas entre los explotados.

    ii víctimas entre los beneficiados.

    iii más víctimas que beneficiados.

    iv igual cantidad de explotados que de beneficiados.

3 De acuerdo con el contenido de este artículo de opinión, las frases siguientes son todas verdaderas. Selecciona las tres frases más apropiadas para resumir las ideas principales del texto y escribe la letra correspondiente en cada casilla.

a Un empleo descontrolado de los avances científicos y tecnológicos puede provocar adicciones.

b La sociedad actual está basada en una economía de consumo.

c El hombre debe analizar críticamente los avances científicos y tecnológicos, sin olvidar su propia escala de valores.

d La búsqueda de la belleza y de la juventud son objetivos actuales de la humanidad.

e La ciencia y la tecnología no son en sí mismas ni buenas ni malas.

f Los avances científicos y tecnológicos demuestran las posibilidades ilimitadas de la mente humana.

g Los obreros, mujeres y niños fueron explotados durante la Revolución Industrial.

h La humanidad en su conjunto debe poder acceder a los avances científicos y tecnológicos.

i Los trabajadores de los países pobres no se benefician con los productos que fabrican.

ESTRATEGIAS DE APRENDIZAJE

Tipo de texto: el artículo informativo y el artículo de opinión

Compara el artículo de opinión (Unidad 6.11) con el artículo informativo (Unidad 6.15) del tema Tipos de texto y responde las siguientes preguntas.

1 ¿Cuál es el enfoque que debe tener un…

artículo informativo? ....

artículo de opinión? ....

2 ¿Cuál es el principal objetivo de cada uno de ellos?

El artículo informativo apunta a .... al lector.

El artículo de opinión apunta a .... al lector.

3 El artículo informativo presenta…

    a cualidades   b datos   c instrucciones   d argumentos

4 El artículo de opinión presenta…

    a cualidades   b datos   c instrucciones   d argumentos

Cuaderno 3.3
4 Escritura
Ejercicios 1, 2 y 3

Cuaderno 3.3
3 Gramática en contexto
Ejercicios 1 y 2

PARA USAR CORRECTAMENTE LA LENGUA

Las oraciones simples son oraciones que tienen un solo verbo conjugado en forma personal. Están formadas por un sujeto y un predicado.

Ejemplo: Los grandes diarios tienen también una edición digital.

Las oraciones complejas son oraciones que tienen más de un verbo conjugado.

Ejemplo: Los grandes diarios tienen también una edición digital, pero estas suelen ser gratuitas.

1   Basándote en las siguientes oraciones, responde las preguntas.

  1   *Entre la segunda mitad del siglo XVIII y el comienzo del siglo XIX se vivió una etapa de cambios sorprendentes: la Revolución Industrial.*

  2   *Durante ese período, se mejoró considerablemente la calidad de vida de muchos habitantes del planeta.*

  3   *Esta época abrió paso a la fabricación de productos en serie; permitió descubrir nuevos horizontes en el campo de las investigaciones científicas y tecnológicas e instaló la idea de las posibilidades ilimitadas de la mente humana.*

  a   ¿Cuáles son oraciones simples y cuál es la compleja?

    Márcalo en las casillas.

    Oraciones simples: Oración 1 ☐   Oración 2 ☐   Oración 3 ☐

    Oraciones complejas: Oración 1 ☐   Oración 2 ☐   Oración 3 ☐

  b   ¿Por qué puedes decir que estas dos oraciones son simples?

    ....

  c   La oración compleja de este párrafo está formada por tres oraciones simples coordinadas. ¿Cuáles son? Indica solo el verbo de cada una.

    ....

  d   Como podrás observar, las tres comparten el mismo sujeto. ¿Cuál es?

    ....

  e   ¿Qué elemetos sirven para coordinar las oraciones simpes que forman la compleja?

    ....

  f   ¿Por qué se utiliza e en vez de *y* al final de la oración compleja?

    ....

2   En las siguientes oraciones complejas ¿cuáles son las oraciones simples que las componen y cuál es el elemento coordinante? Márcalos siguiendo el ejemplo.

  Ejemplo: [Los avances fueron],(pero) [el progreso se realizó sobre el trabajo y el sufrimiento de muchos].

  a   Los mineros, los obreros, las mujeres y los niños fueron explotados, trabajaron jornadas muy extensas y apenas recibieron unas monedas de salario para alimentarse.

  b   Los tiempos han cambiado y la humanidad ha evolucionado hacia una sociedad de consumo.

  c   Su empleo debe ser apropiado o su utilización resultará incorrecta.

5 Para leer

La capacidad de razonar es propia de la especie humana y es la que diferencia al hombre de otros seres vivos. ¿Qué sucedería si el hombre trasmitiera esta capacidad a una máquina creada por él? Lee el siguiente texto.

Cuaderno 3.3
1 Lectura y comprensión
Ejercicios 1 y 2

Ética para robots

Por Antonio Orbe

1 El desarrollo de robots y máquinas cada día más complejos hace inevitable la pregunta: ¿deberíamos implementar una ética para robots?

2 La ficción es una inspiración para la vida. La ciencia ficción lo es para la ciencia. Gran parte de los avances que vemos y veremos han sido precedidos por las visiones de los escritores. Un ejemplo notable son las tres leyes de la robótica de Isaac Asimov, formuladas en 1942:

- un robot no puede hacer daño a un humano;
- un robot obedecerá las órdenes humanas, a menos que estas contradigan la primera ley;
- un robot protegerá su propia existencia excepto si esto entra en conflicto con la primera y segunda ley.

3 Resulta curioso lo visionario y a la vez ingenuo que termina siendo Asimov. En un sentido, ya anticipaba los robots autónomos, cosa que ahora empezamos a ver. Es ingenuo porque los robots, que estamos empezando a fabricar, están en buena medida diseñados para matar.

4 Cada día se diseñan y construyen nuevos robots. Pulgas que graban, arañas espías, trenes sin conductor. El vehículo autónomo está a punto de invadir nuestras calles.

5 El punto de inflexión es el momento en que estas máquinas sean autónomas. Un ejemplo de ello es el coche autónomo. Ningún humano lo supervisará. Incluso diseñados para matar, los robots pueden tener alguna ventaja: no sienten odio ni deseo de venganza, no cometen violaciones de los derechos humanos, no toman decisiones en caliente.

6 En la vida te planteas permanentemente problemas éticos. También cuando conduces, aunque la reacción sea automática. Un niño se cruza: ¿freno? Un perro se cruza: ¿freno? Si freno, pongo en riesgo la vida de mi familia, que me acompaña. O la de los ocupantes del coche de al lado. ¿Cuál es la opción moral adecuada? Si desarrollamos un coche autónomo, ¿debería tener moral? Y cualquier otro robot autónomo ¿debería llevar implantado un módulo moral?

7 La moral humana es un complicado campo en el que las reglas no están en absoluto claras. Esto se pone de manifiesto en los llamados "dilemas morales". Imagina que un tren avanza hacia un grupo de personas que morirán aplastadas por él. Tú puedes cambiar el curso de los acontecimientos. Si aprietas un botón, el tren cambiará de vía y aplastará a una única persona que está en la nueva vía, de forma que salvarías a cinco, pero una moriría. ¿Lo harías? Ahora imagina que las mismas personas están amenazadas, pero a tu lado se encuentra un individuo desagradable, sucio y con aspecto ebrio. Si lo empujas a la vía, morirá atropellado, el maquinista parará el tren y las otras cinco personas se salvarán. ¿Lo empujarías? La mayoría de las personas responden que sí apretarían el botón, causando la muerte de una persona para salvar a otras cinco. La mayoría responde que no empujaría al individuo desagradable, salvándolo y causando la muerte de los cinco. Una explicación consiste en que en el primer caso manipulas un botón, algo sin vida, y en el segundo caso manipulas directamente a una persona.

8 Para implantar un modelo en un ordenador tienes que tener claro el modelo. Para implantar ética en un robot, tienes que tener clara la ética. Miles de leyes han sido necesarias para la convivencia humana porque unas simples reglas éticas no sirven. ¿Cómo implementar en los robots algo que no está claro en los humanos?

hipertextual.com (texto adaptado)

6 Para comprender el texto

1 Basándote en los párrafos correspondientes, encuentra en el texto las palabras que signifiquen:

  a necesario (párrafo 1) ....

  b estímulo creador (párrafo 2) ....

  c persona capaz de imaginar cosas fantásticas (párrafo 3) ....

  d que no depende de nadie (párrafo 4) ....

2 Las siguientes frases son verdaderas (**V**) o falsas (**F**). Indica cuál es la opción correcta y escribe las palabras del texto que justifican tu respuesta.

V   F

  a El automóvil autónomo podrá ser controlado por su dueño. (Párrafo 5) ☐ ☐

  Justificación: ....

  b Al manejar un coche te expones a tener que tomar decisiones morales. (Párrafo 6) ☐ ☐

  Justificación: ....

  c El ejemplo del tren propone opciones que te impiden modificar la evolución de los hechos. (Párrafo 7) ☐ ☐

  Justificación: ....

  d La humanidad ha necesitado una legislación sencilla para poder vivir en sociedad. (Párrafo 8) ☐ ☐

  Justificación: ....

3 ¿Cuál es el propósito comunicativo de este texto? ☐

  a Objetar los condicionamientos morales

  b Reflexionar sobre el desarrollo de la robótica

  c Problematizar las conductas humanas

  d Dar ejemplos de modelos autónomos

7 Para reflexionar y hablar (TdC)

1   Observa esta imagen (izquierda). *La creación de Adán* es un fresco, de grandes dimensiones, que puedes admirar en el techo de la Capilla Sixtina, en el Vaticano. Es una obra del artista renacentista Miguel Ángel Buonarroti realizada en el año 1511. Ilustra el episodio bíblico del Génesis en el cual Dios da vida a Adán, el primer hombre.

2   Ahora, presta atención al detalle de las manos de Dios y Adán (imagen del medio).

3   Y, por último, compara esta última imagen con la imagen de la derecha.
    ¿Qué te sugiere esta comparación?

4   Reflexiona y discute con tus compañeros de clase las relaciones que has establecido entre ambas imágenes.

8 Para escribir

1   Elige **una** de las siguientes opciones y escribe un texto de 250 palabras.

a   Estás firmemente convencido/a de que el avance científico y tecnológico solo puede ser beneficioso para la humanidad. Escribe una carta al periódico donde apareció el artículo de opinión explicando que no compartes la idea de que existan condicionamientos morales que regulen dicho avance. Emplea nuevos argumentos y ejemplos.

    No olvides utilizar un registro formal:

    •   un saludo formal ("Estimado Sr. / Estimado periodista / Estimado director")

    •   una fórmula de encabezamiento ("Me dirijo a Ud. en relación con… / con el objeto de… / para…")

    •   una despedida ("Atentamente" / "Le saluda atentamente")

    •   tu firma (puedes agregar algunos datos personales, como tu nombre y apellidos, o el número de documento de identificación)

    •   algunas oraciones complejas (coordinadas)

b Compartes la opinión del artículo de opinión. Escribe un correo electrónico al periódico apoyando una utilización moral de la ciencia y de la tecnología. Emplea nuevos argumentos y ejemplos.

No olvides utilizar un registro formal:

- la dirección electrónica y el asunto
- un saludo formal
- una fórmula de encabezamiento

- una despedida
- tu nombre y apellido
- algunas oraciones complejas (coordinadas)

Nivel Superior

2 Selecciona la opción que prefieras y escribe alrededor de 350 palabras.

9 Para terminar

Dramatiza con tus compañeros

1 Vas a participar en un programa de debate en televisión. En grupos, cada uno elige un personaje, y participa en el debate representando la postura que se indica. El objetivo de la actividad es que haya un verdadero intercambio de ideas, que refleje diferentes posiciones ante el tema y donde se pueda aplicar lo aprendido en esta unidad. ¡Lo importante es que el debate resulte interesante para todos!

Tema: ¿cómo imaginas el mundo dentro de 50 años?

Lugar: un estudio de televisión

Personajes y situaciones:

- **El moderador del debate:** trata de equilibrar las opiniones y sacar conclusiones.
- **Un empresario:** solo piensa en ganar dinero.
- **Un maestro de escuela primaria:** de carácter dulce y optimista, piensa que todo el mundo es bueno.
- **Una investigadora de una universidad tecnológica:** persona seria y responsable, es muy consciente de la relación entre la ciencia y las cuestiones éticas.
- **Un político ambicioso:** lo que más le importa es que la gente le vote.
- **Un trabajador con pocos estudios:** le preocupa el futuro de sus hijos.

- **Una joven estudiante:** le inquieta el desempleo que provoca la tecnología.

Para organizar la actividad:

En pequeños grupos de no más de dos o tres alumnos, cada grupo:

- escoge uno de los siete personajes
- elabora un guion que reproduzca la opinión y la actitud del personaje elegido
- decide quién de sus miembros va a interpretar al personaje
- elabora la respuesta que le daría al personaje con el que tiene mayores diferencias

3.4 Una manera creativa de ver el mundo

¿De qué manera las artes nos ayudan a entender el mundo que nos rodea?

Objetivos de aprendizaje

En esta unidad vas a aprender a:

- Combinar imágenes con palabras en obras de arte.
- Identificar el valor de las referencias y la manera en que dan cohesión a un texto.
- Observar cómo las diferentes expresiones artísticas moldean y crean diferentes perspectivas sobre la realidad.
- Experimentar tu propia capacidad de creación artística.

1 Para empezar

- ¿Te gusta la fotografía?
- ¿Tomas fotos con frecuencia con tu celular (o teléfono móvil), o usas una cámara?
- ¿Qué tipo de escenas registras? ¿Por qué te gustan esas escenas en especial?

3

Cuaderno 3.4
1 Vocabulario
Ejercicios 1-6

Cuaderno 3.4
4 Gramática en contexto
Ejercicio 6

2 Para entender 🔊 Pista 14

1 Escucha una vez la audición de Alana, "Las diez principales razones por las que es genial ser fotógrafo", y marca en la casilla correspondiente las afirmaciones correctas. Comenta tus respuestas con tus compañeros.

a Para Alana la fotografía es… ☐

    i   un entretenimiento.

    ii un medio de vida.

    iii un proyecto de vida futuro.

    iv las tres cosas anteriores.

b Frente a la fotografía, Alana se siente… ☐

    i   entusiasmada.

    ii un tanto decepcionada.

    iii demasiado exigida.

    iv poco confiada.

2 Basándote en la audición, empareja las siguientes frases.

Nota: en cada caso, hay más finales de los necesarios.

Según Alana, cuando trabajas como fotógrafo,

a i una herramienta fundamental es… ☐

    ii puedes conseguir… ☐

    iii recorres… ☐

    A un jefe
    B amigos entrañables
    C infinidad de lugares
    D trabajos muy aburridos
    E especialistas de tu arte
    F tu propia responsabilidad

b i el universo exterior… ☐

    ii una instantánea… ☐

    A es una especie de escenario
    B puede ser insuficiente
    C muestra tus condiciones artísticas
    D tiene poca aceptación

c i tus herramientas son… ☐

    ii puedes ganar… ☐

    A mucho dinero
    B premios valiosos
    C equipos muy complicados
    D objetos apasionantes

3 Para reflexionar y hablar (TdC)

Hojas de Trabajo
3.4.1 y 3.4.2

1 Comenta la perspectiva de Alana sobre el valor de la fotografía con tus compañeros y compárala con la tuya.

2 ¿Crees que la fotografía permite entender mejor algunas facetas del mundo? ¿Por qué? En caso de que sea así, ¿qué aspectos te parece que resultan particularmente significativos: sociales, naturales, personales, etc?

4 Para leer TdC

¿De qué manera pueden combinarse realismo e imaginación en imágenes y palabras?

1   Observa la siguiente imagen, que está tomada de Instagram, y lee el texto que la acompaña.

El cielo agoniza tras una ventana.

Hoy me he puesto un velo sin saber
quiénes son mis padres. Hoy—dicen
en la calle de barro—cuál es mi casa
5   y mi raza. Cuál es mi sexo, y mi cuerpo
con arrugas es el barranco por el que avanza
el río; la lluvia que arrastra en torrente.

Ya sólo quedan sombras y escaparates vacíos.

La memoria humedece las hojas
10   caídas del otoño, y una cruz en la iglesia
¿o es una mezquita o una sinagoga?
recuerda una guerra que creía acabada,

pero aún queda humo que la recuerda
entre estas cuatro paredes pintadas
15   de color marfil… y la ventana y, detrás,
el cielo agonizando. Pasan por delante
las sombras y me ven sentado, escribiendo
detrás del escaparate vacío; yo, una sombra
con el velo puesto; yo, sin sexo ni raza.

Javier Navarro Tomás (@poemagramjn)

5   20   9

2   Identifica los objetos que forman parte de la imagen general.

a   Objetos fotografiados y relación entre ellos ....

b   Palabras incorporadas a los objetos ....

3   Lee el texto que aparece a la derecha de los objetos y señala los aspectos que se mencionan.

• elementos naturales: ....

• partes de la casa: ....

• lugares del pueblo: ....

• situaciones sociales: ....

• aspectos humanos: ....

4 Responde:

a ¿La descripción que lees es subjetiva u objetiva? ¿Por qué?

....

b ¿Qué tipo de relación crees que se establece entre la palabra y la imagen?

....

c ¿Qué situación es igual a la que menciona Alana en la audición que escuchaste?

....

**Cuaderno 3.4
2 Lectura y
comprensión**
Ejercicios 1, 2 y 3

5 Explica con tus propias palabras qué es "poesía visual" y luego lee el siguiente texto para entender el fundamento de este tipo de creaciones que combinan las artes visuales con la literatura y que reciben el nombre de "poesía visual".

¿Qué es la poesía visual?

La poesía visual surge a partir de la concepción artística que propone el futurismo, un movimiento artístico del siglo XX que intentó crear un arte nuevo, acorde con el espíritu dinámico de la técnica moderna.
Por eso, los artistas tomaron como modelo las máquinas y sus
5 principales características, en especial el movimiento, la velocidad y la deshumanización.

Según los poetas futuristas, las palabras son "cosas" y ocupan un lugar, por eso la distribución en el espacio es fundamental para construir el significado de un texto.

10 Así aparece la concepción de la **poesía visual**, en la que se integran elementos naturales y objetos del ambiente con las palabras. Hay poemas que funcionan como una especie de *collage* de palabras y otros están construidos solo con imágenes.

Esta misma técnica fue usada por los artistas del movimiento cubista, entre
15 los que sobresalió en España Pablo Picasso.

En el siglo XXI, con la vigencia de las nuevas tecnologías, la poesía visual se ha convertido en *ciberpoesía* o *poesía electrónica*, ya que se difunde enormemente a través de las redes sociales, con la participación muy activa de ilustradores y diseñadores gráficos.

20 La poesía visual es un camino ideal para expresar la creatividad en los días presentes, a través de las herramientas que usamos de manera permanente. Propone una gran potencialidad de experimentación y juego a través del intercambio entre las letras y las palabras, por una parte, y cualquier otro elemento visual que se incorpore. Los resultados son
25 variadísimos.

¿Qué piensas acerca de la poesía visual?

6 Responde a la pregunta con la que se cierra el texto: "¿Qué piensas sobre la poesía virtual?", y debátela en la clase.

7 Busca imágenes de poesías visuales que combinen fotografías con palabras y analízalas. Comenta tus conclusiones junto a tus compañeros.

5 Para leer

¿Qué sabes sobre Juan Villoro?

1   Busca datos sobre él para saber quién es y qué hace, y compártelos con tus compañeros.

2   Lee el siguiente cuento completo de Juan Villoro y trata de responder las siguientes preguntas.

   a   ¿Quién habla en el cuento?

   b   ¿Quién es el personaje principal del cuento?

   c   ¿Qué tipos de relaciones se muestran entre los personajes?

   d   ¿Por qué es importante la fotografía en el cuento?

> **Cuaderno 3.4**
> **3 Escritura**
> Ejercicios 1 y 2

playas

jardines

apartarse

insolación

sombra

hombre de intemperie

caballo de carreras

fotografía a color

tonos indecisos

tomas

retratar

fotos oblicuas o movidas

Juan Villoro
El mal fotógrafo

Recuerdo a mi padre alejarse del grupo donde se servía limonada. En las playas o los jardines, siempre tenía algún motivo para apartarse de nosotros, como si los niños causáramos insolación y tuviese que buscar sombra en otra parte.

Puedo ver su cara recortada en el quicio de una puerta, fumando con desgano, con la rutina
5   parda del adicto que hace mucho dejó de disfrutar el vicio. Nunca se quitaba la corbata. Para él las vacaciones eran el momento en que se manchaba la corbata y no le importaba. Solo se ponía otra al volver al trabajo.

Supongo que nunca se adaptó a nosotros. Nos tomaba en cuenta con la calmosa dedicación con que alguien deja caer gotas azules en un acuario.

10   También el verdadero sol lo molestaba. Le sacaba pecas en los antebrazos, cubiertos de vellos rojizos. No era un hombre de intemperie. Lo único que disfrutaba de las vacaciones era el trayecto, las muchas horas a bordo del coche. Entonces cantaba una canción sobre un caballo de carreras. Aunque el caballo perdía siempre, su voz sonaba feliz y libre. Una voz hecha para el camino.

15   Distanciarse estaba en su carácter. Nunca lo vimos tomar una fotografía, pero las fotos que encontramos muchos años después deben de ser suyas. Estuvo suficientemente cerca y suficientemente lejos de nosotros para retratarnos. Lo imagino con una de esas cámaras que se colgaban del hombro y tenían estuche de cuero.

Las fotos recogen jardines olvidados y casas donde tal vez dormimos una noche, en camino
20   a otra parte. Entonces éramos más rubios, más blancos, más antiguos. Una época pálida, antes de que la fotografía a color se volviera enfática. A mi padre le iban bien esos tonos indecisos, donde un coche azul parecía más gris de lo que era.

Nadie guardó las fotos en un álbum, tal vez porque eran malas, tal vez porque pertenecían a una época que se volvió complicado recordar.

25   En las tomas aparecen objetos que solo a mi padre le hubiera interesado retratar. Las bancas, los postes de luz, los tejados, los coches —sobre todo los coches— sobreviven mejor que nosotros. Ciertas fotos oblicuas o movidas parecen tomadas desde un auto en movimiento.

El dato final y decisivo para asociarlas con mi padre es que después no hubo otras. Una
30   tarde subió a su Studebaker y no volvimos a saber de él.

pulso

falta de concentración

torpeza

desapego

atención vacilante

objetivo

Las fotografías aparecieron en un desván, dentro de una maleta con correas, estampada con nombres de hoteles a los que no fuimos nosotros. Supongo que él las dejó ahí para que lo conociéramos de otro modo, para que supiéramos lo mal fotógrafo que había sido, cuán frágil era su pulso, la falta de concentración que determinaba su mirada. Un detective a
35 sueldo hubiera hecho mejor trabajo.

¿Es posible que el autor de las fotografías sea otro? No lo creo. La torpeza, el desapego, la atención vacilante son una firma clara.

De mi padre sabemos lo peor: huyó; fuimos la molestia que quiso evitarse. Las fotos confirman su dificultad para vernos. Curiosamente, también muestran que lo intentó. Con
40 la obstinación del mediocre, reiteró su fracaso sin que eso llegara a ser dramático. Nunca supimos que sufriera. Ni siquiera supimos que fotografiaba.

Hubo un tiempo en que vivimos con un fotógrafo invisible. Nos espiaba sin que ganáramos color. Que alguien incapaz de enfocar nos mirara así revela un esfuerzo peculiar, una forma secreta del tesón. Mi padre buscaba algo extraviado o que nunca estuvo ahí. No dio con su
45 objetivo, pero no dejó de recargar la cámara. Sus ojos, que no estaban hechos para vernos, querían vernos.

Las fotos, desastrosas, inservibles, fueron tomadas por un inepto que insistía.

Una tarde subió al Studebaker. Supongo que cantó su canción del caballo, una y otra vez, hasta que en un recodo solitario ganó, al fin, una carrera.

6 Para comprender el texto

1 Basándote en el contenido de las líneas 1 a 9 del texto, responde las siguientes preguntas.

   a ¿Cuál es la palabra que usa el narrador para indicar su perspectiva frente a los hechos?

   ....

2 Elige la opción correcta.

   a En la escena que nos muestra el narrador, el padre se mantenía lejos
     de los niños porque…

      i los protegía del sol.

      ii no le gustaba la limonada.

      iii los niños se portaban mal.

      iv la tendencia al distanciamiento formaba parte de su personalidad.

   b La corbata era para él…

      i algo que solo usaba para trabajar.

      ii un signo de elegancia.

      iii un objeto descartable.

      iv un accesorio imprescindible.

3 ¿Qué expresiones usa el autor entre las líneas 10 a 22 para indicar lo siguiente?

a al padre no le gustaba estar al aire libre

....

b se expresaba a través del canto solamente en los viajes

....

c la distancia física con sus hijos le permitía tomar fotos

....

d la fotografía en blanco y negro era adecuada para su padre

....

4 Basándote en las líneas 23 a 30, contesta las siguientes preguntas con palabras del texto.

a Con el paso del tiempo, ¿qué valoración hizo la familia de la etapa en que el padre tomaba fotos?

....

b ¿Cuál es el objeto fotografiado menos afectado por el tiempo?

....

c ¿Cuál es la prueba más clara de que las fotos las tomó el padre?

....

5 Basándote en las líneas 32 a 36, completa el cuadro siguiente, indicando a quién o a qué se refieren las palabras subrayadas.

En las expresiones...	la(s) palabra(s)...	se refiere(n) a...
Ejemplo: a los que no fuimos nosotros... (línea 45)	*los que*	hoteles ....
a ... <u>las</u> dejó <u>ahí</u>... (línea 32)	*las* *ahí*	....
b ... <u>lo</u> conociéramos de otro modo... (línea 33)	*lo*	....
c ... No <u>lo</u> creo... (línea 36)	*lo*	....

6 Las siguientes frases referidas a las líneas 38 a 49 son verdaderas (V) o falsas (F). Indica con [✔] la opción correcta y escribe las palabras del texto que justifican tu respuesta.

V F

Ejemplo: El padre abandonó a la familia [✔] [ ]

Justificación: huyó ....

155

3

a Los hijos eran conscientes de la amargura del padre. ☐ ☐

Justificación: ....

b Las fotos destacaron aspectos especiales de los hijos. ☐ ☐

Justificación: ....

c El padre fracasó en su meta principal. ☐ ☐

Justificación: ....

7 Elige la opción correcta.

a En la última frase del cuento, la carrera que ganó el padre es una metáfora de… ☐

 i el único objetivo cumplido.

 ii las buenas intenciones.

 iii la mejor fotografía.

 iv el amor de los hijos.

EL JUEGO DE LAS PALABRAS

1 Ubica en el siguiente cuadro las características con las que el narrador describe las fotos y al fotógrafo.

Características de las fotos	Características del fotógrafo

Piensa y comenta con tus compañeros

- ¿Estas son características subjetivas u objetivas? ¿Por qué?

- Subjetivamente, ¿qué aspecto de las fotos es especialmente valioso para el narrador?

- ¿Qué forma de ver el mundo revelan esas fotos del padre?

2 Cambia las características observadas en fotos y fotógrafo por posibles opuestos positivos.

Características de las fotos	Características del fotógrafo

¿Cómo crees que esta situación afectaría al mundo del cuento?

PARA USAR CORRECTAMENTE LA LENGUA

Los pronombres y la referencia

Los pronombres personales se denominan así porque se refieren a las personas que participan en la conversación. Esta propiedad solo es compartida en el sistema pronominal del español por los posesivos, considerados con frecuencia una variante de los pronombres personales. Recuerda que en español los rasgos de persona se expresan también en la conjugación verbal.

Pronombres personales:

Sujeto	Objeto indirecto	Pronombres relativos, interrogativos y exclamativos
yo tú / vos / usted él, ella, ello nosotros / -as vosotros / -as / ustedes ellos / -as	me te / le / se le / se nos os / les / se les / se	Los relativos, interrogativos y exclamativos pueden hacer referencia a personas (*quien, quién*), cosas (*lo que, qué*), lugares (*donde, dónde*), maneras (*como, cómo*), tiempos (*cuando, cuándo*) y cantidades o grados (*cuanto, cuánto*)
Objeto directo	**Pronombres demostrativos**	
me os / los / las te / lo / le / la los, las / se lo, la / se nos	este, esta, estos, estas ese, esa, esos, esas aquel, aquella, aquellos, aquellas esto, eso, aquello	

Pronombres personales

Función	Número	Primera persona	Segunda persona	Tercera persona
Sujeto	singular	**yo:** Yo no lo sabía.	**tú:** Tú no estabas allí. **vos:** Vos tenés la culpa. **usted:** Usted no vino.	**él:** Él no ha venido todavía. **ella:** Ella está aquí hace rato. **ello:** Si ello es cierto, estupendo.
	plural	**nosotros:** Nosotros llegamos antes. **nosotras:** Nosotras estábamos allí.	**vosotros:** Vosotros siempre tenéis razón. **vosotras:** Vosotras iréis juntas. **ustedes:** Ustedes no son previsores.	**ellos:** Ellos son así. **ellas:** Ellas son diferentes.
Objeto directo	singular	**me:** No me entienden.	**te:** Te querré siempre.	**lo:** Eso no lo necesito. **la:** Trae la carpeta y dámela. **se:** El hombre se miraba al espejo.
	plural	**nos:** Nos colocaron separados.	**os:** Os ayudaremos. **los:** A ustedes los defendieron muy bien.	**los:** A esos, ni los nombres. **las:** Esas notas ya las he leído. **se:** Ambos se miraron.

Objeto indirecto	singular	**me**: Me duelen las muelas.	**te**: Te contaré un cuento.	**le**: Le presté mi bicicleta. **se**: Se lo conté todo a mi amigo.
	plural	**nos**: Nos van a arreglar la casa.	**os**: Os daremos trabajo. **les**: A ustedes les daremos protección.	**les**: Les ofrezco mi casa. **se**: Se la suelo ofrecer a mis parientes.
Construcción con preposición	singular	**mí**: No te olvides de mí. **conmigo**: Vendrás conmigo.	**ti**: Lo compré para ti. **vos**: Quiero hablar con vos. **contigo**: Iré contigo.	**él**: Confiaba en él. **ella**: Corrió feliz hacia ella. **ello**: Pensaré en ello. **sí**: Piensa demasiado en sí mismo. **consigo**: Lleva los papeles consigo.
	plural	**nosotros**: Vivió entre nosotros. **nosotras**: No te vayas sin nosotras.	**vosotros**: Esperaremos por vosotros. **vosotras**: No me iré sin vosotras. **ustedes**: Me quedaré con ustedes.	**ellos**: La cometa planeaba ondulante sobre ellos. **ellas**: Caminaba tras ellas. **sí**: No dan más de sí. **consigo**: Algunos hablan consigo mismos.

Pronombres demostrativos: pueden indicar la distancia en relación con la persona que habla, señalar una cantidad, magnitud o intensidad, o hacer referencia a algo o a alguien que se acaba de mencionar.

		masculino	femenino	neutro
distancia en relación al hablante	singular	este	esta	esto
	plural	estos	estas	
	singular	ese	esa	eso
	plural	esos	esas	
	singular	aquel	aquella	aquello
	plural	aquellos	aquellas	
cantidad, magnitud o intensidad	singular	tanto	tanta	tanto
	plural	tantos	tantas	
referencia a algo o a alguien que se acaba de mencionar	singular	tal	tal	tal
	plural	tales	tales	

Pronombres relativos, interrogativos y exclamativos

Los relativos, interrogativos y exclamativos pueden hacer referencia a personas (*quien, quién*), cosas (*lo que, qué*), lugares (*donde, dónde*), maneras (*como, cómo*), tiempos (*cuando, cuándo*) y cantidades o grados (*cuanto, cuánto*).

Pronombres cuantificadores (indican cantidad)

masculino singular	femenino singular	neutro	masculino plural	femenino plural	variante apocopada (delante de sustantivo y/o adjetivo)
todo	toda	todo	todos	todas	-----
----	----	----	ambos	ambas	----
cada	cada	----	----	----	----
cada uno	cada una	----	----	----	----
alguno	alguna	----	algunos	algunas	algún
ninguno	ninguna	----	----	----	ningún
alguien	alguien	----	----	----	----
nadie	nadie	----	----	----	----
----	----	algo	----	----	----
----	----	nada	----	----	----
----	----	----	varios	varias	----
cualquiera	cualquiera	----	cualesquiera	cualesquiera	----
cuánto	cuánta	cuánto	cuántos	cuántas	cuán
cuanto	cuanta	cuanto	cuantos	cuantas	cuan
tanto	tanta	tanto	tantos	tantas	tan
mucho	mucha	mucho	muchos	muchas	muy
poco	poca	poco	pocos	pocas	----
bastante	bastante	bastante	bastantes	bastantes	----
demasiado	demasiada	demasiado	demasiados	demasiadas	----
más	más	más	más	más	----
menos	menos	menos	menos	menos	----

Cohesión

A través de la **cohesión**, se establece una red de relaciones entre las diferentes partes del texto. Esa red de relaciones les da unidad. Dentro de la cohesión gramatical, la referencia es un procedimiento fundamental.

Referencia: por medio del uso de los pronombres que aparecen arriba, es posible establecer relaciones de cohesión.

Nueva gramática de la lengua española, RAE (información adaptada y abreviada)

Cuaderno 3.4
4 Gramática en contexto
Ejercicios 1-5

1   Completa el siguiente cuadro con otras referencias que aparecen en el cuento.

En las expresiones…	la(s) palabra(s)…	se refiere(n) a…
… del grupo <u>donde</u> se servía limonada… (línea 1)	*donde*	....
… apartarse de <u>nosotros</u>… (línea 2)	*nosotros*	....
… del adicto <u>que</u> hace mucho dejó de disfrutar el vicio… (línea 5)	*que*	....
Para <u>él</u> las vacaciones eran el momento <u>en que</u> se manchaba la corbata y no <u>le</u> importaba. (líneas 5 y 6)	*él* *en que* *le*	....
… la calmosa dedicación <u>con que</u> alguien deja… (líneas 8 y 9)	*con que*	....
Nunca <u>lo</u> vimos… (línea 15)	*lo*	....
… fotos <u>que</u> encontramos… (líneas 15 y 16)	*que*	....
<u>Lo</u> imagino… (línea 17)	*lo*	....
… casas <u>donde</u> tal vez dormimos una noche… (línea 19)	*donde*	....
… esos tonos indecisos, <u>donde</u> un coche azul… (líneas 21 y 22)	*donde*	....
… para asociar<u>las</u> con mi padre es que después no hubo <u>otras</u>… (línea 29)	*las* *otras*	....
… no volvimos a saber de <u>él</u>… (línea 30)	*él*	....
… la molestia <u>que</u> quiso evitar<u>se</u>… (línea 38)	*que* *se*	....
… su dificultad para ver<u>nos</u>… (línea 39)	*nos*	....
… que <u>lo</u> intentó… (línea 39)	*lo*	....
… sin que <u>eso</u> llegara a ser dramático… (línea 40)	*eso*	....
… un tiempo <u>en que</u> vivimos… (línea 42)	*en que*	....
<u>Nos</u> espiaba… (línea 42)	*nos*	....

... buscaba algo extraviado o <u>que</u> nunca estuvo <u>ahí</u>... (línea 44)	*que* *ahí*	....
... <u>que</u> no estaban hechos para ver<u>nos</u>... (línea 45)	*que* *nos*	....

Como ves, hay algunas de esas referencias que aluden a personas u objetos que están **dentro del texto, muy cerca de los pronombres,** y otras que aluden a objetos o personas que **no están mencionados inmediatamente junto a los pronombres,** pero que se entienden por el sentido del contexto general.

2 Indica cuáles son estas últimas referencias a objetos o seres que no aparecen inmediatamente junto a los pronombres.

a Línea 2

....

b Líneas 5 y 6

....

c Línea 44

....

7 Para escribir

1 Elige una de las siguientes opciones.

a Escoge tu foto preferida, y escribe una descripción de ella teniendo en cuenta los siguientes aspectos: cuándo fue tomada, las imágenes que muestra, lo que significa para ti.

b Piensa en un tema que te resulte de interés y crea un poema visual para compartir con el resto de la clase. Analizadlo entre todos.

Cuaderno 3.4
3 Escritura
Ejercicio 3

Cuaderno 3.4
5 Escritura
Ejercicios 1, 2 y 3

8 Para terminar (CAS)

1 a La clase se divide en grupos. Cada grupo elige uno de los personajes del cuento (los que realmente intervienen, como el padre y el hijo que cuenta) o alguno que puede estar conectado a la situación, por ejemplo una hermana, la madre, etc.). Entre todos escriben el guion de la historia que ese personaje va a contar. Luego ese personaje relata sus vivencias a la clase.

b Organiza junto a tus compañeros una muestra de los poemas visuales que habéis creado, agrupándolos por tema. Escribe una reseña para describir esa exposición e intenta publicarla en la revista de tu colegio.

2 a Piensa de qué manera la fotografía puede funcionar como testimonio social en determinadas situaciones del mundo contemporáneo y en algunas circunstancias puntuales que te rodean en el ambiente en el que vives.

b Elige el ambiente y la finalidad de las fotografías que vas a tomar junto a tus compañeros. Puedes perseguir la finalidad de destacar la labor comunitaria de algunos grupos en el barrio en el que vives, o puedes proponer una denuncia de aspectos que deberían cuidarse mejor en tu barrio, por ejemplo las señales de tráfico, la contaminación visual, etc.

c Elabora junto a tus compañeros y a tu profesor una exposición con las fotografías que ha tomado la clase.

d Escribe una reseña de la exposición para publicarla en la revista de tu colegio.

ESTRATEGIAS DE APRENDIZAJE

Perfil de la comunidad de aprendizaje

¿Recuerdas cuáles son los atributos del alumno que el IB considera importante desarrollar?

La siguiente imagen te permitirá identificarlos con claridad y observar de qué modo estos atributos se combinan para constituir una unidad que cada alumno va desarrollando a medida que realiza las tareas que se le proponen.

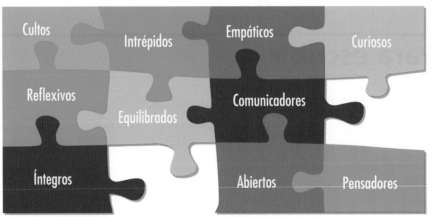

1 Sugiere al lado de cada uno de estos atributos alguna tarea que, según tu punto de vista, contribuya a desarrollarlos.

Atributo	Actividad
Ejemplo: curiosos	*Investigaciones variadas*
cultos	
pensadores	
comunicadores	
íntegros	
abiertos	

empáticos	
intrépidos	
equilibrados	
reflexivos	

Observa:

El contacto con la actividad artística, que funciona como punto de partida para esta unidad, facilita el desarrollo de este tipo de atributos. Aquí aparecen ejemplos.

La actividad 7 de la sección 4 (Para leer), en la que buscas poesías visuales que combinen fotografías con palabras, así como la actividad 1 de la sección 5 (Para leer), en la que investigas para conocer datos relevantes en relación con el autor del cuento con el que trabajas en esta unidad, reclaman tu participación como "indagador".

Por su parte, la actividad 1b de la sección 7 (Para escribir), que te invita a convertirte en artista y autor de poesías visuales responde a una finalidad creativa y estimula tu actitud de "audacia", al permitirte afrontar riesgos enriquecedores. El análisis posterior de los poemas pone en primer plano tu capacidad "crítica y reflexiva".

Las posibles actividades y contextos sugeridos para CAS proponen también el desarrollo de una "mentalidad abierta" y de una actitud "solidaria".

2 Trabaja con tu compañero, recorre las actividades de esta unidad y selecciona aquellas que te parezcan particularmente significativas en relación con algún atributo propio de tu Perfil de estudiante IB.

Coméntalo con el resto de la clase.

MONOGRAFÍA

A lo largo de esta unidad has estudiado creaciones artísticas que expresan a una sociedad y su contexto histórico y social. Las has visto como expresión de una vertiente folklórica y combativa, en el caso de Frida Kahlo, o como construcción de un mundo visual experimental, en el caso de los poemas visuales. En ambos casos, las creaciones que has estudiado constituyen productos culturales específicos, surgidos del ingenio humano, que te ofrecen un punto de reflexión para desarrollar una investigación apropiada para la monografía en la Categoría 2, Cultura y Sociedad. Siguiendo esta perspectiva, es posible plantear una pregunta de investigación, como la siguiente: ¿Qué tipo de relación podría establecerse entre los criterios de inclusión y valores de los objetos que usó Frida en su pintura y los que incorpora en nuestros días la poesía visual?

163

4 Organización social

4.1 Formas de organización política

¿Por qué algunos países tienen reyes como representantes de su país y otros no?

Objetivos de aprendizaje

En esta unidad vas a aprender a:

- Conocer la organización política y territorial de España.
- Diferenciar formas de organizar políticamente un país, por ejemplo una monarquía y una república.
- Conocer la idiosincrasia de la monarquía española actual.
- Crear un cartel electoral.
- Escribir una carta informal.
- Utilizar los verbos en *Presente* de *Indicativo* y *Presente* de *Subjuntivo*.

4

1 Para empezar y leer

Lee, junto a tus compañeros, el siguiente texto sobre la situación geográfica de España.

EL TERRITORIO ESPAÑOL

España está situada en el hemisferio norte, en el extremo suroeste del continente europeo. Forman parte de sus territorios:

- La mayor parte de la **península ibérica**.
- **Dos archipiélagos**: las Islas Baleares y las islas Canarias.
- **Dos ciudades norteafricanas** de la costa mediterránea: Ceuta y Melilla.

Los **límites** de España: al norte, el mar Cantábrico, Francia y Andorra; al oeste, Portugal y el océano Atlántico; al este, el mar Mediterráneo; al sur, Marruecos, el mar Mediterráneo y el océano Atlántico.

1   Completa, junto a tus compañeros, las siguientes afirmaciones.

   a   España está situada en la península ....

   b   Las Islas Baleares y las Canarias son dos ....

   c   Las dos ciudades situadas en el norte de África y que pertenecen a España son ....

   d   Los países que se encuentran al norte de España son ....

   e   El país que está al oeste de España es ....

   f   El mar que se encuentra al este de España es ....

2   Lee, junto a tus compañeros, la siguiente información sobre la organización territorial de España.

La organización territorial de España

El territorio de España se organiza en **comunidades autónomas (17)** que se dividen en **provincias (50)** y estas, en **municipios (8.100)**. Además de las ciudades autónomas de Ceuta y Melilla. Cada territorio tiene unas instituciones propias.

3 Busca información en Internet y, junto a tus compañeros, distribuye las siguientes palabras relacionadas con los organismos gubernamentales de las tres instituciones: comunidad autónoma, provincia y municipio:

Diputación provincial	asamblea	concejales	ayuntamiento	
Estatuto de autonomía	consejeros	capital provincial	ciudad autónoma	alcalde

Organización territorial en España	
Comunidad Autónoma	
Provincia	
Municipio	

4 Lee, con tus compañeros, este cuadro sobre las comunidades autónomas y provincias de España.

17 Comunidades Autónomas		
7 uniprovinciales	**10 pluriprovinciales**	
Principado de Asturias	Galicia	Extremadura
Cantabria	País Vasco	Castilla-La Mancha
C. F. de Navarra	Aragón	Andalucía
La Rioja	Cataluña	Canarias
Comunidad de Madrid	Comunidad Valenciana	
Islas Baleares	Castilla y León	
Región de Murcia		
2 ciudades municipales autónomas		
Ceuta y Melilla		

5 Con la ayuda de un mapa de España, que puedes buscar en Internet o en algún atlas, vas a escribir las provincias que componen las siguientes comunidade autónomas.

a Galicia: ....

....

b País Vasco: ....

....

c Cataluña: ....

....

d Castilla y León: ....

....

4

2 Para reflexionar y hablar TdC

1 Junto a tus compañeros, vas a investigar sobre las cuatro comunidades autónomas anteriores: Galicia, País Vasco, Cataluña y Castilla y León. Entre otros, puedes consultar los siguientes aspectos.

   a Además del español, ¿qué lengua/s se habla/n en esas comunidades autónomas?

   b ¿Estas comunidades son iguales al resto de las comunidades de España, o tienen alguna seña de identidad específica?

   c ¿Qué tipo de gobierno tienen?

   d ¿Cómo es su relación con el Gobierno central?

   e ¿Sabes si alguna de estas comunidades autónomas quiere independizarse de España? ¿La idea de la independencia es de una pequeña parte de la población o de la mayoría?

   A continuación vas a realizar un debate, partiendo de las preguntas planteadas previamente.

2 Presta atención a esta información sobre la organización de las instituciones de España.

   Junto a tus compañeros, lee el siguiente texto para completar la información relacionada con la organización de las instituciones españolas.

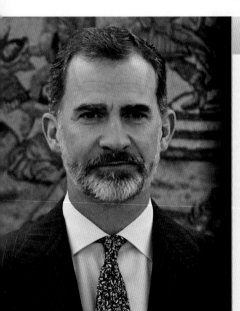

Las instituciones de España

El jefe del Estado es el rey, Felipe VI. Juró su cargo ante el Parlamento porque España es una **monarquía parlamentaria**. Representa a España ante otros Estados. El **Defensor del Pueblo** es la institución encargada de defender los derechos fundamentales y las libertades de los ciudadanos. El **Tribunal Constitucional** juzga si las leyes se ajustan a la Constitución.

Poder legislativo
Cortes Generales
Las forman el Congreso y el Senado. Sus miembros, los diputados y senadores, son elegidos por los ciudadanos y aprueban las leyes.

Poder judicial
Tribunales de Justicia
Formados por jueces y magistrados. Aplican las leyes.

Poder ejecutivo
Gobierno
Formado por el presidente y los ministros. Se encarga de dirigir el Estado.

INSTITUCIONES DEL ESTADO

JEFE DE ESTADO   GOBIERNO   TRIBUNAL CONSTITUCIONAL

CORTES GENERALES   TRIBUNALES DE JUSTICIA

3 Después de leer la información sobre las instituciones españolas, completa el cuadro con tus compañeros.

Instituciones	Representantes/Dirigentes	Finalidad
a Monarquía	*Ejemplo:* El rey	
b Cortes Generales		
c Gobierno		
d Tribunales de Justicia		
e Tribunal Constitucional		

4 Lee estas definiciones.

MONARQUÍA: Organización del Estado en la que la jefatura y representación supremas son ejercidas por una persona que, a título de rey, ha recibido el poder por vía hereditaria y puede transmitirlo del mismo modo.

REPÚBLICA: Organización del Estado cuya máxima autoridad es elegida por los ciudadanos o por el Parlamento para un período determinado.

5 Vas a realizar un debate en clase sobre estas dos maneras diferentes de organizar políticamente un país y su sociedad. Previamente es aconsejable recopilar información al respecto sobre:

- Países con monarquías.
- Países con repúblicas o sin monarquía.
- La función de un rey en el Gobierno de un país: ¿real o representativa?
- Aspectos positivos y negativos de la monarquía y de la república.
- La opinión de los españoles en diferentes comunidades autónomas sobre la monarquía.
- ¿Crees que los partidarios de la monarquía comprenden y respetan a los que no son monárquicos?
- ¿Crees que los partidarios de la república comprenden y respetan a los que no son republicanos?
- Elige dos modelos de países con monarquía, por ejemplo España y Gran Bretaña, y compara el nivel de satisfacción o aceptación de sus ciudadanos de la institución.
- Elige dos modelos de países que no tengan monarquía y compara el nivel de satisfacción o aceptación de sus ciudadanos.

PARA APRENDER MÁS...
¿Lo sabías?

En el mundo solamente treinta y seis países tienen familia real. La familia real española tiene sus orígenes en el siglo XV, en el reinado de los Reyes Católicos, Isabel I de Castilla y Fernando II de Aragón.

4

Cuaderno 4.1
1 Vocabulario
Ejercicios 1, 2 y 3

rey

príncipe

heredero

oficio de rey

beneficios

Corona

dictadura

democracia

Gobiernos

papel moderador del rey

monarca

mando supremo de las
Fuerzas Armadas

3 Para leer TdC

¿Ser rey es un derecho adquirido, una obligación o un estatus de privilegio?
Lee el siguiente texto.

Cartas al rey de España Felipe VI de su padre Juan Carlos I

1 Las diez cartas que envió Juan Carlos I a su hijo, el actual rey Felipe VI, cuando aún era príncipe, mientras este cursaba su último curso de Bachillerato en Canadá, son un documento de extraordinario valor político. Fueron escritas para enseñarle al entonces futuro heredero los secretos del oficio de rey.

2 A través de estas cartas, de tono íntimo, se pueden percibir aspectos muy reveladores de la entrañable relación de padre e hijo, del que era rey en ese momento y de quien estaba llamado a serlo en un futuro indeterminado. Son un verdadero tesoro para los historiadores, como lo fueron las que enviara Carlos I de España y V de Alemania a su hijo Felipe II.

3 El rey Juan Carlos I hacía notar a su hijo desde la primera carta la suerte que tenía: "Dispones de comodidades, de beneficios [...] Hay que haber carecido de lo imprescindible para apreciar lo que es tener más de lo necesario. Y tú debes esforzarte en comprenderlo, puesto que siempre has tenido la suerte de que no te falte de nada".

4 Un contraste evidente con lo que Juan Carlos sufrió hasta hacerse con la Corona. Tuvo que ganarse la confianza del dictador Franco y de los franquistas para acabar con la dictadura y dar paso a la democracia. Por otra parte, enojó a su padre, don Juan de Borbón (el abuelo del entonces príncipe Felipe), al ser proclamado rey, puesto que en principio le habría correspondido a su padre reinar y no a Juan Carlos. Otro hecho a destacar fue que, a los pocos años de ser coronado y de instaurarse la democracia en España, un grupo de militares partidarios de la dictadura llevaron a cabo un golpe de Estado[1] que, gracias a su intervención, no tuvo éxito. Tampoco hay que olvidar que, durante muchos años, convivió con Gobiernos de izquierdas (liberales) y derechas (conservadores).

MODERADOR DEL ESTADO

5 Hay un aspecto muy útil y a veces infravalorado del papel moderador del rey: se trata del derecho que tiene de ser informado aunque no pueda comprometerse en sus respuestas. Igualmente, el hecho de que el monarca ejerza el mando supremo de las Fuerzas Armadas es concebido por muchos como meramente simbólico; el rey no puede tomar decisiones en este ámbito, puesto que son responsabilidad exclusiva del Gobierno.

SECRETO DEL CARISMA

6 A lo que el padre del rey dedicó mayor atención en las cartas no fue tanto a las cuestiones estrictamente políticas, como a transmitir a su hijo su sabiduría para que este se haga con un carisma.

7 "No te canses jamás de ser amable con cuantos te rodean —le recomendaba— y con todos aquellos con los que hayas de tener relación. [...] Has de mostrarte animoso aunque estés cansado; amable aunque no te apetezca; atento aunque carezcas de interés; servicial aunque te cueste trabajo".

8 "Tienes que ser ejemplar para que, aunque tengas el orgullo de ser quien eres, no aparezcas como orgulloso; para que sepas tender la mano a todo el mundo, pero, cuando la tiendas, sea la mano de un príncipe o de un rey. Piensa que te juzgarán todos de una manera especial y por eso has de mostrarte natural, pero no vulgar; culto y enterado de los problemas, pero no pedante ni presumido".

institución

sucesor

sociedad

LA PRENSA

9 A lo que más espacio dedicó en sus cartas fue a la forma de tratar a la prensa. En su opinión, "tiene una importancia excesiva en el día de hoy". Hasta el extremo de advertirle que "todos somos un poco esclavos de ella porque maneja unas armas que pueden alzar o derribar a una persona o a una institución, aumentar su fama o destruirla y llevarla a la vulgaridad y al ridículo".

10 Sin embargo, Juan Carlos le aconsejó con muy buen sentido: "Pero esa sensación, que a todos confunde y condiciona, tampoco debe inspirarnos un temor exagerado, que se traduzca en una servidumbre irreflexiva. Hay que respetar a la prensa, pero hay que hacerse respetar por ella manteniendo en todo caso una actitud equidistante entre ambos extremos: el miedo y el desprecio a la ignorancia".

11 Y le proporcionó una regla de oro: hablar mucho para no decir nada. Dicho, naturalmente, en otras palabras: "Es preferible mostrarse amable y hablar mucho, pero con prudencia y sin hacer afirmaciones importantes, que mostrarse desagradable y decir poco, cuando este poco es delicado y comprometedor".

LA HUMANIDAD DEL REY

12 Felipe VI fue advertido por su padre contra el escándalo, la frivolidad y la tentación de abusar de su condición. "Los escándalos —le recordaba— serán en ti —valga la paradoja— más escandalosos que en otro muchacho de tu misma edad que no sea hijo de un rey ni estuviera llamado a serlo en el futuro".

13 Don Juan Carlos, considerado durante su reinado muy humano, tenía el coraje de reconocer sus defectos: "No es que yo pretenda ser para ti un ejemplo perfecto, porque el que piensa que lo es ya ha perdido su perfección por culpa del orgullo y de la vanagloria. Pero quiero reconocer mis faltas para evitarte a ti caer en ellas y pedirte que veas siempre en mi conducta lo que tenga de ejemplar, para que te sirva de ayuda y de directriz". Que es como decir: "Haz lo que yo te digo, pero no hagas lo que yo hago".

14 Nadie puede perpetuarse plenamente en el sucesor del rey. El padre le ha proporcionado consejos muy sabios, pero, como ha dicho el hijo: "Yo no soy mi padre. Mi sociedad no es la de mi padre. Mi generación es muy diferente a la de mi padre".

José García Abad, *10 cartas con las que le enseñó el oficio*, en *El Mundo*, 23 de marzo de 2008 (texto adaptado)

[1]**Golpe de Estado:** actuación violenta y rápida, generalmente por fuerzas militares o rebeldes, por la que un grupo determinado se apodera o intenta apoderarse del gobierno de un Estado, desplazando a las autoridades existentes.

4 Para comprender el texto

1 Contesta las siguientes preguntas con palabras del texto (párrafos 1 y 2).

   a ¿Cómo se llama el actual rey de España? ¿Y su padre?

   b ¿Con qué finalidad escribió Juan Carlos I las cartas a su hijo?

   c ¿Cuál es el tono que predomina en las cartas?

2 Contesta las siguientes preguntas basándote en los párrafos 5 a 10 del texto y elige la opción correcta.

   a El papel del rey en relación al Ejército es…

      i la máxima autoridad.

      ii vigilar su buen funcionamiento.

      iii solamente representativo.

      iv igual que cualquier ciudadano.

   b Para ser carismático el rey le aconseja…

      i convertirse en un modelo a seguir.

      ii ayudar a los demás.

      iii ser selectivo.

      iv ser humilde.

   c Respecto a su relación con la prensa, le aconseja…

      i subestimarla.

      ii respetarla.

      iii temerla.

      iv firmeza.

EL JUEGO DE LAS PALABRAS

1 Busca en el texto (párrafos 3 y 4) las palabras o expresiones que significan:

Ejemplo: soberano o jefe del Estado que gobierna un país por derecho generalmente hereditario → Rey

   a Sistema de gobierno en que los gobernantes son elegidos por los ciudadanos mediante votación

   b Objeto hecho de metales y piedras preciosas que constituye un símbolo de la monarquía

   c En España, título que se le da al hijo del rey, inmediato sucesor en el trono

   d Gobierno de un dictador (gobernante que asume todo el poder, sin ser él mismo responsable ante nadie)

5 Para entender 🔊 Pista 15

Vas a escuchar las opiniones de varios jóvenes sobre la monarquía española.

1 Antes de escuchar la grabación, responde las siguientes preguntas según tu opinión.

  a ¿Cualquier persona podría ser un/a rey/reina? ¿Debe tener algún requisito específico?

  b ¿Un país estaría mejor organizado políticamente teniendo una monarquía, una república o simplemente un país representado por un presidente?

2 Ahora escucha la grabación dos veces y responde las siguientes preguntas.

  a Carlos González prefiere una…

    i monarquía.

    ii república.

    iii solo un presidente.

  b Antonio Rodríguez destaca la influencia positiva del rey como…

    i político.

    ii dirigente.

    iii embajador.

  c Gerardo Sanz piensa que los países con un buen nivel de vida tienen una…

    i democracia.

    ii monarquía.

    iii república.

  d Según Paula Díaz, lo importante del país es…

    i la salida de la crisis.

    ii el buen funcionamiento de las instituciones.

    iii la credibilidad de la monarquía.

  e Para María Antolín el rey…

    i es un dirigente esencial.

    ii le es indiferente.

    iii no le representa.

  f Para Pilar Casas los derechos y deberes de la familia real deben ser…

    i regulados por ley.

    ii ignorados.

    iii eliminados.

PIENSA Y COMENTA CON TUS COMPAÑEROS

- ¿Para ser rey es necesario nacer en una familia real o puede acceder al trono cualquier persona?
- ¿Un presidente de una república puede ser cualquier ciudadano?

PARA APRENDER MÁS…
¿Lo sabías?

FELIPE VI, REY DE ESPAÑA

En junio de 2014 el entonces rey de España Juan Carlos I, a los 76 años, abdicó en favor de su hijo Felipe de Borbón, que ostentaba el título de Príncipe de Asturias. Juan Carlos I ha reinado en España durante 39 años, desde 1975 hasta 2014.

A Juan Carlos I le sucede en el trono el primer hijo varón, es decir, el príncipe Felipe, porque según la Constitución española la hija mayor no tiene derecho a ser reina si hay un hombre en la primera línea sucesoria.

El 19 de junio de 2014 tuvo lugar la proclamación del nuevo rey, Felipe VI. Su hija Leonor de Borbón, de nueve años, recibió de su padre el título de Princesa de Asturias. El nuevo rey está casado con Letizia Ortiz, con la que tiene dos hijas, Leonor y Sofía de Borbón.

Hoja de Trabajo 4.1.1

4

Cuaderno 4.1
3 Gramática en contexto
Ejercicios 1, 2 y 3

PARA USAR CORRECTAMENTE LA LENGUA

1   Revisa el uso de los verbos en *Presente* de *Indicativo,* que ya has estudiado previamente.

2   Escribe los verbos del siguiente fragmento en *Presente* de *Indicativo.*

Le (advertir) ......*advierte*...... de que **[A]** (haber) ....
que moverse con la prensa con los pies de plomo. Las comparecencias
ante ella **[B]** (ser) .... imprescindibles, pero a veces
[C] (resultar) .... molestas y siempre peligrosas. "Muchas veces
— **[D]** (confesar) .... el rey— no **[E]** (tener) ....
nada de agradable verse poco menos que asaltado por quienes **[F]** (tener)
.... como profesión ejercer esa actividad de información y de
comunicación". "Todo lo que hagas —le **[G]** (advertir) .... — y todo
lo que digas será analizado de manera especial". "**[H]** (Deber) ....
ser ejemplar y si **[I]** (acertar) .... a establecer el equilibrio en tu
comportamiento **[J]** (poder) .... que acabes llevándote bien con la
prensa". "**[K]** (ser) .... necesario huir de cuanto pueda transmitirse
en un sentido desfavorable para tu persona o para tu familia y la institución en la
que **[L]** (estar) .... plenamente incluido".

3   Repasa el uso de los verbos en *Presente* de *Subjuntivo,* que ya has estudiado en unidades anteriores.

Hoja de Trabajo 4.1.2

Presente de Subjuntivo y expresiones

- Repaso de la forma y usos del *Presente* de *Subjuntivo.*

- Se pueden repasar también las expresiones con las que se usa habitualmente:

Quizás, tal vez, ojalá (ójala), es posible que, es conveniente que..	*Es necesario que, dudo que, para que, cuando* (valor de condición o finalidad)...

---

4   Selecciona de la siguiente lista de verbos, en *Presente* de *Indicativo* y *Presente* de *Subjuntivo,* los que correspondan a cada oración.

encomienda	hable	rodean	dedica	son	falte	pretenda
canses	dispones					

Ejemplo: El monarca le ......*aconseja*...... *con muy buen sentido.*

a   A lo que el rey .... mayor atención es a transmitir a su hijo su sabiduría para que este sea carismático.

b   Le proporciona una regla de oro: que .... mucho para no decir nada.

c   El rey le .... ser prudente.

d   .... de comodidades y de beneficios.

e   Siempre has tenido la suerte de que no te .... de nada.

f   Las decisiones sobre las Fuerzas Armadas .... responsabilidad exclusiva del Gobierno.

g   No te .... jamás de ser amable.

h   Debes ser muy educado con todos los que te ....

i   No es que yo .... ser para ti un ejemplo perfecto.

Tipo de texto: la carta informal

Vas a repasar las características esenciales de la **carta informal**:

- De carácter privado, dirigida normalmente a familiares y amigos
- Suele ser de tipo expositivo y descriptivo
- Tono íntimo y espontáneo
- Registro informal

- Lenguaje coloquial
- Verbos fundamentalmente en primera y segunda persona
- Debe tener una estructura con encabezamiento informal, cuerpo de la carta, cierre, despedida y firma

6 Para leer y escribir

Lee el siguiente texto sobre la valoración negativa de los jóvenes de la monarquía.

Los jóvenes suspenden a la monarquía

La valoración de la Corona está en mínimos históricos, al caer su imagen entre las generaciones que no protagonizaron la transición de la dictadura a la democracia.

La valoración de la Corona está en mínimos históricos, según la base de datos del Centro de Investigaciones Sociológicas (CIS), y son los jóvenes los que la arrastran a la baja.

5 A lo largo de la década de 1990, la Corona era aún la institución más apreciada por los jóvenes. La situación empezó a evolucionar a la baja con el cambio de siglo. Y el fenómeno ha sido especialmente agudo entre los jóvenes, que en los últimos sondeos oficiales suspenden a la institución.

"La legitimidad de la monarquía en España ha estado muy ligada al papel del rey en la
10 Transición y el intento de golpe de Estado militar del 23-F. A medida que van llegando generaciones que no vivieron directamente aquel proceso, la legitimidad de la institución se va viendo afectada", opina Antonio M. Jaime Castillo, de 35 años y experto en sociología política juvenil.

La socióloga María Jesús Funes da otra lectura: la baja valoración de la monarquía
15 entre los jóvenes se explica también porque se la coloca en el paquete de la política convencional, muy poco apreciada. "Los jóvenes españoles valoran la política no convencional y no les gusta nada de lo que huela a política clásica, entre la que incluyen a la monarquía —sostiene Funes—. Tienden a suspender a las instituciones políticas tradicionales y el fenómeno se ha ido agudizando en los últimos años".

20 La caída en valoración de la monarquía no es, sin embargo, equiparable a la de ninguna otra institución. Algunas incluso han mejorado su posición. El Gobierno central y autonómico, el Congreso, las cámaras regionales y los Ayuntamientos han mejorado de forma sostenida entre los jóvenes. Y las que han caído, como el Tribunal Constitucional y el Defensor del Pueblo, lo han hecho de forma mucho más leve que la Corona.

25 Fue 2008 el primer año en que hubo menos de un 50% de jóvenes que respondieron positivamente a la siguiente pregunta del CIS: "¿Hasta qué punto crees que sigue siendo importante el papel del rey como árbitro y moderador en el régimen democrático español?". Contestó "muy importante" o "bastante importante" el 49,4% de los encuestados, lejos del 66,9% de 2000 y aún a más distancia del 73% de 1988.

www.publico.es (texto adaptado)

1 Después de haber leído la información sobre diferentes perspectivas en torno a la monarquía, escribe una carta a un/a amigo/a o familiar adoptando tu propio punto de vista sobre el tema, expresándolo con claridad.

---

7 Para reflexionar y hablar TdC

¿La monarquía se ha adaptado a los nuevos tiempos?

1 Presentación: ¿La monarquía es una institución anticuada y tradicional o con los años se puede modernizar? Observa estas imágenes y prepara una presentación oral sobre la institución tradicional o moderna de la monarquía.

¿El coste económico de la monarquía beneficia o perjudica a la sociedad española?

2 La clase se va a dividir en dos grupos, uno sería partidario de la monarquía y el otro de la república, aportando datos concretos de gastos, funciones de los miembros de la casa real, etc., comparándolos con un coste aproximado de un presidente de una república.

Primero cada grupo preparará los argumentos que va a presentar. Luego cada uno deberá hacer su presentación al otro. A continuación se establecerá un debate.

8 Para reflexionar y escribir TdC

1   Lee el siguiente fragmento y elabora una respuesta personal de 150 a 250 palabras.

LOS ESPAÑOLES ANTE 2017

Felipe VI sitúa a la monarquía en su mejor valoración en 20 años

El 6,4 alcanzado le sitúa a niveles de la segunda mitad de la década de los noventa. El resto de miembros de la actual familia real también aprueban.

PRIMER APROBADO DESDE 2011

Las noticias son, así, buenas para una institución que alcanzó su clímax con el 7,4 de 1995; suspendió por primera vez en octubre de 2011, en los albores del caso Noos (los problemas con la justicia del cuñado del rey, Urdangarin, y su hermana, la infanta Cristina); y cayó en picado hasta el mínimo del 3,68 de la primavera de
5   2013, cuando primaban los escándalos personales de un rey Juan Carlos sometido a constantes operaciones. En este año 2017 que empieza, a Felipe VI solo se le resisten los españoles que votan a la izquierda del PSOE y los independentistas.

Según una encuesta, los seguidores de Unidos Podemos le dan a la institución un 0,6. Ni siquiera la reina Sofía se salva del rechazo de la izquierda más izquierda
10   del arco político español: apenas un 2,8 de aprobación. El resto de reyes e infantas incluidos en este trabajo demoscópico corre peor suerte que la reina emérita y queda relegado al cero o como mucho al uno. Felipe VI tendrá que emplearse a fondo para ser aceptado por esos cinco millones de españoles que el pasado junio votaron a la marca electoral que forman Podemos (en su programa electoral no
15   incluye el modelo de Estado) e Izquierda Unida (abiertamente republicana). Los que votan al Partido Popular, Ciudadanos y el PSOE le dan un notable.

www.elespanol.com (texto adaptado)

En tu respuesta personal podrías comentar:

- Los cambios de valoración de la institución de la monarquía en diferentes etapas.
- Los motivos por los que la monarquía pasó de ser muy valorada a ser casi rechazada.
- La opinión generalizada actual de los españoles sobre el rey Felipe VI.
- Los sectores de la sociedad que no la aceptan y prefieren una república.

9 Para terminar

1   Imagínate que se va a producir una consulta electoral nacional acerca de la idoneidad o no de una monarquía o una república. Junto a tus compañeros, vais a elaborar unos carteles dirigidos al público joven, apoyando el punto de vista que consideréis oportuno.

- Busca más información al respecto en Internet.
- Elige bien de cuál de las dos instituciones (monarquía o república) vas a realizar el cartel electoral.
- Piensa en algún eslogan para el cartel electoral.

4.2 Adolescentes, una nueva generación

¿Los adolescentes respetan las normas que les marca la sociedad o, por el contrario, siguen sus propias reglas? ¿Y por qué?

Objetivos de aprendizaje

En esta unidad vas a aprender a:

- Conocer la realidad de los adolescentes de hoy.
- Elaborar un póster.
- Conocer la influencia de las nuevas tecnologías en los jóvenes.
- Crear una sección de actividades sociales en una red social.
- Escribir un correo electrónico.
- Utilizar los verbos en *Pretérito Imperfecto* de *Subjuntivo* y en *Condicional*.

1 Para empezar TdC

1 Lee el siguiente texto.

EDUCACIÓN

Redes sociales y adolescencia: ¿oportunidad o peligro?

Con el siglo XXI plenamente asumido y con las nuevas tecnologías en todos los ámbitos, las redes sociales forman parte de la vida de los jóvenes y de la realidad social. Las redes sociales son una potente herramienta y, por otra parte, un peligro que hay que controlar. Son una ventana al mundo a la que se asoman, y lo que se publica se escapa para siempre del control del usuario.

El impacto de la tecnología digital no solo está cambiando nuestra forma de vivir y de comunicarnos con mayor rapidez, sino que está alterando profundamente nuestro cerebro, además de influir en cómo pensamos, nos está cambiando la forma de sentir y comportarnos.

Muchos de estos cambios son positivos y ofrecen nuevas oportunidades en el ámbito de la información, la comunicación, las relaciones humanas, la economía, la educación, etc. Sin embargo, no podemos obviar que su mala utilización puede producir el deterioro de ciertos valores humanos como, por ejemplo, la intimidad, la empatía o la veracidad. También el uso desmedido se relaciona con problemas de rendimiento académico o falta de sueño; y el supuesto anonimato ha permitido que repunte el acoso entre iguales, el llamado *ciberbullying*.

Estas nuevas tecnologías tienen tanto atractivo para el público adolescente porque, por su naturaleza, las redes sociales en Internet ofrecen espacios interactivos, de socialización, en los que pueden aislarse de los adultos, en los que pueden sentirse diferentes o, incluso, construirse una personalidad a su gusto, mostrándose no como son, sino como les gustaría ser.

Por ello, la única manera de minimizar los riesgos y maximizar las oportunidades es el establecimiento de una serie de normas o pautas de uso.

Quizá haya que pensar en una especie de código de circulación en Internet. En el caso de los adolescentes, menores de edad, ese código deberían consensuarlo los padres en el hogar y las autoridades educativas en los colegios.

www.abc.es (texto adaptado)

nuevas tecnologías

redes sociales

nuevas oportunidades en el ámbito de la información

deterioro de ciertos valores humanos

ciberbullying

espacios interactivos, de socialización

código de circulación en Internet

autoridades educativas

2 Después de leer el texto, junto a tus compañeros, busca, como mínimo, cinco aspectos positivos y cinco aspectos negativos, relacionados con el uso de las redes sociales por los adolescentes, y escríbelos en la columna correspondiente.

Aspectos positivos	Aspectos negativos
Ejemplo: potente herramienta	*un peligro*
a	a
b	b
c	c
d	d
e	e

2 Para reflexionar TdC

1 Mira con atención las siguientes imágenes relacionadas con el uso de Internet por los menores.

2 Junto a tus compañeros, vas a hacer una reflexión sobre la manera en la que los adolescentes utilizan Internet, si es de forma apropiada o no y cómo se puede mejorar.

Si es necesario, podéis buscar información en Internet sobre el tema.

	Usos apropiados de la tecnología	Usos inapropiados de la tecnología	Propuestas para mejorar
Efecto en la familia del uso de la tecnología	*Ejemplo: Los padres tienen localizados a los hijos en cualquier lugar donde estén.*	*La comunicación familiar ha disminuido. En las comidas familiares muchos adolescentes están más pendientes del móvil que de su familia.*	*Aprender a dedicar un tiempo apropiado tanto a la familia como al uso de las redes sociales.*
Ciberacoso escolar / *Ciberbullying*			
Comunidades o sitios peligrosos en línea			
Fraudes o engaños			
Gestión de la privacidad e identidad			
Acceso a contenidos inapropiados o *sexting*			

3 Lee, junto a tus compañeros, el siguiente texto sobre la relación entre la difícil etapa de la adolescencia y las redes sociales.

¿Adolescentes complejos o nuevas tecnologías nocivas?

Hoja de Trabajo 4.2.1

La utilización de las redes sociales en exceso, entre otras cosas, crea adicción y aleja al adolescente de la vida real. Hace que no perciba la realidad tal y como es, sino como la cree en su mundo virtual. Es incuestionable **la necesidad del adolescente de estar conectado** a sus amigos a través de las redes sociales.

5 En mucho casos **el deseo de formar parte de un grupo** comienza a ser una necesidad biológica, tanto como comer y a veces incluso más que dormir. La preocupación por su aspecto, por gustar al otro sexo, comienza a brotar con fuerza y se convierte en una necesidad y una parte fundamental de su identidad personal y social, que el niño o niña quiere que esté presente en el
10 mundo digital.

Los padres deben poner el punto de equilibrio, de sensatez y de responsabilidad en el uso que sus hijos hacen de estas herramientas. El grado de adicción a Internet y las redes sociales es alto. Distintos estudios han puesto de manifiesto que estas tecnologías son adictivas y que aquellos
15 que abusan de ellas experimentan más problemas de concentración, de comportamiento y fracaso escolar.

Casi todos los alumnos en la era digital **reconocen que su ordenador o dispositivo móvil les roba horas al sueño y al estudio.** En un grupo cualquiera de alumnos de secundaria son muchos más los que duermen menos de 6 horas al día que los
20 que duermen más de 8 (lo recomendable a estas edades es dormir 9).

Es importante ayudar a los adolescentes a ser conscientes de sus riesgos, a saber controlarse y a seguir disfrutando de otras actividades. Sería recomendable ofrecer reglas y normas claras, que permitan a los adolescentes **ejercer autocontrol y una desintoxicación digital en distintos entornos** y momentos
25 del día. El rato en familia debería ser, sin duda, uno de ellos.

www.abc.es (texto adaptado)

4 Contesta, junto a tus compañeros, las siguientes preguntas basadas en el texto anterior.

    a ¿Qué efecto puede causar en los adolescentes usar más de lo necesario las redes sociales?

    ....

    b ¿Qué objetivo persigue un adolescente al mostrar en las redes sociales lo mejor de su apariencia?

    ....

    c ¿Cuáles son las consecuencias de la adicción de los adolescentes a las redes sociales?

    ....

    d ¿Qué otras facetas de la vida de los adolescentes se ven mermadas por el excesivo uso de las nuevas tecnologías?

    ....

    e ¿Cómo se podría ayudar a los adolescentes a manejar adecuadamente las redes sociales?

    ....

5 Presta atención al siguiente póster para promocionar una comunicación responsable entre niños y adolescentes. A continuación, tus compañeros y tú vais a realizar un debate sobre el tema, relacionándolo con lo que hasta ahora sabes sobre las relaciones sociales entre los adolescentes.

- Podéis comenzar analizando la imagen.
- Comentad el mensaje: "Conectados o atrapados" y la manera en que está presentado.
- Un grupo puede defender los aspectos positivos de las nuevas tecnologías.
- Otro grupo se puede centrar en los peligros de las redes sociales.
- Se deberían aportar diferentes perspectivas generacionales en relación a su uso: niños, adolescentes, jóvenes y adultos.

6 Elabora tu propio póster, junto a tus compañeros, sobre el uso de las redes sociales entre los adolescentes. No olvides incluir un mensaje claro y convincente y una imagen impactante.

3 Para leer TdC

¿Los adolescentes y los adultos se comprenden unos a los otros? ¿Por qué? Lee el siguiente texto sobre la relación entre los padres y los adolescentes. Reflexiona sobre la incomprensión entre los jóvenes y la familia.

Hasta aquí hemos llegado

1. "No sé qué hacer con él", "le digo las cosas, pero no me hace caso", "si le niego algo se pone violento y pierde los nervios, hasta me levanta la mano", "me insulta y se niega a hacer lo que le mando", "tengo miedo de mi hijo". Si alguna vez se ha visto repitiendo alguna de estas frases en referencia a su hijo, el diagnóstico es claro: tiene a un déspota en casa.

2. En un reciente estudio realizado por una Fundación en Argentina se les preguntaba a numerosos adolescentes: "Cuando ves un producto en televisión y quieres comprarlo, pero tus padres te dicen que no, ¿qué sientes?". Las respuestas ponen los pelos de punta: "Me dan ganas de insultar a mis padres" (dicho por una joven de 15 años), "los odio" (16 años), "ganas de romper la televisión" (13), "que no me quieren" (14 años).

3. Las denuncias de madres que han sido maltratadas por sus hijos son cada vez más numerosas. Eso sin tener en cuenta las continuas vejaciones verbales y todos los casos no denunciados, ya que pocos padres se atreven a aceptar que han criado a un tirano.

4. Hemos entronizado la infancia y la juventud. Ahora el rey de la casa ordena y dispone a su gusto y no acepta que se le contradiga. Los padres sufren a diario las consecuencias de no haberle parado los pies a tiempo, el famoso "hasta aquí hemos llegado". En casa son los dueños del mando, deciden si sus padres van a salir de casa, si los abuelos pueden disponer del salón…

5. Este es el peligro de una educación excesivamente permisiva. Si los padres soportan esta tensión continua es porque saben que tienen parte de responsabilidad.

6. Los familiares abdican de sus deberes como educadores en favor de las escuelas e instituciones públicas y, en el peor de los casos, del ordenador o el móvil. Los profesores se encuentran con niños desbocados para los que un mandato no es más que una recomendación algo molesta que deben seguir en función de una apetencia circunstancial. El deber queda relegado por el deseo infecundo. No es que el niño no sepa lo que quiere, sino que no sabe querer lo que debe. Mucha de esta ira y prepotencia nace del vacío de valores, de la desorientación que provoca no tener un patrón claro de comportamiento.

7. La realidad no está ahí para que la aprehendamos sin más, para disfrutar de las cosas consumiéndolas. Primero hay que enseñar a mirar. En eso consiste la educación, en forjar una estructura de valores cívicos y humanos desde los que acercarse a la realidad.

8. Afirmaciones como que hay que aprender divirtiéndose o que un padre tiene que ser un amigo acaban provocando frustración, ya que ni aprender tiene por qué ser siempre divertido ni un padre es lo mismo que un amigo. Sucede lo mismo con los padres que quieren que sus hijos disfruten de todo lo que ellos no tuvieron, olvidando que muchas veces son lo que son justamente por eso.

9. La adolescencia es un período difícil, lleno de cambios y muy desestabilizador. Muchas veces la negación es la única manera que encuentran los jóvenes para reafirmarse como personas independientes. Si no existe una base sólida esta crisis puede convertirse en una ruptura de difícil arreglo.

Cuaderno 4.2
1 Lectura y comprensión
Ejercicios 1-5

Hoja de Trabajo 4.2.2

valores cívicos y humanos

vínculos familiares

10 Resulta imprescindible reforzar los vínculos familiares y los afectos, especialmente el respeto hacia los mayores. El vínculo entre un abuelo y su nieto, roto cada vez más por los videojuegos y la visión negativa de los mayores en la sociedad, es de vital importancia para el desarrollo de las relaciones familiares y los valores.

11 Para evitar tener que colgar una placa en la puerta de casa con el lema "cuidado con el niño: muerde", es imprescindible atajar los problemas desde la primera infancia. En esa etapa los niños absorben todo y forjan su carácter. Por eso resulta muy útil lo que los psicólogos han denominado como las tres C: coherencia, consistencia y continuidad. Tener un criterio común que no se contradiga, que un sí sea un sí y un no un no, y mantenerlos a lo largo del tiempo. Hay que saber decir "hasta aquí hemos llegado" a tiempo. Después puede ser tarde.

Fran Araújo, *Hasta aquí hemos llegado*, www.ucm.es (texto adaptado)

4 Para comprender el texto

Contesta las siguientes preguntas basándote en los párrafos 1 y 2 del texto y elige la opción correcta.

1 La palabra *déspota* en el texto significa…

   a   persona que gobierna sin sujeción a ley alguna.

   b   alguien que trata con dureza a sus subordinados.

   c   el que impone su voluntad a las personas cercanas.

   d   abuso de superioridad sobre todas las personas.

2 Cuando los padres niegan al adolescente un objeto anunciado en televisión, dice que…

   a   desea destrozar el televisor.

   b   sus padres le odian.

   c   siente ganas de llorar.

   d   le gustaría dañar a sus padres.

EL JUEGO DE LAS PALABRAS

1 Busca en el párrafo 3 del texto los sinónimos de las siguientes palabras:

   a   acusar

   b   daño

   c   ofensa lingüística

   d   opresor

2　Busca en el párrafo 4 del texto las expresiones que significan:

　　a　el adolescente es el centro de atención de la familia

　　b　los padres no han puesto límites a los adolescentes

　　c　un lema que muestra el punto final de una situación

5　Para reflexionar

1　Señala si las siguientes afirmaciones son verdaderas (**V**) o falsas (**F**) y justifica tu respuesta con palabras del texto (párrafos 4 a 9).

	V	F

a　Los adolescentes mantienen un código ético de conducta social.

Justificación: ....

b　El aprendizaje en ocasiones puede ser algo aburrido.

Justificación: ....

c　La afirmación es la base de la autonomía del adolescente.

Justificación: ....

2　Contesta las siguientes preguntas basadas en los párrafos 10 y 11 del texto.

　　a　¿Qué aspecto debería fortalecerse en los adolescentes para aumentar su humanidad?

　　　　...

　　b　¿En qué etapa de la vida se deben empezar a marcar límites?

　　　　...

Cuaderno 4.2

2 Gramática en contexto

Ejercicio 1

Cuaderno 4.2

3 Vocabulario

Ejercicios 1 y 2

6 Para entender 🔊 Pista 16

Vas a escuchar un documental sobre la depresión en los adolescentes en la actualidad.

1   Antes de escuchar la audición, responde las siguientes preguntas.

    a   ¿Crees que ser adolescente conlleva felicidad o tristeza?

    b   ¿Los adolescentes saben gestionar sus emociones e inquietudes o son los adultos quienes tienen que educarlos para hacerlo?

2   Ahora escucha la audición dos veces y responde las siguientes preguntas.

    a   La alteración del sueño en un adolescente…   ☐

       i   puede ser el inicio de algo más serio.

       ii   implica una depresión.

       iii   no tiene mayor importancia.

    b   Cuando un adolescente quiere estar solo es porque…   ☐

       i   le gusta la soledad.

       ii   a los adolescentes les aburre todo.

       iii   puede estar deprimido.

    c   Si un adolescente come en exceso…   ☐

       i   lo hace para reponer energía.

       ii   podría tratarse de un síntoma de algo más grave.

       iii   es una persona compulsiva.

    d   El adolescente acosador…   ☐

       i   tiene una gran potencia física.

       ii   podría acosar a sus propios compañeros.

       iii   suele ser un líder.

    e   La mejor manera de ayudar al adolescente cuando tiene algún problema es…   ☐

       i   dejarlo solo.

       ii   preguntarle constantemente.

       iii   escuchar lo que tenga que decir.

    f   Para ayudar a un adolescente cuando la situación es seria…   ☐

       i   es necesario acudir a un psicoterapeuta.

       ii   la familia es la más adecuada para ello.

       iii   se le debería enseñar a gestionar sus propios problemas.

PIENSA Y COMENTA CON TUS COMPAÑEROS (CAS)

- ¿Tú te has sentido en alguna ocasión deprimido? ¿Conoces a alguien que lo haya estado?

- ¿Por qué crees que un adolescente se puede deprimir? ¿Cómo lo solucionarías?

PARA USAR CORRECTAMENTE LA LENGUA

1 Aprende a expresar deseos, condiciones o situaciones hipotétic xas. Revisa el uso de los verbos en *Pretérito Imperfecto* de *Subjuntivo* y en *Condicional*.

El uso de los verbos

EL PRETÉRITO IMPERFECTO DE SUBJUNTIVO	
Esta forma verbal puede tener dos terminaciones: *-ara / -ase*. La primera es la más habitual.	
Uso: Se utiliza para expresar situaciones hipotéticas referidas al presente o al futuro. Este tiempo verbal se puede usar para expresar una condición o un deseo, entre otras. En las oraciones condicionales, la conjunción más habitual es *si*. En este tipo de construcciones, el primer verbo de la oración suele estar en *Pretérito Imperfecto Subjuntivo* y el segundo en *Condicional Simple*.	Condición: *Ejemplo: "Si estudiaras, más sacarías mejores notas".* *Ejemplo: "Si estudiases, más sacarías mejores notas".*
Para expresar un deseo con el verbo auxiliar *querer*, dicho verbo en *Pretérito Imperfecto* de *Subjuntivo* tiene el sentido de "me gustaría".	*Ejemplo: "Quisiera contarte lo que ocurrió, pero aún no puedo".*
Pretérito Imperfecto de *Subjuntivo* con expresiones de deseo	*Ejemplo: "¡Ojalá estuviese aquí mi hermano para ayudarme!".*

EL CONDICIONAL SIMPLE	
Expresa una acción posible o probable.	*Ejemplo: "Este momento sería el mejor para reunirnos".*
Deseo respecto al futuro.	*Ejemplo: "Iría a tu casa, pero no sé si podré".*
Con los verbos *deber*, *poder* o *tener que*, el *Condicional Simple* expresa consejo, sugerencia u obligación.	*Ejemplo: "Deberías salir más temprano de casa". (consejo)* *Ejemplo: "Podríamos hacer una fiesta el sábado". (sugerencia)* *Ejemplo: "Tendrías que venir conmigo a la reunión". (obligación)*

Cuaderno 4.2
4 Gramática en contexto y ortografía
Ejercicios 1 y 2

Hoja de Trabajo 4.2.3

2   Escribe los verbos que están entre paréntesis en *Pretérito Imperfecto* de *Subjuntivo* o en *Condicional Simple*.

a   Si un padre (*ser*) .... *fuera* .... solo un amigo para su hijo, no (*ser*) .... *sería* .... suficiente para su educación.

b   Si la educación (basarse) .... en una estructura de valores cívicos y humanos, la realidad de los adolescentes (ser) .... más amable.

c   Si la educación no (ser) .... tan permisiva, los padres no (tener) .... que soportar tanta tensión.

d   Si las familias no (proporcionar) .... a los jóvenes una base sólida, (poder) .... producirse una ruptura de difícil arreglo entre ambas partes.

e   Si los familiares no (abdicar) .... de sus deberes como educadores en las escuelas, los profesores no (encontrarse) .... con niños desbocados.

f   Si la familia no (saber) .... manejar la crisis de los adolescentes, (poder) .... dar lugar a unas posturas irreconciliables.

Cuaderno 4.2
5 Escritura
Ejercicio 1

ESTRATEGIAS DE APRENDIZAJE

Tipo de texto: el correo electrónico

Los adolescentes usan habitualmente las nuevas tecnologías. El correo electrónico es bastante utilizado por los jóvenes para comunicarse.

Vamos a repasar las características esenciales del correo electrónico:

• Sistema de comunicación electrónico mediante el cual se envían y reciben mensajes en el momento.

• Suele ser de tipo expositivo y descriptivo.

• Puede ser formal o informal.

• Tiene características similares a la carta formal o informal, excepto en la presentación inicial.

• En el encabezamiento debe aparecer el destinatario, el asunto, el emisor y la fecha.

• El comienzo, cuerpo, cierre y despedida son similares a los de una carta, ya sea formal o informal, aunque el correo electrónico puede formatearse e incluir otros archivos.

7 Para escribir

1 Lee el siguiente texto.

AUTISMO

Una joven española crea una web de cuentos para niños con autismo Aprendices Visuales@cuentosvisuales

Pequeña #ONG con una GRAN misión: que los niños con #autismo tengan a su alcance las herramientas para el máximo desarrollo de su potencial.

Aprendices Visuales, dedicada a la formación *online* para niños con autismo, recibe el Premio Desafío Mazda.

Miriam Reyes acababa de terminar la carrera de Arquitectura cuando a su primo de apenas 3 años le diagnosticaron autismo. Lejos de quedarse de brazos cruzados, empezaron a trabajar con psicólogos, neurólogos… Y lo que entonces fue una forma de ayudar a aquel pequeño, hoy se ha convertido en una organización
5 dedicada a la formación *online* para niños con autismo, con más de 50.000 descargas y 300.000 visualizaciones, que ha recibido el Premio Desafío Mazda.

"Los especialistas nos explicaron entonces que estos niños son 'aprendices visuales'. De ahí el nombre de nuestra iniciativa. Su forma de aprendizaje es visual. Cuando proponía a mi primo ir al parque, no me hacía caso, pero, si le enseñaba
10 una foto o un pictograma, enseguida se venía conmigo —relata—. Empecé a investigar y no encontré nada de calidad. Por eso decidí fabricarlo yo y colgarlo en mi blog. Recibimos muchos correos de familias, de profesionales, que nos felicitaban por la iniciativa".

Ese fue el germen de Aprendicesvisuales.org, y lo que hizo que el jurado del
15 premio considerara que merecía recibir este reconocimiento, destinado a premiar la innovación de jóvenes emprendedores de menos de treinta años. Este proyecto ofrece mejorar la calidad de vida de los niños con autismo de todo el mundo mediante la utilización de las nuevas tecnologías.

Este premio comenzó su andadura en 2013 para apoyar aquellos proyectos
20 realizados por jóvenes que utilizan modernas herramientas de comunicación para mejorar la vida cotidiana de las personas. De este modo, se integra en su programa de apoyo a los "rebeldes con causa" de todo el mundo. El premio pretende ofrecer la oportunidad de participar a jóvenes españoles emprendedores.

www.abc.es (texto adaptado)

2   Ahora, imagínate que eres Miriam Reyes, la joven creadora del proyecto. Vas a escribir un correo electrónico a un/a amigo/a o familiar contándole el contenido del texto: cómo te surgió la idea del proyecto, su creación, el premio, etc.

8 Para reflexionar y hablar TdC

¿Las nuevas tecnologías perjudican o benefician a los adolescentes? Mira la siguiente imagen.

1   Presentación: *Redes sociales, ¿comunicación o soledad?* Observa esta imagen y prepara una presentación oral sobre el uso de las redes sociales entre los adolescentes. ¿Las amistades en las redes sociales son sólidas o superficiales?

¿Las nuevas tecnologías son imprescindibles para los adolescentes, o peligrosas?

 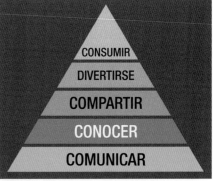

2   Podéis dividir la clase en dos grupos, uno que esté a favor del uso de las redes sociales y el otro se podría centrar en sus efectos negativos.

Si no es suficiente la información presentada sobre el tema, podéis investigar más en Internet.

Primero cada grupo preparará los argumentos que va a presentar. Luego se harán las presentaciones de cada grupo. Finalmente, se establecerá un debate.

9 Para reflexionar y escribir TdC

1   Lee la siguiente cita y elabora una respuesta personal de 150 a 250 palabras.

> *El uso de la tecnología por parte de los niños y adolescentes tiene solo desventajas.*

En tu respuesta personal podrías comentar:

- ¿Los adolescentes utilizan en exceso o apropiadamente las redes sociales?

- ¿Crees que la adicción a las nuevas tecnologías entre los adolescentes es frecuente, o son casos excepcionales?

- ¿Qué se podría hacer para evitar la adicción a las redes sociales?

10 Para terminar

1   Vas a organizar una actividad de tiempo libre con tus amigos y vas a crear una página en tu red social favorita.

- Planifica la actividad: hacer algún deporte, bailar, un viaje, un concierto, etc.

- Elige el momento que más te convenga: unas vacaciones, un fin de semana, etc.

- Añade imágenes, vídeos, comentarios, canciones, etc.

4.3 Los jóvenes en el mundo

¿Cómo crees tú que actúa la sociedad frente al mundo de los jóvenes? ¿Estás de acuerdo con esa actitud o crees que esto perjudica a los jóvenes? ¿Por qué piensas que las cosas funcionan así?

Objetivos de aprendizaje

En esta unidad vas a aprender a:

- Identificar características de entrevistas y argumentaciones.
- Establecer comparaciones entre puntos de vista y posiciones diferentes.
- Conocer diferentes estrategias para expresar y justificar puntos de vista.
- Diferenciar el discurso en estilo directo y en estilo indirecto.
- Identificar el valor de los conectores en textos.
- Entrevistar y relatar lo dicho por otros en entrevistas.

1 Para empezar TdC

1 La situación de los jóvenes en el mundo actual es tema de muchos artículos periodísticos. A continuación vas a ver los titulares de algunos de ellos. Trabaja con tus compañeros y elige un titular que te resulte representativo de la situación de los jóvenes en el mundo actual.

- Los jóvenes españoles suspenden en educación
- Los jóvenes saben más que sus maestros
- Los jóvenes son indiferentes a las cuestiones políticas
- El mundo de los jóvenes desafía a la educación
- Los jóvenes buscan empleo, pero no lo encuentran
- La miseria de la juventud en el mundo

2 Cada grupo presenta el titular seleccionado al resto de la clase y explica por qué lo ha elegido.

3 Después de escuchar las presentaciones de tus compañeros, ¿qué conclusiones puedes sacar acerca de los aspectos positivos y negativos que afectan a los jóvenes en la actualidad?

4 Para marcar su presencia y sus valores especiales en el mundo, algunos jóvenes forman grupos especiales, que se conocen con el nombre de "tribus urbanas".

5 Observa las siguientes imágenes y trata de identificar a qué "tribu" corresponde cada una de ellas. Aquí tienes la lista.

| Floggers | Emos | Rastas | Gamers | Góticos |
| Punks | Skaters | Raperos | Hipsters | |

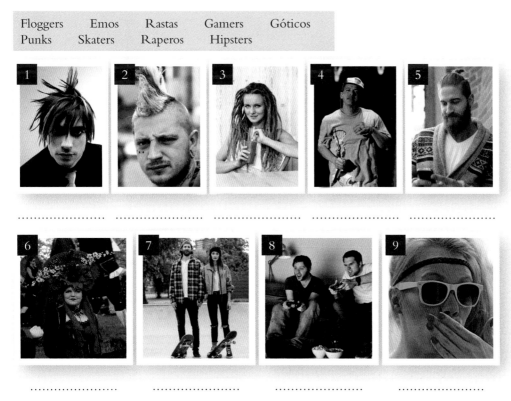

6 Reflexiona: ¿Qué piensas tú de las tribus urbanas? ¿Las ves en tu ciudad? ¿Has tenido algún contacto con chicos que pertenezcan a esos grupos? Si es así, intercambia tus experiencias con tus compañeros.

4

2 Para entender 🔊 Pista 17

Mira esta imagen e identifica el significado de "rasta". ¿A qué crees que se refiere esta palabra?

1 Iván es un alumno que trabaja para la revista de su colegio. Vas a escuchar una entrevista que le hace a Andrés, un chico "rasta".

2 Escucha la entrevista una vez y responde.

a ¿Dónde vive Andrés?

   i En México

   ii En Perú

   iii En Chile

   iv En Uruguay

b ¿Qué dos culturas están fusionadas en los intereses del grupo al que pertenece Andrés?

....

Hoja de Trabajo 4.3.1

3 Escucha por segunda vez el audio y responde las siguientes preguntas.

a Sobre la definición de tribu urbana, Andrés…

   i piensa que es muy apropiada.

   ii cree que divide a la sociedad.

   iii considera que está pasada de moda.

b A Andrés le gusta definirse en función de…

   i su ambiente y su pertenencia cultural.

   ii su actividad profesional.

   iii su momento presente y su tribu solamente.

c Los colores representan para Andrés aspectos…

   i decorativos.

   ii de proyección futura.

   iii naturales e históricos.

d Andrés es…

   i músico.

   ii artesano.

   iii pintor.

e Andrés y su grupo…

   i viven de sus actividades artísticas.

   ii trabajan en otra cosa al mismo tiempo.

   iii viven de la ayuda de su familia.

f Para Andrés, lo más importante es…

   i construir un futuro mejor.

   ii vivir mejor el presente.

   iii corregir errores pasados.

3 Para leer

Hay otros jóvenes que, en lugar de crear grupos especiales, buscan la manera de superar los tiempos de crisis funcionando mejor dentro del sistema.

Así lo anuncia Ángel en su blog, *Siete consejos para jóvenes en tiempos de crisis*.

Él dice que su post es:

"Un recopilatorio de algunas ideas que considero imprescindibles para sobrevivir en esta época en la que nos encontramos y una serie de consejos para los jóvenes que se sientan perdidos en este mundo cambiante".

Estos son sus siete consejos. Léelos.

Cuaderno 4.3
1 Vocabulario
Ejercicios 1 y 2

i **Acepta la realidad**

Me da igual tu opinión sobre la crisis y quiénes piensas que son los culpables. Si quieres salir adelante en estos tiempos que corren, el primer paso es creer que tú eres el único responsable de tu situación, dejar de culpar al Gobierno, abandonar todas las ideas de futuro que te prometieron y aceptar la realidad TAL Y COMO ES.

ii **Sé imprescindible**

Tu objetivo es hacerte imprescindible, porque si eres imprescindible no eres reemplazable y te van a pagar el sueldo que mereces.

Ser imprescindible implica salirse de la descripción de tu puesto de trabajo y dar ese extra de humanidad, de entusiasmo, de calidad que no es necesario, pero que marca la diferencia.

Para saber si eres imprescindible, hazte esta pregunta: ¿cuánta gente lamentaría el que dejases tu trabajo o cerrases tu negocio?

iii **Muestra de lo que eres capaz**

Tu trabajo dice mucho más de ti que cualquier título universitario. Imagínate que tuvieses que convencer por *e-mail* al dueño de una empresa de que eres el candidato perfecto para un cierto puesto de trabajo, pero no pudieses mandarle tu currículum. ¿Qué tendrías para enseñarle? ¿Algún proyecto que pueda ver, usar o tocar? ¿Cartas de recomendación de gente que te conozca o respete? ¿Un blog tan interesante que no le quede más remedio que responder?

En el mundo moderno, la realidad es esta: eres tu trabajo, no tu currículum.

iv ***Shipea* frecuentemente**

To ship (a partir de ahora "*shipear*") es un verbo inglés que se utiliza mucho en el mundo de la informática y que significa hacer que un producto esté disponible, sacarlo al mercado.

En el apartado anterior hablé de la importancia de crear algo útil, pero crear no es suficiente. Si creas algo y te lo guardas para ti, no hay magia. No es hasta que *shipeas* lo que has creado, hasta que lo lanzas al mundo, cuando tu trabajo puede tener un impacto en los demás.

v **Crea una plataforma**

Si hay algo que puede ayudarte a conseguir la colaboración de los demás y a convencerlos de que se unan a tu causa, es una buena plataforma.

Una plataforma es cualquier cosa que permita a otra persona experimentar una muestra de tu trabajo, con el objetivo de que te conozca, le gustes y confíe en ti.

vi **Establece conexiones**

Ahora más que nunca, las relaciones humanas son la clave para salir adelante. Serán tus amigos y aquellos que confíen en ti los que te abrirán las puertas a trabajos, proyectos y nuevas oportunidades. Y no estoy hablando de sesiones de *networking* en las que intercambias tarjetas de visita, sino de establecer conexiones sinceras con gente en la que crees sin esperar nada a cambio.

vii Nunca dejes de aprender _____

La velocidad de los tiempos hace que el conocimiento cambie continuamente. Si quieres estar a la altura de la circunstancia, síguele el ritmo y conserva una actitud permanente de actualización.

viviralmaximo.net (text adaptado)

1 A cada uno de los consejos, Ángel asocia una serie de acciones que pueden favorecerlo. Trabaja con un compañero y relaciona cada grupo de acciones con el consejo que corresponda.

Consejo	Acciones
1 Acepta la realidad	a Deja de perder el tiempo enviando tus antecedentes laborales y céntrate en crear algo tan bueno que hable por sí solo. Algo tan bueno que, cuando lo vea la gente, de verdad lo quiera.
2 Sé imprescindible	b Si estás esperando a que salgan unas oposiciones que no sabes si van a salir, o a que los bancos tengan crédito para por fin montar tu empresa, hazte a la idea de que ESAS COSAS NO VAN A OCURRIR y empieza a buscar alternativas.
3 Quema el currículum	c Hagas lo que hagas, compártelo con los demás.
4 *Shipea* frecuentemente	d Debes buscar una combinación de algunas cualidades que muestre que solo tú puedes ocupar ese lugar.
5 Crea una plataforma	e Intenta que: • resulte interesante • sea un recurso valioso para los demás • refleje tu propósito
6 Establece conexiones	f Lee e incorpora cosas nuevas permanentemente a tu trabajo.
7 Nunca dejes de aprender	g Acostúmbrate a relacionarte con una nueva persona a la que admires, al menos una vez por semana.

4 Para reflexionar y hablar TdC

Hoja de Trabajo 4.3.2

En el final de su *post*, Ángel nos hace las siguientes preguntas:

"Y si has llegado hasta aquí, me gustaría conocer tu opinión. ¿Has tenido éxito poniendo en práctica alguno de mis consejos? ¿Estás de acuerdo con ellos? ¿Hay algo que te gustaría añadir?".

1 Responde a esas preguntas y comparte tus ideas con la clase.

2 Compara la actitud de Andrés con la de Ángel. ¿Con cuál de ellos te identificas más? ¿Por qué?

5 Para leer

Como vas a ver, en el siguiente texto faltan las preguntas del periodista. Según lo que propone el título, ¿qué posición sobre el tema crees que tiene la persona que responde? ¿Qué inquietudes sobre el tema crees que tenía el periodista? Conversa con tus compañeros para imaginar estas posibles situaciones de diálogo y luego lee el texto para ver si esas anticipaciones se cumplen.

La guerra contra los jóvenes

Rossana Reguillo es una investigadora prestigiosa en ciencias sociales, residente en Guadalajara (México). Actualmente trabaja sobre juventud, culturas urbanas, comunicación y medios masivos, con especial interés en la relación cultural entre la comunicación y los derechos humanos.

- [Pregunta 1]

- Vengo trabajando en el tema de los jóvenes y las culturas juveniles durante más de 20 años, no solamente en México, sino también en diversos países de América Latina, y veo que a lo largo de estos años, especialmente a mediados de la década de los noventa, se da un proceso social muy dramático: la violencia ejercida contra los jóvenes desde algunos Estados, especialmente de los jóvenes pertenecientes a los sectores más desfavorecidos y vulnerables de la sociedad.

Lo que preocupa es el silencio de la sociedad, que sigue sin ofrecer garantías de inclusión a sus jóvenes menos favorecidos.

Hacia el final de la década de los noventa, hay un empobrecimiento estructural de los jóvenes latinoamericanos, es decir, los jóvenes tienen una enorme dificultad de acceso a condiciones dignas de vida, con diferencias según distintos países de América Latina. Argentina, por ejemplo, ha logrado mantener ciertas garantías de acceso educativo, pero no es capaz de garantizar la inclusión en el mercado laboral.

- [Pregunta 2]

- La fórmula de la "guerra contra los jóvenes" se relaciona, por ejemplo, con las condiciones cada vez más precarias del empleo: los empleos duran poco tiempo y se pagan mal.

Vemos también cómo aparecen continuamente notas periodísticas con contenido hipócrita, socialmente hablando, que tratan de "los jóvenes violentos, peligrosos, vinculados a las redes de la mafia", etc., pero el problema es que no se analiza por qué muchos jóvenes latinoamericanos ven en el robo y el crimen la única alternativa o solución.

- [Pregunta 3]

- Esta guerra de la sociedad contra sus jóvenes, y contra sus pobres, lo que ha producido es la expropiación de cualquier noción de futuro para muchos de estos jóvenes, cuya esperanza de vida no va más allá de los 20, 25 años. Lo que hay que hacer es construir posibilidades de futuro diferentes para ellos.

- [Pregunta 4]

- La sociedad debería tener mecanismos para exigirles a los medios de comunicación un trabajo más serio, más profundo, más reflexivo, ya que los medios contribuyen a aumentar el problema.

Héctor Carignano, www.sitiocooperativo.com.ar

juventud

culturas urbanas

culturas juveniles

violencia

sectores más desfavorecidos

vulnerables

garantías de inclusión

empobrecimiento estructural

condiciones dignas

acceso educativo

mercado laboral

precarias

alternativa o solución

noción de futuro

esperanza de vida

---

6 Para comprender el texto

1 Basándote en la introducción del texto, elige la opción correcta.

Rossana Reguillo es… ☐

a una estudiosa de cuestiones socio-culturales.

b una activista en defensa de los derechos humanos.

c una profesora en la universidad de Guadalajara.

d una periodista que trabaja en medios masivos.

2 En el texto faltan las preguntas. Relaciona las respuestas del texto con la pregunta correspondiente de la columna derecha.

Ejemplo:

[Pregunta 1] ☐ i

a [Pregunta 2] ☐

b [Pregunta 3] ☐

c [Pregunta 4] ☐

i *Según afirma, "la sociedad les declaró la guerra a los jóvenes", una expresión por demás provocativa. ¿Cómo explica esta posición?*

ii Usted dice que hay un patrón similar de comportamiento por parte del Estado con respecto a los jóvenes en distintas ciudades de América Latina. ¿Qué aspectos de la vida de los jóvenes abarca y cómo son vistos los jóvenes allí?

iii ¿Qué expectativas de futuro hay para estos jóvenes, entonces?

iv ¿Cómo deberían actuar los medios de masas frente a esta problemática?

3 Las siguientes frases referidas a la primera respuesta de R. Reguillo son verdaderas (**V**) o falsas (**F**). Indica con [✓] la opción correcta y escribe las palabras del texto que justifican tu respuesta.

Según R. Reguillo…   V   F

Ejemplo: La situación se vuelve particularmente complicada a fines del siglo XX. ☐ ✓

Justificación: especialmente a mediados de la década de los noventa

a Los Estados son violentos con todos los jóvenes por igual. ☐ ☐

Justificación: ....

b El conjunto de la sociedad denuncia la actitud de exclusión. ☐ ☐

Justificación: ....

c Argentina ofrece algunas oportunidades favorables para la inserción de los jóvenes. ☐ ☐

Justificación: ....

EL JUEGO DE LAS PALABRAS

1 Basándote en la segunda respuesta, contesta:

¿En qué dos contextos sociales se observan particularmente las consecuencias de "la guerra contra los jóvenes"?

a ....

b ....

2 Completa las siguientes frases con palabras tomadas del texto:

a Según R. Reguillo, para abrir expectativas futuras, es necesario…

....

b La actitud de los medios solo sirve para…

....

3 Para concluir, ¿qué tipo de texto es este que nos permite conocer las ideas de Rossana Reguillo? ¿Por qué corresponde a esa tipología textual?

ESTRATEGIAS DE APRENDIZAJE

Tipos de texto: la entrevista

Es importante saber por qué y cómo se produce el intercambio entre los participantes de la entrevista.

1 Ten en cuenta la entrevista que acabas de leer y elige la opción correcta.

a Rossana Reguillo es…

i una profesora en la Universidad Autónoma de México.

ii una periodista conocedora de la problemática juvenil.

iii una investigadora especialista en temas socio-culturales.

b Ella está especialmente interesada en…

i ayudar a víctimas de su grupo de ayuda.

ii la comunicación y los derechos humanos desde el punto de vista cultural.

iii ayudar a los medios de comunicación.

Observa y comenta en la clase: ¿qué contenidos de la entrevista te permiten identificar esas características?

La argumentación

2 Vuelve a leer el título y la respuesta a la primera pregunta del entrevistador, que sintetizan la opinión de Rossana Reguillo sobre la situación de los jóvenes en la sociedad actual.

3 ¿Podrías identificar su **hipótesis**, tal como aparece expresada en esa parte del texto?

....

4 A lo largo de la entrevista, Rossana Reguillo justifica su hipótesis con una serie de **argumentos** (justificaciones razonadas sobre el problema). Haz una lista con todos los que encuentres (hay aproximadamente 7):

Ejemplo:	
Argumento 1	*la violencia ejercida contra los jóvenes desde algunos Estados*
Argumento 2	
Argumento 3	
Argumento 4	
Argumento 5	
Argumento 6	
Argumento 7	

5 Frente a esa circunstancia, Rossana Reguillo hace dos propuestas de acción concreta que funcionan como **conclusión**. ¿Cuáles son?

Propuesta 1	....
	....
Propuesta 2	....
	....

Cuando se da una opinión sobre un tema, justificándola a través de argumentos razonados, se construye una argumentación, de modo que esta entrevista es de carácter argumentativo.

PARA USAR CORRECTAMENTE LA LENGUA

1 Observa el siguiente fragmento de la entrevista.

Hacia el final de la década de los noventa, hay un empobrecimiento estructural de los jóvenes latinoamericanos, es decir los jóvenes tienen una enorme dificultad de acceso a condiciones dignas de vida, con diferencias según distintos países de América Latina.

R. Reguillo **reformula** (vuelve a expresar de otra manera) su argumento "hay un empobrecimiento estructural de los jóvenes latinoamericanos".

a ¿Cuál es la expresión equivalente?

....

b ¿Cuál es el elemento del texto que le permite establecer esta relación de equivalencia?

....

Para que un texto tenga unidad es necesario vincular entre sí las oraciones y los párrafos, y expresar correctamente las relaciones que se establecen entre ellos.

Las palabras o grupos de palabras que expresan esas relaciones entre los distintos elementos de una frase son los **conectores**.

En el cuadro que viene a continuación, aparecen los más importantes, y se indica el tipo de relación que establecen.

Los conectores	
Tipo de relación	Conectores
Adición: indican ampliación o suma de ideas. Se llaman también copulativos.	*y, además, del mismo modo, de la misma manera, conjuntamente, asimismo, por añadidura, etc.*
Condición	*si, siempre y cuando, a condición de, siempre que, con la condición de que, etc.*

Explicación Reformulación: anuncian la repetición de algo ya dicho (expresado ahora de otra manera).	*es decir, en otras palabras, dicho de otra manera, o sea, etc.*
Síntesis	*en síntesis, en resumen, en resumidas cuentas, en suma, etc.*
Intensificación	*es más, encima, para colmo, etc.*
Generalización	*generalmente, en sentido amplio, en líneas generales, en general, etc.*
Causa-consecuencia	
Causa	*porque, puesto que, ya que, a raíz de que, por esta causa, por lo dicho, por esta razón, etc.*
Consecuencia	*por lo tanto, por consiguiente, así que, por esta razón, como resultado, entonces, etc.*
Comparación	*así como, de modo similar, como, igual que, parece, de la misma manera, del mismo modo, etc.*
Oposición (expresan oposición o contraste de diferentes maneras)	
Adversativos: expresan oposición entre dos ideas.	*pero, sin embargo, no obstante, mas, sin, etc.*
Disyunción: expresa una opción excluyente.	*o, u*
Concesión: expresan una objeción o dificultad para el cumplimiento de lo que se dice.	*aunque, si bien, aun cuando, pese a que, siempre que, a pesar de que, etc.*
Ejemplificación	*por ejemplo, así, por dar un caso, etc.*
Finalidad	*para que, a fin de que*
Orden: señalan la progresión entre las diferentes partes del texto.	
Apertura o **comienzo de discurso:**	*bueno (informal); para comenzar (formal)*
Conclusión o **cierre de discurso**	*finalmente, para terminar, por último, para concluir, en definitiva, sintetizando, en conclusión, etc.*
Tiempo	*en primer lugar, en segundo lugar, después, en el comienzo, a continuación, al mismo tiempo, etc.*
Espacio o **lugar**	*Al lado, arriba, en el medio, al fondo, etc.*

2 En el texto que has leído se emplean varios conectores. Sustituye el conector que aparece en el texto por algún otro, de valor equivalente.

Texto original	Sustitución
Ejemplo: *"… hay un empobrecimiento estructural de los jóvenes latinoamericanos, <u>es decir</u>, los jóvenes tienen una enorme dificultad de acceso a condiciones dignas de vida…"*	*hay un empobrecimiento estructural de los jóvenes latinoamericanos, en otras palabras, los jóvenes tienen una enorme dificultad de acceso a condiciones dignas de vida…*
" … Argentina, <u>por ejemplo</u>, ha logrado mantener ciertas garantías de acceso educativo, <u>pero</u> no es capaz de garantizar la inclusión en el mercado laboral… "	....
"… Vemos <u>también</u> cómo aparecen continuamente notas periodísticas con contenido hipócrita, socialmente hablando, que hablan de 'los jóvenes violentos, peligrosos, vinculados a las redes de la mafia', etc., <u>pero</u> el problema es que no se analiza por qué muchos jóvenes latinoamericanos ven en el robo y el crimen la única alternativa solución…"	....
"… La sociedad debería tener mecanismos para exigirle a los medios de comunicación un trabajo más serio, más profundo, más reflexivo, <u>ya que</u> los medios contribuyen a aumentar el problema… "	....

3 Trabaja en grupo. Lee el siguiente fragmento de la entrevista a René Pérez. Completa los espacios en blanco con los conectores que faltan.

René (Calle 13): "Algunos ilusos como yo creemos que podemos cambiar el mundo con la música".

31/01/2016 18:32 Actualizado: 01/02/2016 09:32

SERGI PICAZO / WWW.ELCRITIC.CAT

BARCELONA.- **René Pérez** es una estrella de la música internacional actual. Este artista de Puerto Rico ha revolucionado el **reguetón**, el *hip-hop* y, (conector de generalización) .... , los ritmos latinos con letras reivindicativas. Ha pasado de recibir Grammys latinos a montones (ha ganado
5 24 ya) al Premio Internacional en la Cumbre Mundial de Premios Nobel de la Paz, que se celebró en noviembre en Barcelona. René, poeta tímido y algo abrumado por la fama, habla en voz baja. Nada que ver con la imagen de un cantante de *hip-hop*.

Cuaderno 4.3
2 Lectura y comprensión
Ejercicios 1-5

¿Para qué crees que sirven tu música y tus letras en este mundo tan desigual y lleno de injusticias?

10 Es algo así como un tipo de activismo cultural. Todo sirve. Mis letras sirven igual que puede servir un documental, un libro, una obra de teatro (conector disyuntivo) .... una película. El objetivo es concienciar a la gente y, (conector temporal) ...., conectar con el mundo que tiene ganas de que las cosas mejoren. Yo formo parte de todo un movimiento. Quizás es un
15 movimiento pequeño, (conector adversativo) .... creo que podemos hacer cosas. El poder de la música es impresionante. Algunos ilusos como yo creemos que podemos cambiar el mundo con la música.

¿A qué se debe tu conciencia política?

Mis padres eran luchadores sociales. Me influyeron mucho. ¡Desde muy pequeño! Mi
20 padre, Reinaldo Pérez, era un luchador social en Puerto Rico. No es una persona muy conocida, (conector adversativo) .... a mí me transmitió todo lo que pienso y hago ahora. (conector de adición) .... mi madre fue muy importante. Ella viene del mundo del teatro. De ahí procede mi vertiente artística. Pero (conector de adición) .... es una
25 persona muy comprometida socialmente. Yo crecí en este ambiente familiar.

¿Qué visión tienes sobre la lucha pacífica de los movimientos sociales?

Creo que uno puede manifestarse pacíficamente por causas sociales. Yo lo he hecho siempre. En Puerto Rico o donde sea, siempre de forma pacífica. (conector concesivo) .... siendo realista he de reconocer que he conocido a gente
30 y experiencias muy injustas que te pueden desesperar. Hablo de eso en mis letras. A veces, cuando las acciones del poder no son pacíficas ni justas, te has de manifestar de forma más agresiva, verbalmente, nunca físicamente, para captar la atención.

www.publico.es (texto adaptado)

Cuaderno 4.3
3 Gramática en contexto
Ejercicios 1-4

Estilo directo e indirecto

Una entrevista (o cualquier enunciado expresado por un hablante) se puede reproducir de dos maneras.

Estos modos de reproducir lo dicho se denominan discurso o estilo directo y discurso o estilo indirecto.

Discurso o estilo directo. El narrador reproduce textualmente las palabras de otra persona: es la manera en la que se encuentra reproducida la entrevista a Rossana Reguillo.

Discurso o estilo indirecto. El narrador relata lo dicho por otra persona sin reproducirlo textualmente, lo que obliga a realizar ciertos cambios lingüísticos en el enunciado original: *"Rossana Reguillo dijo que (ella) venía trabajando en el tema de los jóvenes y las culturas juveniles durante más de 20 años"*.

* para introducir lo dicho por otra persona se agrega el conector *que*. Si se trata de una pregunta, el *que* cambia por *si*
* los pronombres (personales, posesivos) cambian de la 1ª a la 3ª persona
* los pronombres demostrativos (este, ese, aquel) cambian a la posición más distante
* los verbos cambian de la 1ª a la 3ª persona
* los verbos cambian el tiempo

Estilo directo	Estilo Indirecto
Presente: Rossana dijo: "(yo) Vengo trabajando en el tema durante más de 20 años". Pronombre: yo	*Pretérito Imperfecto:* Rossana dijo que (ella) venía trabajando en el tema durante más de 20 años. Pronombre: ella
Pretérito Indefinido: Rossana dijo: "(yo) Trabajé en el tema durante 20 años". Pronombre: yo	*Pretérito Pluscuamperfecto:* Rossana dijo que (ella) había trabajado en el tema durante 20 años. Pronombre: ella
Pretérito Perfecto Simple: Rossana opinó: "La guerra contra los jóvenes ha producido la expropiación de su futuro".	*Pretérito Pluscuamperfecto:* Rossana opinó que la guerra contra los jóvenes había producido la expropiación de su futuro.
Futuro Simple: Rossana planteó: "La sociedad deberá exigirles a los medios de comunicación un trabajo más serio".	*Condicional Simple:* Rossana planteó que la sociedad debería exigirles a los medios de comunicación un trabajo más serio.
Futuro Compuesto: Rossana consideró: "En este momento ya habrá crecido el número de jóvenes fuera del sitema". Pronombre: este	*Condicional Compuesto:* Rossana consideró que en ese momento ya habría crecido el número de jóvenes fuera del sistema. Pronombre: ese
Presente de Subjuntivo: Rossana dijo: "(yo) Espero que mis investigaciones sean útiles". Pronombre: yo, mis	*Imperfecto de Subjuntivo:* Rossana dijo que (ella) esperaba que sus investigaciones fueran útiles. Pronombre: ella, sus
Pretérito Perfecto de Subjuntivo: Rossana dijo: "Espero que hayan surgido más disposiciones de los Gobiernos."	*Pluscuamperfecto de Subjuntivo:* Rossana dijo que esperaba que hubieran surgido más disposiciones de los Gobiernos.
Imperativo: Rossana exigió: "¡No transmitan mensajes hipócritas!".	*Imperfecto de Subjuntivo:* Rossana exigió que no transmitieran mensajes hipócritas.
Pregunta Rossana preguntó: "¿Os / Les parece justo?". Pronombre: 2ª persona Tiempo verbal: *Presente*	Pregunta indirecta Rossana preguntó si nos parecía justo. Conector: si Pronombre: 1ª persona Tiempo verbal: *Imperfecto de Indicativo*

4 Transforma algunos fragmentos de la entrevista a René en una entrevista relatada en estilo indirecto.

Comienza así:

a El periodista le **preguntó** a René para qué creía que (servir) .... su música y sus letras en este mundo desigual y lleno de injusticias.

b René **respondió** que todo (servir) .... Sus letras (servir) .... igual que (poder) .... servir un documental.

c **Dijo** que sus padres (influir) .... mucho y que (crecer) .... en un ambiente muy familiar.

5 ¿Recuerdas el contenido de la entrevista a Andrés que escuchaste? Trata de recordar el nombre del entrevistador y relata esa entrevista oralmente. Ordena su contenido haciendo uso de los conectores correspondientes.

---

7 Para escribir

1 ¡Lo conseguimos!

Imagina que eres uno de los jóvenes que integran este grupo. Antes de llegar a este resultado has pasado por situaciones muy difíciles desde el punto de vista social.

Cuenta tu historia, presentando esas situaciones difíciles, cuál fue tu camino al éxito y cómo los integrantes del grupo (de diferentes orígenes) influyeron para conseguirlo (escribe aproximandemante 250 palabras).

8 Para hablar

1 Busca en diarios, revistas, Internet, etc. textos argumentativos que enfoquen el problema de los jóvenes dentro de la sociedad en tu país y prepara una presentación para comparar:

- la posición personal del autor con la postura de Rossana Reguillo.

- la situación de los jóvenes en Latinoamérica y en tu país según el punto de vista de estos autores y tu opinión personal.

Recuerda que es muy importante:

- justificar tu punto de vista

- acudir a expresiones comparativas tales como: "es más optimista que…"; "está muy preocupado…"; incluye menos propuestas que…", etc.

- relacionar las partes de tu presentación con los conectores adecuados

9 Para terminar

Cuaderno 4.3
4 Escritura
Ejercicios 1-5

1 Vas a entrevistar a algunos jóvenes de origen hispano sobre su experiencia como jóvenes en su país de origen. Primero, habla con tus compañeros para decidir las preguntas de las entrevistas. Después de realizar las entrevistas, será muy interesante presentarlas en clase y compartir los resultados de la experiencia con los demás compañeros. En la presentación tendrás que explicar lo siguiente:

- ¿Quién es la persona entrevistada?

- ¿Cómo fue la situación al entrevistarla? ¿Es una persona simpática, graciosa, reservada, distante, amigable?

- ¿Seguiste el guion previsto o cambiaste las preguntas iniciales según las respuestas que daba la persona entrevistada?

- ¿Qué cosas nuevas aprendiste, qué cosas te sorprendieron?

- ¿En qué se parece y en qué se diferencia la persona entrevistada en relación con tus compañeros de clase?

4.4 Leyendas prehispánicas

¿Se podrían considerar las leyendas como el origen de algún determinado tipo de sociedad?

Objetivos de aprendizaje

En esta unidad vas a aprender a:

- Identificar hechos reales e imaginarios.
- Debatir sobre historia e invención.
- Interpretar una leyenda.
- Utilizar algunos recursos narrativos propios de la leyenda.
- Conocer la leyenda.
- Utilizar los verbos en *Pretérito Perfecto Simple* e *Imperfecto* de *Indicativo*.

1 Para empezar TdC

1 Observa detenidamente, junto a tus compañeros, la siguiente imagen sobre algunos hechos representativos de la historia y, a continuación, contesta las preguntas.

LA MEJOR FORMA DE CONSTRUIR UN BUEN FUTURO ES CONOCIENDO NUESTRO PASADO

Es posible que para responder las preguntas necesitéis buscar información en Internet:

a   Describe, como mínimo, diez símbolos (objetos o personas) que aparecen en la imagen.

b   ¿Qué representan esos dibujos? ¿A qué época de la historia crees que pertenecen?

c   ¿Sabes algo de la sociedad a la que representaban?

d   ¿Incluirías algún otro símbolo histórico que no se encuentra en la imagen? ¿Por qué?

e   ¿Qué símbolo de hoy en día crees que sería representativo en la imagen?

f   ¿Conoces algún tipo de expresión o creación literaria representativa de alguna de las etapas históricas que has comentado?

2   Trabaja con tus compañeros y comenta en un debate la frase que aparece en la imagen anterior.

• ¿Un buen futuro es posible sin conocer apenas el pasado?

• ¿Qué aspectos positivos o negativos de la historia nos pueden ayudar a mejorar nuestro presente?

• ¿La historia se ve reflejada en la literatura?

• ¿Puedes pensar en alguna obra literaria concreta que muestre algunas circunstancias históricas, sociales o culturales determinadas?

• ¿Conocer la literatura del pasado puede ayudar a mejorar el presente de algún modo?

3   ¿Sabías que la leyenda puede expresar literariamente determinados hechos históricos y culturales?

Lee su definición.

LA LEYENDA
Es una narración popular que cuenta un hecho real adornado con elementos fantásticos o maravillosos del folklore, que en su origen se transmite de forma oral. Se consideran relatos extensos, que narran hechos legendarios como costumbres y tradiciones, las cuales cada narrador, al contarlas, las va modificando.

4   Comenta con tus compañeros una leyenda de tu país o de otro lugar.

• ¿Responde a algún hecho real o histórico concreto?

• ¿Sabrías distinguir el componente imaginario de la leyenda?

• ¿Hay algún héroe extraordinario?

• ¿Qué tipo de costumbres o tradiciones transmite?

• ¿Tiene alguna intención ejemplarizante, o moraleja?

4

2 Para leer

En la cultura hispánica son muy conocidas las leyendas aztecas, incas y mayas. Lee, junto a tus compañeros, el siguiente texto sobre las leyendas y las civilizaciones precolombinas o prehispánicas.

civilizaciones

divinidad

dinastía

imperio

LEYENDAS AZTECAS, INCAS, MAYAS: LEYENDAS PRECOLOMBINAS

Los aztecas, los incas y los mayas son las civilizaciones precolombinas más conocidas, es decir, las que ya estaban en Latinoamérica antes de la llegada de Cristóbal Colón.

El Sol era la divinidad más poderosa y más venerada por estas civilizaciones precolombinas.

Alrededor de estas civilizaciones surgieron inmumerables leyendas. Un ejemplo conocido trata de lo que hizo Manco Cápac, acompañado por su hermana y esposa Mama Ocllo, cuando llegó a Cuzco para civilizar a los hombres y crear la dinastía de los incas que iba a dominar el Perú y gran parte de Sudamérica.

LAS CIVILIZACIONES PRECOLOMBINAS: AZTECAS, INCAS, MAYAS

LOS AZTECAS

En el valle de México, los aztecas crearon desde su capital, Tenochtitlán, un poderoso imperio que dominaría México y América Central, hasta la llegada de los españoles.

LOS INCAS

En apenas dos siglos, los incas impusieron a partir de Cuzco, Perú, la dominación del Imperio del Sol, que se extendería sobre una inmensa parte de la cordillera de los Andes.

LOS MAYAS

En el sur de México, Guatemala y Honduras, la civilización maya desarrolló grandes ciudades-Estado: Tikal, Palenque, Copán… dominadas por sus grandiosas pirámides.

LEYENDAS AZTECAS, INCAS Y MAYAS

Con los aztecas, incas y mayas surgieron las leyendas de la creación del universo, de los hombres, de El Dorado…

LA PIEDRA DEL SOL

Soberbio y monumental calendario solar esculpido en piedra por los aztecas… Sus misteriosos signos no son fáciles de descifrar.

DIOSES AZTECAS

Los dioses aztecas se muestran a través de los códigos que ha dibujado esta civilización.

www.americas.fr.com (texto adaptado)

ciudades-Estado

1   Contesta las siguientes preguntas, basándote en el texto anterior.

  a   ¿Cuáles son las tres civilizaciones precolombinas más conocidas?

  b   ¿A qué momento histórico se refiere la denominación "civilización precolombina"?

  c   ¿Quién era el dios principal en estas civilizaciones?

2   Mira las palabras del recuadro, relacionadas con las tres civilizaciones precolombinas. Distribúyelas con tus compañeros en las columnas correspondientes.

Tikal	Palenque	Copán	Tenochtitlán	Cuzco	sur de México
Manco Cápac	México	pirámides	cordillera de los Andes		Piedra del Sol
Perú	Guatemala y Honduras	América Central			

Civilizaciones precolombinas		
Aztecas	**Incas**	**Mayas**
Ejemplo: México		

3 Para leer TdC

¿Qué aspectos verdaderos o ficticios contiene una leyenda? Lee el siguiente texto.

reglas

capital

cultivar la tierra

cazar

construir casas

tejer la lana

fabricar vestimentas

cocinar

trono

emperadores

LEYENDAS INCAS: MANCO CÁPAC

1 En las tierras que se encuentran al norte del lago Titicaca, unos hombres vivían como bestias feroces. No tenían religión, ni justicia, ni ciudades. Estos seres no sabían cultivar la tierra y vivían desnudos. Se refugiaban en cavernas y se alimentaban de plantas, de bayas salvajes y de carne cruda.

2 Inti, el dios Sol, decidió que había que civilizar a estos seres. Le pidió a su hijo Ayar Manco y a su hija Mama Ocllo descender sobre la tierra para construir un gran imperio. Ellos enseñarían a los hombres las reglas de la vida civilizada y a venerar a su dios creador, el Sol.

3 Pero, antes, Ayar Manco y Mama Ocllo debían fundar una capital. Inti les confió un bastón de oro diciéndoles esto:
- Desde el gran lago, adonde llegarán, marchen hacia el norte. Cada vez que se detengan para comer o dormir, planten este bastón de oro en el suelo. Allí donde se hunda sin el menor esfuerzo, ustedes construirán Cuzco y dirigirán el Imperio del Sol.

4 La mañana siguiente, Ayar Manco y Mama Ocllo aparecieron entre las aguas del lago Titicaca. La riqueza de sus vestimentas y el brillo de sus joyas hicieron pronto comprender a los hombres que ellos eran dioses. Temerosos, los hombres los siguieron a escondidas.

5 Ayar Manco y Mama Ocllo se pusieron en marcha hacia el norte. Los días pasaron sin que el bastón de oro se hundiera en el suelo. Una mañana, al llegar a un bello valle rodeado de montañas majestuosas, el bastón de oro se hundió dulcemente en el suelo. Era ahí que había que construir Cuzco, el "ombligo" del mundo, la que fue la capital del Imperio del Sol.

6 Ayar Manco se dirigió a los hombres que los rodeaban y comenzó a enseñarles a cultivar la tierra, a cazar, a construir casas, etc. Mama Ocllo se dirigió a las mujeres y les enseñó a tejer la lana de las llamas para fabricar vestimentas. Les enseñó también a cocinar y a ocuparse de la casa…

7 Es así que Ayar Manco, devenido Manco Cápac, en compañía de su hermana Mama Ocllose sentó en el trono del nuevo Imperio del Sol. A partir de este día, todos los emperadores incas, descendientes de Manco Cápac, gobernaron su imperio con su hermana devenida en esposa.

www.americas.fr.com (texto adaptado)

4 Para comprender el texto

1 Basándote en el párrafo 1 del texto, responde las siguientes preguntas.

a ¿En qué lugar se sitúa el comienzo de la leyenda?

....

b ¿Qué comparación se utiliza para expresar la condición salvaje de sus habitantes?

....

c ¿Por qué carecían de cualquier tipo de organización social?

....

d ¿Dónde vivían?

....

2 Señala si las siguientes afirmaciones son verdaderas (**V**) o falsas (**F**) y justifica tu respuesta con palabras del texto (párrafos 2 y 3).

	V	F

a El dios del Sol, Inti, fomentaba la barbarie entre los hombres.

Justificación: ....

b Los hijos del Sol tenían que educar a los habitantes del lago Titicaca.

Justificación: ....

c Cuzco se fundaría en el lugar donde se clavase el bastón con facilidad.

Justificación: ....

3 Basándote en los párrafos 4 y 5, completa el cuadro siguiente indicando a quién se refieren los verbos subrayados.

Cuaderno 4.4
2 Gramática en contexto
Ejercicio 1

En las expresiones...	el verbo...	se refiere a...
Ejemplo: ... hicieron pronto comprender...	*hicieron*	*La riqueza de sus vestimentas y el brillo de sus joyas...*
... los siguieron a escondidas.	*siguieron*	....
... se pusieron en marcha.	*se pusieron*	....
... pasaron sin que el bastón...	*pasaron*	....
... se hundió dulcemente...	*se hundió*	....
.... fue la capital del Imperio...	*fue*	....

4

Organización social

4 Basándote en los párrafos 6 y 7 del texto, responde a estas preguntas.

   a ¿En qué instruyó Ayar Manco a los hombres?

   ....

   b ¿Y Mama Ocllo a las mujeres, en qué las instruyó?

   ....

   c ¿Qué nombre recibió el emperador inca del Imperio del Sol?

   ....

5 Lee la siguiente leyenda maya sobre la creación del mundo.

Leyendas mayas: la creación del mundo

1 Antiguamente, no había sobre la tierra ningún hombre, ningún animal, ni árboles, ni piedras. No había nada. Esto no era más que una vasta extensión desolada y sin límites, recubierta por las aguas.

2 En el silencio de las tinieblas vivían los dioses Tepeu, Gucumats y Huracán. Hablaron entre ellos y se pusieron de acuerdo sobre lo que debían hacer. Hicieron surgir la luz que iluminó por primera vez la tierra.
Después el mar se retiró, dejando aparecer las tierras que podrían ser cultivadas, donde los árboles y las flores crecieron. Dulces perfumes se elevaron de las selvas nuevas creadas.

3 Los dioses se regocijaron de esta creación. Pero pensaron que los árboles no debían quedar sin guardianes ni servidores. Entonces ubicaron sobre las ramas y junto a los troncos toda suerte de animales. Pero estos permanecieron inmóviles hasta que los dioses les dieron órdenes:
- Tú irás a beber en los ríos. Tú dormirás en las grutas. Tú marcharás a cuatro patas y un día tu espalda servirá para llevar cargas. Tú, pájaro, vivirás en los árboles y volarás por los aires sin tener miedo de caer.

4 Los animales hicieron lo que se les había ordenado. Los dioses pensaron que todos los seres vivientes debían ser sumisos en su entorno natural, pero no debían vivir en el silencio; porque el silencio es sinónimo de desolación y de muerte.

5 Entonces les dieron la voz. Pero los animales no supieron más que gritar, sin expresar ni una sola palabra inteligente. Entristecidos, los dioses formaron consejo y después se dirigieron a los animales:
- Porque ustedes no han tenido conciencia de quiénes somos, serán condenados a vivir en el temor a los otros. Se devorarán los unos a los otros sin ninguna repugnancia.
Escuchando eso, los animales intentaron hablar. Pero solo gritos salieron de sus gargantas y sus hocicos. Los animales se resignaron y aceptaron la sentencia: pronto serían perseguidos y sacrificados, sus carnes cocidas y devoradas por los seres más inteligentes que iban a nacer.

www.americas.fr.com
(texto adaptado)

EL JUEGO DE LAS PALABRAS

1 Busca en el texto (párrafos 1 y 2) la(s) palabra(s) o
expresiones que aparecen en la leyenda para mostrar:

a Amplio territorio deshabitado y sin vida

b Tierra inundada

c Se puso fin a la oscuridad en el mundo

d Se desarrolló la vegetación

e El aire esparcía agradables aromas

2 Ahora busca en los párrafos 4 a 6 los *antónimos* de
estas palabras.

a ruido ....

b vitalidad ....

c confianza ....

d agrado ....

3 Busca en el párrafo 3 los *sinónimos* de estas palabras.

a invención ....

b vigilantes ....

c mandatos ....

d cuevas ....

PARA USAR CORRECTAMENTE LA LENGUA

La leyenda es una narración donde los tiempos verbales más utilizados son el *Pretérito Perfecto Simple* y el *Pretérito Imperfecto* de *Indicativo*. Revisa estos tiempos verbales.

Recuerda que el *Pretérito Perfecto Simple* o *Pretérito Indefinido*, en *Indicativo*, es el tiempo de la narración, es decir, que se emplea para construir las series o secuencias narrativas en el pasado. En los relatos, para describir cualidades o situaciones habituales en el pasado, se suele utilizar el *Pretérito Imperfecto* de *Indicativo*.

1 Completa el siguiente fragmento del texto escribiendo los verbos en *Pretérito Indefinido* o *Pretérito Imperfecto*, según corresponda.

Leyendas incas: **los hermanos Ayar**

Sobre la montaña Pacaritambo (doce leguas al noroeste de Cuzco) aparecieron los hermanos Ayar, después del gran diluvio que había devastado todo. De la montaña llamada "Tampu Tocco" partieron cuatro hombres y cuatro mujeres jóvenes, hermanas y esposas de ellos a la vez.

5 **[A]** (ser) .... Ayar Manco y su mujer Mama Ocllo; Ayar Cachi y Mama Cora; Ayar Uchu y Mama Rahua; y, finalmente, Ayar Auca y su esposa Mama Huaco.

> **Cuaderno 4.4**
> **3 Gramática en contexto**
> Para usar correctamente...
> Ejercicios 1 y 2

> **Hoja de Trabajo 4.4.2**

Viendo el estado de las tierras y la pobreza de la gente, los cuatro hombres decidieron buscar un lugar más fértil y próspero para instalarse. Llevaron

10 con ellos a los miembros de diez ayllus (organización inca que agrupaba diez familias) y **[B]** (dirigirse) .... hacia el sudeste.

Pero un primer altercado **[C]** (producirse) .... entre Ayar Cachi, un hombre fuerte y valiente, y los demás. Sus hermanos lo **[D]** (celar) .... y quisieron matarlo. Con ese plan, le

15 ordenaron volver a las cavernas de Pacarina (se llama así, en quechua, al lugar de los orígenes) a buscar semillas y agua.

Ayar Cachi entró en la caverna de Capac Tocco (ventana principal de la montaña "Tampu Tocco") y el sirviente que lo **[E]** (acompañar) .... cerró con una gran piedra la puerta de entrada…

20 Ayar Cachi jamás **[F]** (poder) .... salir de allí.

Los siete hermanos y hermanas restantes, seguidos de los ayllus, **[G]** (proseguir) .... su camino y llegaron al monte Huanacauri, donde descubrieron un gran ídolo de piedra con el mismo nombre. Llenos de respeto y de temor frente a este ídolo, entraron al lugar

25 donde se lo **[H]** (adorar) ....

Ayar Uchu saltó sobre la espalda de la estatua y **[I]** (quedar) .... enseguida petrificado, formando parte de ahí en adelante de la escultura. En el curso del viaje Ayar Auca fue también convertido en estatua de piedra, en la Pampa del Sol.

30 Ayar Manco, acompañado por sus cuatro hermanas, llegó a Cuzco, donde encontró buenas tierras; su bastón se hundió con facilidad y no pudo retirarlo sin esfuerzo, lo cual **[J]** (ser) .... una buena señal. Entusiasmados con el lugar, decidieron quedarse allí.

Ayar Manco **[K]** (fundar) .... entonces una ciudad, en

35 nombre del Sol. Esta ciudad fue Cuzco (ombligo, en quechua), la capital del Imperio Tahuantinsuyo.

www.americas.fr.com (texto adaptado)

Cuaderno 4.4
3 Gramática en contexto
Ejercicio 1

5 Para entender 🔊 Pista 18

Escucha la entrevista que Camilo, presentador del programa de radio *Viajando por el mundo*, hace a Javier Ayuso sobre su recorrido por la ruta azteca y su itinerario pensado por esas tierras misteriosas.

1 Antes de escuchar la entrevista, responde las siguientes preguntas.

- ¿Qué tipo de viajes te parece más apropiado para los jóvenes: cultural, solidario, deportivo, de naturaleza…?
- Cuando realizas un viaje, ¿te consideras un turista o un viajero?

2 Ahora escucha la entrevista dos veces y responde las preguntas.

a Los aztecas habitaron…

   i en el sur de México.

   ii en América central.

   iii en el norte y el centro de México.

b La Ciudad de México está situada en la antigua…

   i Coyolxauhqui.

   ii Tenochtitlán.

   iii Teotihuacán.

c La comarca más próspera económicamente fue la de…

   i Tlatelolco.

   ii la Ciudad de los Dioses.

   iii las Pirámides del Sol.

d Algunas comarcas impresionantes al sur de la Ciudad de México desaparecieron por…

   i la invasión de los mayas.

   ii el efecto de un volcán.

   iii las guerras entre los mismos aztecas.

e El lugar de culto esculpido en las rocas se encuentra en…

   i las ruinas de Xochicalco.

   ii el Templo del Sol.

   iii la Casa de las Águilas.

f Manzanillo es un lugar de relax en…

   i el mar.

   ii la selva.

   iii las montañas.

PIENSA Y COMENTA CON TUS COMPAÑEROS

- ¿Los hechos históricos relatados por Javier, crees que son totalmente ciertos o forman parte de la leyenda de los aztecas?
- ¿Qué motivos crees que pueden mover a un pueblo o civilización a conquistar a otro?

6 Para reflexionar y hablar **TdC**

Los hechos que de alguna manera han llegado a nuestros días, ¿deben su legado a las fuentes históricas reales o a la leyenda?

1 Presentación: Celebración del Inti Raymi, "La Fiesta del Sol", en Perú. Observa esta imagen y prepara una presentación oral sobre las celebraciones actuales basadas en hechos del pasado.

- ¿Qué representa la foto? ¿Qué se celebra?
- ¿Quiénes podrían ser los personajes que aparecen en ella?
- ¿Dónde puede tener lugar la ceremonia? ¿Sabes en qué consiste?
- Los hechos que se celebran ¿pertenecen a la historia real o a la leyenda?

2 Orígenes enigmáticos y el poder de la leyenda. Con tus compañeros, vas a realizar un debate sobre el peso de la realidad y la ficción en una leyenda peruana sobre las llamadas "Líneas de Nazca". Previamente deberías investigar sobre su historia, rodeada de mitos y leyendas.

7 Para reflexionar y escribir **TdC**

1 Lee el siguiente fragmento y elabora una respuesta personal de 150 a 250 palabras.

Cuaderno 4.4
4 Lectura y comprensión
Ejercicio 1

Cuaderno 4.4
5 Vocabulario
Ejercicios 1 y 2

La concepción del mundo de los aztecas

Los aztecas consideraban que antes de ellos habían existido varios soles o dioses. Habían sido el sol de la tierra, el del viento, del fuego y del agua. Todos perecieron en un cataclismo. El quinto sol fue creado en Teotihuacán. Los dioses se reunieron para designar a quien tendría el honor de encarnar al nuevo astro. Acordaron que este Sol
5 sería el astro rey. Pero, como los precedentes, su destino era desaparecer también en un cataclismo. Es esta perspectiva pesimista el origen de la visión místico-guerrera de los aztecas. Tlacaélel logró persuadir a los sabios de que se podría evitar la muerte del Sol alimentándolo de agua preciosa. Este líquido era la sangre de seres humanos que habría que sacrificar para asegurar la supervivencia del astro solar. Para que no
10 faltara jamás el agua preciosa, Tlacaélel instaura el principio de las "guerras floridas" entre diferentes ciudades. El objetivo era el de obtener suficientes prisioneros para los sacrificios. Para que el Sol viviera, la guerra se volvía indispensable. Los aztecas justificaban entonces sus conquistas por la misión suprema que debían cumplir.

www.americas.fr.com (texto adaptado)

En tu respuesta personal deberías comentar:

- La "necesidad", según la leyenda, que tenían los aztecas de hacer sacrificios humanos para que el dios Sol sobreviviera.

- ¿Crees que, de alguna manera, hoy en día, en determinadas circunstancias, puede existir un ritual de sacrificio humano por algún motivo determinado? ¿O es impensable y eso solo forma parte de las leyendas antiguas?

8 Para terminar

1   Escribe tu propia leyenda. Aquí tienes algunas sugerencias.

- Puede estar basada en hechos históricos o modernos.

- Podría estar elaborada a partir de algún personaje famoso de cualquier época o actual.

- Tal vez tu fuente de inspiración pueda ser tu familia, tus amigos, tu ciudad, etc.

- Haz una planificación previa, en la que quede constancia de los hechos veraces y los imaginados.

- Repasa las características de la leyenda que has visto al principio de la unidad.

Cuando la termines, compártela con tus compañeros.

Cuaderno 4.4
6 Escritura
Ejercicio 1

MONOGRAFÍA

En esta unidad has visto cómo existen diversas maneras de establecer una serie de normas en una sociedad para facilitar la vida en comunidad de sus habitantes y que son fiel reflejo de su cultura, ya sea mediante un Gobierno electo o a través de instituciones de poder vitalicio, como puede ser una monarquía o un imperio. También has podido reflexionar sobre la necesidad de una serie de pautas sociales para los adolescentes. Igualmente, has tomado contacto con algunas leyendas de los pueblos originarios americanos. Estas ideas pueden funcionar muy bien como punto de partida para desarrollar una monografía centrada en el campo de la organización social. Es posible proponer una pregunta de investigación relacionada con la Categoría 2, Cultura y sociedad, como la siguiente: "¿Los líderes sociales y políticos de los países hispanohablantes son representativos de un modelo sociocultural específico?".

5 Compartimos
el planeta

5.1 Ruidos y sonidos

¿Crees que el ruido es un problema del mundo contemporáneo? ¿Cómo te sientes frente a los ruidos que te rodean diariamente? ¿Te molestan? ¿Cuáles de ellos te resultan particularmente agresivos o molestos, y por qué?

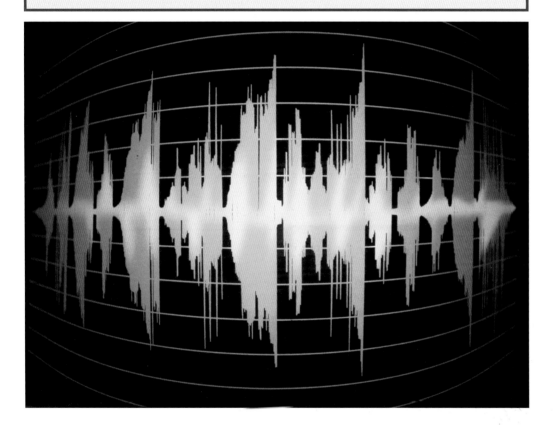

Objetivos de aprendizaje

En esta unidad, vas a aprender a:

- Identificar características de un artículo informativo.

- Comparar diversos puntos de vista y posiciones.

- Describir imágenes y reflexionar a partir de ellas.

- Reconocer diferentes estrategias para expresar y justificar puntos de vista.

- Interpretar un texto informativo.

- Identificar las formas regulares e irregulares de los verbos en *Presente*.

- Practicar las formas no personales de los verbos: *Infinitivo*, *Gerundio* y *Participio*.

5

1 Para empezar (TdC)

1 ¿Cómo definirías el concepto de "ruido"? Conversa con tus compañeros para responder a esta pregunta.

2 Transcribe aquí la definición a la que habéis llegado.

....

....

....

3 Busca en el diccionario la definición de *ruido* y transcríbela aquí:

....

....

....

4 Comenta con tus compañeros. ¿En qué se parece y en qué se diferencia esta definición de la que escribiste antes? Según las conclusiones a las que llegas, ¿el concepto de "ruido" es positivo o negativo? ¿Crees que el ruido ha provocado algún cambio en el modo de vida de las ciudades en nuestros días?

Hoja de Trabajo 5.1.1

EL JUEGO DE LAS PALABRAS

1 Mira las imágenes que aparecen a continuación. ¿Qué titular te parece más adecuado para cada imagen? Relaciona las imágenes con los titulares que encontrarás debajo.

a El oído: una puerta de acceso al mundo exterior

b El ruido entra en el cerebro

c ¡Cuánto ruido en las noches de fiesta!

d El sonido puede ser maravilloso

e Hablando a gritos

f ¿No es mejor hablar entre dos, casi en secreto?

2   Comparte tu propuesta con el resto de la clase y observa semejanzas y diferencias en la selección de los titulares. Justifica tu punto de vista teniendo en cuenta la relación entre el contenido del titular y los aspectos visuales de la imagen.

3   Uno de los titulares no hace referencia al "ruido", sino al concepto de "sonido". ¿Crees que hay diferencias entre los dos? Piensa con tus compañeros algunas características que los diferencien y escríbelas a continuación. Puedes ayudarte con un diccionario.

Ruido	Sonido

4   Intercambia con los restantes grupos de la clase y saca conclusiones acerca de los aspectos positivos y negativos de cada uno de ellos.

5   Piensa: ¿qué sonidos agradables acompañan tu vida habitualmente?

2 Para entender TdC 🔊 Pista 19

1   El sonido se asocia a la música como expresión artística. ¿Crees que en las civilizaciones antiguas el sonido como forma de expresión y contacto con la naturaleza era más valorado que en la nuestra? Escucha lo que un artesano cuenta sobre el funcionamiento de antiguos artefactos de sonido.

2   Escucha el texto una vez y trata de entender cómo se llaman estos artefactos y qué tipo de representaciones mostraban.

3 Escucha el texto por segunda vez y responde.

  a Las vasijas silbadoras son objetos…

    i de uso práctico.

    ii con valor religioso.

    iii puramente ornamentales.

  b En cuanto a sus representaciones, es común la aparición de…

    i artesanos creando instrumentos.

    ii personajes humanos.

    iii artistas tocando música.

  c El sonido que producen las vasijas…

    i es un silbido uniforme.

    ii se relaciona con su forma.

    iii es arbitrario y variado.

  d En cuanto al origen de los instrumentos…

    i se desconoce cómo surgieron.

    ii fueron consecuencia de estudios que se llevaron a cabo a lo largo de muchísimos años.

    iii surgieron de forma casual.

  e El elemento que activa el sonido es…

    i el agua.

    ii el aire.

    iii la mano del músico.

  f El sonido…

    i expresa el valor del aire para medir el tiempo.

    ii representa a alguno de los elementos de la creación.

    iii expresa la unión de los cuatro elementos.

4 Reflexiona acerca del valor de estas vasijas. ¿Crees que en el mundo contemporáneo existe algún objeto o instrumento con valor equivalente? Debate tus ideas con el resto de la clase.

3 Para leer

En el texto que vas a leer a continuación faltan los subtítulos, pero el título general ya es inquietante. ¿En qué aspectos crees tú que el ruido puede perjudicar la salud? Conversa con tus compañeros para intercambiar puntos de vista y luego lee el texto para ver si lo que has pensado coincide con lo que propone el texto.

DEPARTAMENTO DE SALUD Y CONSUMO Y FUNDACIÓN ECOLOGÍA Y DESARROLLO

El ruido perjudica la salud

Según la sensibilidad de cada persona y el nivel y tiempo de exposición, determinados ruidos afectan a la salud de diferentes maneras.

[SUBTÍTULO I]

1 Los ruidos pueden provocar diferentes trastornos en el organismo. El deterioro del sistema auditivo (sordera, dolores de oído, vértigos, etc.) preocupa a la Unión Europea, que estima que escuchar música en reproductores individuales más de una hora al día cada semana durante al menos cinco años puede provocar una pérdida irreversible de audición.

2 Una exposición a la contaminación acústica continuada también puede afectar el funcionamiento psíquico (malestar, pérdida de rendimiento escolar y laboral, irritabilidad, agresividad, insomnio, etc.). Incluso puede generar afecciones en funciones vitales (en el sistema cardiovascular, en el aparato respiratorio y digestivo, o en el sistema nervioso vegetativo).

[SUBTÍTULO II]

3 Hay que tener en cuenta también que existen grupos especialmente vulnerables, como las personas con enfermedades o problemas médicos específicos (por ejemplo, hipertensión), los internados en hospitales o convalecientes en casa, los individuos que realizan tareas intelectuales, y otros grupos de población como no videntes, bebés, niños pequeños y ancianos.

4 Además, las personas con problemas de audición son las que tienen más dificultades en la comunicación oral.

[SUBTÍTULO III]

5 Las fuentes principales de ruido en el exterior de los edificios son el tráfico de vehículos a motor, de trenes y de aeronaves, la construcción y las obras públicas, los espacios de ocio y los que producen los ciudadanos en su vida diaria.

En cuanto al ruido en interiores, las fuentes habituales son los sistemas de ventilación, la maquinaria de oficina y de talleres, los electrodomésticos y el ruido generado por los vecinos.

[SUBTÍTULO IV]

6 El Departamento de Salud y Consumo de Aragón y la Fundación Ecología y Desarrollo han editado una guía que informa sobre las molestias que genera el ruido y sus posibles efectos adversos sobre la salud.

7 La guía ofrece una serie de sugerencias para evitar ocasionar molestias, como adquirir electrodomésticos de bajo nivel de ruido e intentar no usar los más ruidosos (lavavajillas, lavadoras, aspiradoras, etc.) en horarios nocturnos; instalar correctamente los equipos de aire acondicionado y otros aparatos generadores de ruido; realizar actividades ruidosas (práctica de instrumentos musicales, bricolaje, etc.) en horarios adecuados y si es posible en habitaciones con aislamiento acústico; utilizar la televisión, radio o equipos de música a volúmenes que no resulten molestos, etc.

8 En la calle, se recomienda comportarse de manera cívica, evitando producir ruidos innecesarios, especialmente en horarios nocturnos. En cuanto a los medios de transporte, es recomendable utilizar el transporte público, practicar una conducción no forzada o agresiva, no hacer sonar el claxon de forma innecesaria y mantener adecuadamente los vehículos.

9 Por último, en la guía se recuerda que en la mayoría de los casos existen ordenanzas municipales que regulan los límites al respecto.

www.mujeresycia.com (texto adaptado)

ruido

perjudica

sensibilidad

nivel

tiempo de exposición

trastornos

deterioro

sistema auditivo

pérdida irreversible

contaminación acústica

funcionamiento psíquico

funciones vitales

problemas de audición

aislamiento acústico

volúmenes

ordenanzas municipales

5

4 Para comprender el texto

1   ¿Cuál es la finalidad de este texto? Elige la opción correcta.

    a   Opinar y debatir

    b   Definir y revisar conceptos

    c   Informar y aconsejar

    d   Analizar y comparar informaciones

2   Marca en el texto ejemplos en donde se manifiesten con claridad las actitudes que has señalado. Discute con tus compañeros las diferentes posibilidades.

En el texto faltan los subtítulos. Selecciona el mejor subtítulo para cada sección. ¡**Cuidado!**: hay más subtítulos de los necesarios.

Ejemplo: [SUBTÍTULO I] | A |

   1   [SUBTÍTULO II]

   2   [SUBTÍTULO III]

   3   [SUBTÍTULO IV]

   A   *Afecciones más comunes*

   B   ¿Dónde hay silencio?

   C   Los más afectados

   D   Expectativas

   E   Los menos sensibles

   F   Soluciones rápidas

   G   ¿Qué produce ruido?

   H   Consejos

3   Busca en el texto las palabras que significan:

    Ejemplo: perturbaciones (párrafo 1)   *trastornos* ....

    a   daño (párrafo 1)   ....

    b   pérdida del sentido del oído (párrafo 1)   ....

    c   definitiva (párrafo 1)   ....

    d   sensibles, débiles, delicados (párrafo 3)   ....

    e   orígenes (párrafo 5)   ....

    f   fastidios, incomodidades (párrafo 6)   ....

    g   negativos (párrafo 6)   ....

PARA USAR CORRECTAMENTE LA LENGUA

En español existen verbos regulares y verbos irregulares.

Los *verbos regulares* son los que se ajustan en su conjugación a las formas fijadas por el verbo modelo de cada conjugación: *amar, temer, partir*.

Los *verbos irregulares* son los que cambian en su conjugación las formas fijadas por el verbo modelo.

Hay tres grupos de irregularidades:

a irregularidades propias del presente

b irregularidades propias del pasado

c irregularidades propias del futuro

Los verbos irregulares que aparecen en este texto muestran algunas irregularidades características del *Presente*:

Irregularidades del *Presente*

1 Irregularidad en:

- *Presente* de *Indicativo* primera y segunda persona del singular (yo, tú) y en tercera persona del singular y del plural (él / ella / usted - ellos / ellas / ustedes), todas las personas con excepción de la primera y segunda del plural: nosotros / as y vosotros / as.

- *Presente* de *Subjuntivo*, todas las personas con excepción de la primera y segunda del plural: con excepción de nosotros / as y vosotros / as.

Diptongación en la sílaba tónica (la que se pronuncia con mayor intensidad)

| e > ie |

recomendar > recomiendo, recomiendas, recomiende…

| o > ue |

poder > puedo, puede…

2 Verbos de irregularidad combinada

tener / venir

| raíz + g | + | e > ie |

tener > ten**g**o / ti**e**ne (*Presente* de *Indicativo*), ten**g**a (*Presente* de *Subjuntivo*)

venir > ven**g**o / vi**e**ne (*Presente* de *Indicativo*), ven**g**a (*Presente* de *Subjuntivo*)

3 Verbos de irregularidad propia

ser

yo soy	nosotros / as somos
tú eres	vosotros / as sois
él / ella / usted es	ellos / ellas / ustedes son

Cuaderno 5.1
4 Gramática en contexto
Ejercicios 1, 2 y 3

5

1 Clasifica las formas verbales. Marca en las casillas [✓].

Verbos regulares e irregulares *Presente* de *Indicativo*		
Verbos del texto	Verbos regulares	Verbos irregulares
perjudica		
afectan		
pueden		
preocupa		
estima		
puede		
hay		
existen		
realizan		
son		
tienen		
producen		
informa		
genera		
ofrece		
es		
resulten		
recomienda		
recuerda		
regulan		

2 Completa los espacios en blanco con la forma correcta del *Presente*.

Todos los expertos **[A]** (coincidir) ...*coinciden*... en señalar que los ruidos **[B]** (tener) .... efectos muy negativos sobre la salud, por eso **[C]** (existir) .... normas jurídicas que **[D]** (regular) .... la contaminación acústica.

En la vida social el contaminado **[E]** (ser) .... la víctima, pero también **[F]** (poder) .... ser el victimario. Como victimario **[G]** (producir) .... los "ruidos sociales" y como víctima **[H]** (tener) .... que soportarlos.

Los adolescentes **[I]** (ser) .... responsables de muchos ruidos de la noche y **[J]** (escuchar) .... música a muy alto volumen, pero también **[K]** (ser) .... ellos mismos los que **[L]** (perder) .... la audición o no **[M]** (dormir) .... como consecuencia de la alteración que les **[N]** (producir) .... esos mismos ruidos.

Si la sociedad **[O]** (perder) .... los controles, todo **[P]** (volverse) .... peor, por eso las leyes **[Q]** (deber) .... ser claras y controlar el problema.

3 A continuación aparecen algunas de las **formas no conjugadas** de los verbos de los párrafos 5 y 9 del texto. Trata de identificar a qué categoría corresponde cada una y agrúpalas en la columna que corresponda.

generado practicar adquirir ocasionar instalar editado comportarse producir evitando mantener utilizar hacer sonar realizar usar intentar evitar		

Formas no personales de los verbos

Infinitivos	Participios	Gerundios
(formas terminadas en -ar, -er, -ir):	(formas terminadas en -ado, -ido):	(formas terminadas en -ando, -iendo):
....	....	....
....	....	....
....	....	....
....	....	....

4 Observa las siguientes construcciones.

[...] *el ruido **generado** por los vecinos.*

*[La guía sugiere] **instalar** correctamente los equipos de aire acondicionado…*

*Se recomienda comportarse de manera cívica, **evitando** producir ruidos innecesarios…*

Responde para completar el cuadro siguiente.

¿Cuál de las palabras anteriores resaltadas en negrita funcionan como…

a sustantivo? ....

b adjetivo? ....

c adverbio? ....
....

Como ves, estas **formas no conjugadas del verbo** son muy especiales.

Infinitivo

Es la forma verbal que da nombre al verbo: *provocar*; *mantener*; *decidir*.

Funciona como:

Sustantivo: El infinitivo con función de sustantivo concuerda en género con el masculino y puede ser precedido por artículos, demostrativos y posesivos masculinos: *un despertar; el fumar; su sonreír; este despertar.*

Participio

Se construye con la terminación **-ado**: (*generar - generado*) para los verbos regulares de la primera conjugación, y con **-ido** (*comer - comido; recibir - recibido*) para los verbos regulares de la segunda y tercera.

Cuaderno 5.1
4 Gramática en contexto
Ejercicio 4

Es la forma verbal que funciona como:

1 <u>Adjetivo</u>: Cuando modifica a un sustantivo, concuerda con él en género y número. […] *el ruido **generado** por los vecinos* […]. **[Subtítulo III]**

2 <u>Parte de los tiempos verbales compuestos</u>, cuando el participio acompaña al auxiliar *haber*. En este caso el participio es invariable en género y número. *El Departamento de Salud y Consumo de Aragón y la Fundación Ecología y Desarrollo **han editado** una guía…* **[Subtítulo IV]**

Gerundio

Es una forma invariable en género y número que se construye con la terminación *-ando* para los verbos en **-ar** (*evitando*) y la terminación *-iendo* para los verbos en **-er, -ir** (*comiendo, escribiendo*). Expresa la acción en su transcurso.

Es la forma verbal que funciona como:

<u>Adverbio</u>

Puede expresar los siguientes valores:

- Modo. […] *se recomienda comportarse de manera cívica, **evitando** producir ruidos innecesarios* […]. **[Subtítulo IV]**

- Condición. ***Trabajando** rápido, terminarán a tiempo.*

- Causa. ***Pensando** que era incorrecto, lo eliminé.*

- Concesión. *Ni **comprando** el auto, se sentirá satisfecho.*

- Tiempo. *Recibieron la noticia **estando** en clase.* El gerundio puede enunciar una acción simultánea al verbo principal, como en el ejemplo anterior; una acción inmediatamente anterior: ***Evitando** los ruidos, mejoró rápidamente;* o inmediatamente posterior: *Empezaron la reunión **sirviendo** café.*

Cuaderno 5.1
1 Vocabulario
Ejercicios 1, 2 y 3

5 Completa el siguiente texto con las formas correctas del infinitivo, del gerundio o del participio de los verbos indicados entre paréntesis.

Funciones de la música en nuestra sociedad

La música ejerce una labor muy importante en la sociedad (y no solo en la actual: en cada período de la historia y en cada cultura ha cumplido funciones determinadas). A pesar de no ser algo imprescindible, pues sin ella también podríamos vivir, resulta un elemento sin el cual el mundo sería muy diferente. La música nos ayuda a expresarnos y comunicarnos, nos explica muchos aspectos de la realidad mejor que ningún otro arte y nos hace **[A]** (disfrutar) ....

Algunas de sus funciones principales en nuestra sociedad actual son:

1 **Función expresiva y comunicativa**
Aunque las letras de las canciones expresan una información determinada, no solo las canciones **[B]** (cantar) .... pueden cumplir esta función. La música es una forma de comunicación muy poderosa, que utiliza un lenguaje universal y expresa los códigos propios de la cultura a la que pertenece.

2 Función del goce estético

En este caso podemos definir la estética como algo de aspecto bello y elegante; un modo particular de **[C]** (entender) .... el arte o la belleza. Esta función involucra la estética tanto desde la perspectiva del compositor, como del intérprete, al que el espectador, que también participa, escucha y ve cuando está **[D]** (ejecutar) .... sus instrumentos.

3 Función de entretenimiento

Es la que genera aquella música cuya principal finalidad (que no tiene por qué ser la única) es **[E]** (entretener) .... al oyente, **[F]** (ofrecer) .... un espacio de disfrute especial.

4 Función de respuesta física

En ocasiones, la música tiene como objetivo principal **[G]** (provocar) .... ciertos estados físicos en los oyentes. El espectador reacciona **[H]** (bailar), ..., **[I]** (saltar) ...., o **[J]** (tranquilizarse) ....

5 Función ritual

Se emplea para **[K]** (reafirmar) .... ciertas tradiciones o ritos sociales.

6 Función de integración de sociedades y culturas

Algunas veces, la música se utiliza como punto de unión entre los miembros de una sociedad que tienen que convivir o que se unen para participar en actividades que precisan de la colaboración de un grupo.

hermamusical.jimdo.com (texto adaptado)

6 En el comienzo el texto dice que "en cada cultura (la música) ha <u>cumplido</u> funciones determinadas". ¿Qué diferencia tiene esta forma de participio con las anteriores? ¿Qué función cumple aquí? ¿Qué características de género y número tiene?

....

....

....

ESTRATEGIAS DE APRENDIZAJE

Tipo de texto: el artículo informativo

1 Vuelve a leer el texto *El ruido perjudica la salud* e indica las opciones que te parezcan más adecuadas en las casillas.

El texto…

a informa. ☐
b describe situaciones. ☐
c narra hechos concretos. ☐
d hace sugerencias. ☐
e propone ejemplos. ☐

f es imparcial y objetivo. ☐
g es parcial y subjetivo. ☐
h es informal. ☐
i es formal. ☐
j incluye el nombre del autor. ☐

Cuaderno 5.1
2 Escritura
Ejercicios 1, 2 y 3

2   Además de considerar el propósito y el estilo del texto, también es importante fijarse en cómo está organizado. ¿Cuáles de los siguientes elementos aparecen en el **formato** del texto? Haz una cruz en la columna que corresponda.

	Sí	No
Titular		
Copete (Introducción)		
Subtítulos		
Expresiones que muestran sentimientos		
Marcas de diálogo		
Imágenes		

3   ¿En qué tipo de publicación puede aparecer un texto como este? Indica las opciones correctas en las casillas de la derecha.

a   En un libro de cuentos

b   En una revista

c   En un sitio de Internet de información general

d   En un diario o periódico

e   En un libro de textos administrativos

f   En un libro de Biología

4   Según lo que has respondido en las preguntas anteriores, completa el comienzo de frase que viene a continuación y explica por qué el texto es un artículo informativo.

El texto es un artículo informativo porque ....

....

....

5   ¿Crees que el texto *Funciones de la música en nuestra sociedad* responde a las mismas características? Ahora que el texto ya está completo, justifica tu respuesta identificando en él cada uno de los aspectos señalados.

5 Para comprender el texto (TdC)

Lee el texto *Funciones de la música en nuestra sociedad* y a continuación responde las siguientes preguntas.

1 Basándote en el comienzo del texto, elige la opción correcta.

   La música…

   a es una expresión indispensable en la sociedad.

   b siempre acompañó a las sociedades humanas.

   c ha adquirido mayor relevancia en el presente.

   d permite el contacto con otras expresiones artísticas.

2 Completa las frases basándote en la información contenida en los apartados 1 y 2.

   Ejemplo: El código musical tiene, por un lado, una dimensión internacional y, por otro, <u>expone los códigos propios de la cultura a la que pertenece</u>.

   a La estética es una manera específica de ....

     ....

   b Uno de los roles principales del intérprete aparece en la acción de ....

     ....

3 Las siguientes frases referidas a los apartados 3 a 6 son verdaderas o falsas. Indica con [✔] las que son verdaderas y escribe las palabras del texto que justifican tu respuesta.

   Ejemplo: La música que sirve para entretener puede responder también a otras finalidades.   [✔]

   Justificación: no tiene por qué ser la única ....

   a Las repuestas físicas que genera cierto tipo de música siempre responden a la finalidad de animar al público.

     Justificación: ....

   b La música puede convalidar costumbres propias de una cultura.

     Justificación: ....

   c La música puede promover actitudes de aislamiento.

     Justificación: ....

4 Reflexiona. ¿La música es importante en tu vida? ¿Por qué? Si lo es, ¿cuál de estas funciones crees tú que la hace más significativa para ti? Si no lo es, ¿qué otra expresión de la sociedad cumple una función igualmente importante desde tu punto de vista? Comparte tus opiniones con el resto de la clase.

5

6 Para escribir

1 Imagina que eres periodista. Elige un ruido o sonido que sea significativo en tu vida y escribe un **artículo informativo** relacionado con él (aproximadamente 200 palabras).

- Las siguientes preguntas te servirán como base para guiarte en la redacción del artículo.

  - ¿De qué vas a hablar?

  - ¿Por qué es importante hablar sobre ese tema? ¿Qué deben saber los lectores?

  - ¿Qué información nueva vas a darles?

- Organiza los datos de tus respuestas, incluye un título y saca una conclusión general que funcione como cierre. Si puedes, incorpora una imagen, y firma el artículo.

- Revisa la forma de los verbos, especialmente si son irregulares.

7 Para escribir

1 Lee el siguiente fragmento y escribe una respuesta personal de 150 a 250 palabras. Compara las actitudes y situaciones de sometimiento al ruido que afectan a los seres humanos que viven en sociedades primitivas con las situaciones que afectan a tu propio espacio cultural.

> *E ruido y las imágenes en exceso son un mal generalizado en nuestra sociedad actual. Ninguna civilización ni grupo humano se salva, por más primitivo que sea. En Sudamérica, hasta las recónditas civilizaciones indígenas están ya invadidas por ruidos de aviones que los asustan y confunden. Tanto el "hombre tecnológico" del más avanzado siglo XXI, como aquel que vive sumergido en la prehistoria en las selvas amazónicas, son víctimas de ese flagelo que silencia las capacidades interiores y limita el pensamiento y la capacidad de acción independiente. Definitivamente, todos le hemos dicho adiós al silencio.*

8 Para reflexionar y hablar TdC

1 La clase se divide en dos grupos y cada uno describe una imagen.

- ¿Quiénes aparecen en la imagen?

- ¿Qué están haciendo?

- ¿Dónde crees que puede registrarse esta escena? ¿Por qué?

- ¿Con qué imagen auditiva relacionas esta imagen visual: ruido, sonido? ¿Por qué?

- ¿Con qué cultura relacionarías esta imagen? ¿Por qué?

2   Un estudiante de cada grupo presenta la imagen que le corresponde.

3   Compara las imágenes teniendo en cuenta:

- La imagen y su relación con el ambiente.

- Impacto positivo o negativo sobre el ambiente y sobre sus habitantes.

4   Saca conclusiones.

- ¿Qué cuestiones éticas se desprenden de esta "lucha" del hombre contra el ruido dentro de las ciudades?

- ¿Crees que los jóvenes son víctimas especiales de la contaminación auditiva? ¿Por qué?

- ¿Crees que hay "ruidos" que no deberían perderse? ¿Por qué?

9 Para terminar (CAS)

1   Analiza la situación de la contaminación auditiva en tu colegio. Enumera ruidos molestos y sus causas. Forma un grupo con tus compañeros y planead una campaña para reducirlos. Redacta un folleto con todas las recomendaciones. Aquí tienes un ejemplo.

Campaña contra la contaminación acústica

Verano 2018

- En el coche, utiliza la bocina solo si es indispensable.
- No dejes que tu perro ladre sin control.
- A partir de las 23:00, y hasta las 08:00, no pongas la música alta, no uses un tono de voz elevado y evita usar electrodomésticos ruidosos.

¡Piensa siempre en tus vecinos!

2   ¿Crees que una acción de este tipo podría formar parte de un proyecto CAS? Junto a tu profesor y a tus compañeros, piensa cómo podría llevarse adelante un programa así.

¿Qué tipo de problemas medioambientales surgen del actual modo de vida en nuestro planeta? ¿Cómo se podrían resolver?

Objetivos de aprendizaje

En esta unidad vas a aprender a:

* Conocer la situación desigual de los habitantes del planeta en relación a la alimentación.

* Elaborar un anuncio sobre la necesidad de cuidar nuestro planeta y sus recursos.

* Conocer las paradojas del mundo sobre la nutrición.

* Crear un póster.

* Escribir un informe.

* Utilizar los verbos en *Futuro Imperfecto* de *Indicativo*.

1 Para empezar TdC

1 Mira, observa y analiza detenidamente junto a tus compañeros las siguientes imágenes.

2 Comenta las imágenes anteriores junto a tus compañeros.

a ¿Cómo se transmite el sentido deseado a través de palabras clave, dibujos y distribución concreta en la imagen 1? Comenta el texto.

b Analiza la composición que forma el pie en la imagen 2. Reflexiona sobre su mensaje. ¿Cómo definirías la expresión "huella verde"?

3 Observa y comenta esta espiral.

4 Discute el mensaje: "Alimentarme es relacionarme conmigo mismo y con el planeta. Alimentación consciente, la alimentación de la salud, la vida y la ecología".

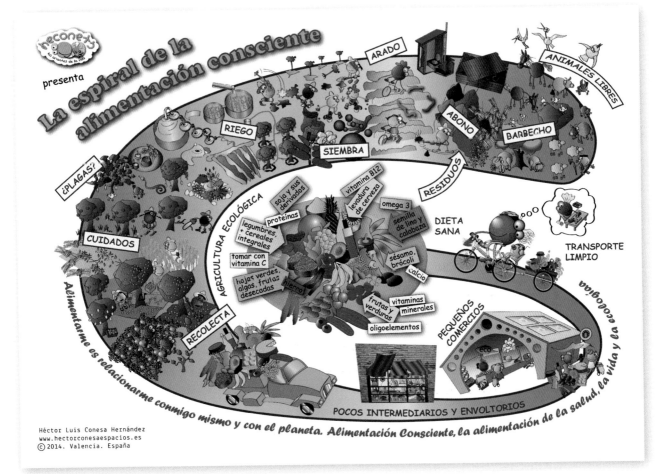

Héctor Luis Conesa Hernández
www.hectorconesaespacios.es
© 2014. Valencia. España

5

Compartimos el planeta

2 Para leer

Lee el siguiente texto.

Cuaderno 5.2

1 Lectura y comprensión

Ejercicios 1, 2 y 3

Cuaderno 5.2

2 Vocabulario

Ejercicio 1

Cuaderno 5.2

3 Lectura y comprensión

Ejercicios 1, 2 y 3

● ○ ○

COMERCIO JUSTO

El comercio justo es un sistema comercial solidario y alternativo cuyo objetivo es mejorar el acceso al mercado de los productores más desfavorecidos y cambiar las injustas reglas del comercio internacional, que consolidan la pobreza y la desigualdad mundial. Es, además, un movimiento internacional formado por
5 organizaciones de todo el mundo. En sus tiendas se pueden encontrar productos elaborados bajo los estándares del comercio justo, de origen natural, en su mayoría ecológicos y producidos con materias primas de calidad.

Un blog de Oxfam Intermón

Alimentos de comercio justo: el sabor de la solidaridad

10 Los puedes encontrar en las tiendas gestionadas por la ONG Oxfam Intermón. Hoy, los productos de comercio justo, sobre todo alimentos, están presentes en bastantes cadenas de supermercados, compartiendo estantes con otros productos de similar composición, pero que sin duda no cuentan con el ingrediente mágico que cambia vidas: la solidaridad.

15 Algunos ejemplos significativos: los chocolates y cafés procedentes de cooperativas peruanas benefician a más de 3.000 familias campesinas, desarrollando proyectos sostenibles y enriqueciendo la economía local. También están las infusiones de té
20 y plantas aromáticas cultivadas mediante técnicas de agricultura ecológica en Sudáfrica, Egipto o Sri Lanka, y comercializadas por pequeñas cooperativas locales que gestionan ellas mismas sus propios recursos.

¿Y qué hay detrás de este componente solidario? Pues nada más que **los 10
25 puntos que rigen los estándares de los productos de comercio justo:**

- **Crea oportunidades** para las mujeres, ya que constituye su medio de vida, y lo hace de forma económicamente viable y sostenible en el tiempo.

- **Apuesta por la transparencia**, ya que tanto las cuentas del proyecto, como sus beneficios, los nombres y las caras de las beneficiarias y de las personas
30 responsables de su desarrollo y coordinación son conocidos y difundidos públicamente.

- **Establece relaciones comerciales justas**, que promuevan el respeto y la protección de los derechos de las personas, las culturas y las identidades tradicionales con el empleo de métodos y técnicas tradicionales de cultivo,
35 usando medios al alcance de la población local, alejados de los que promueven una explotación masiva e indiscriminada de los recursos.

- **Vela por el respeto al medio ambiente**: las técnicas empleadas en el cultivo y la producción, como el resto de los productos de comercio justo, son absolutamente respetuosas con el entorno natural y ecológicamente sostenibles.

40 • Hace que **los niños y las niñas sean precisamente eso: niños y niñas.**
Está absolutamente prohibido el trabajo infantil, muchas veces utilizado como
complemento de ayuda a una economía familiar insuficiente. El respeto absoluto
a los derechos de la infancia, y la **lucha contra la explotación laboral e
infantil,** son prioritarios.

45 • **Retribuye justamente** el trabajo. Esto es más que una cuestión de justicia.
Con ello se facilita una fuente de recursos que permite a las mujeres ser
autosuficientes, y a sus hijos e hijas dedicarse a lo que mejor saben hacer: jugar
y educarse, disfrutando de sus derechos, plenamente garantizados.

• **Fortalece el compromiso con la igualdad
50 de género.** Este es otro de los puntos más
destacables del proyecto: en el mundo rural, la
propiedad de la tierra recae mayoritariamente
sobre los hombres. En este caso, las mujeres
son propietarias de la tierra que cultivan,
55 salvaguardándolas de las grandes compañías.

• Potencia el **establecimiento de condiciones
laborales saludables** para las mujeres de la
cooperativa, procurando su máximo bienestar
y el de sus familias.

60 • Vela por el **desarrollo formativo** y las
capacidades de las personas productoras y
las de sus familias, facilitándoles el acceso
a recursos formativos que de otro modo
tendrían vetado.

65 • **Impulsa las redes de comercio justo**: comprando sus productos estamos
aportando nuestro granito de arena al crecimiento y el desarrollo de las prácticas
de comercio justo.

El sabor único de la solidaridad se degusta multiplicado por 10 con los productos
de comercio justo. Piensa en ello cada vez que te hagas un café, degustes tu
70 capricho diario de chocolate o saborees tus recetas elaboradas con ingredientes
solidarios.

blog.oxfamintermon.org (texto adaptado)

1 Contesta las siguientes preguntas, basadas en el texto.

a ¿Cuál es la definición de "comercio justo"?

b ¿Cuál es la procedencia de la mayor parte de sus productos?

c ¿Cuál es la finalidad primordial de este tipo de comercio?

d ¿Cómo favorece la protección del entorno?

e ¿Trabajan los niños para mantener la economía familiar en el "comercio justo"?

f ¿Qué se dice de la inferioridad de condiciones de la mujer respecto a los hombres?

2 Vas a hacer un debate, junto a tus compañeros, sobre los efectos en el planeta de las acciones del hombre, y sus consecuencias respecto a la alimentación. Puedes tomar como punto de partida la siguiente imagen.

Además de lo que ya has aprendido, puedes consultar la información que consideres oportuna en Internet. Podrías tener en cuenta los siguientes puntos, entre otros:

- ¿De qué manera afecta el cambio climático a la producción de alimentos?
- ¿Qué recursos naturales están directamente relacionados con la alimentación? Puede servirte como ejemplo el agua, recurso del cual carecen en muchas partes de la tierra.
- Distribución desigual de la comida: el exceso de unos países (obesidad, anorexia) y la escasez de lo más elemental en otros (hambrunas, desnutrición).
- Enriquecimiento sin escrúpulos de algunas compañías con determinados productos alimenticios.
- Tierras ricas en recursos naturales, pero explotados por países ajenos, dejando en la miseria a los habitantes de esas tierras fértiles.
- Crisis alimentaria en el mundo.

3 Tras realizar el debate anterior, elige un tema o aspecto que te haya interesado y crea un anuncio publicitario. Recuerda:

- Debes seleccionar una imagen impactante.
- El mensaje será breve y claro.
- Incluye un eslogan directo y convincente.
- Compártelo con tus compañeros.
- Observa el siguiente anuncio, te puede servir como ejemplo.

DESAFÍOS GLOBALES DE LA AGRICULTURA Y LOS AGRICULTORES

Plagas

Cambio climático

Mayor demanda de alimentos

Desperdicio de alimentos

Escasez de recursos naturales

UN ESCENARIO DE RIESGOS Y OPORTUNIDADES

3 Para leer TdC

¿Los problemas alimentarios son el reflejo de la injusticia del mundo o de la codicia de algunas personas? Lee el siguiente texto para tener más información.

Morir de opulencia

1 *Mientras 800 millones de personas sufren de sobrepeso en el mundo, otros tantos millones se acuestan todas las noches con hambre. Ambas situaciones constituyen un serio problema alimentario.*

2 Sirva como ejemplo la situación de Colombia, donde, según las últimas estadísticas, tiene lugar uno de los mayores índices de personas anoréxicas del mundo, que conviven con un 20% de población malnutrida. Los establecimientos de la llamada "comida basura" se multiplican por todo el mundo, mientras que en los últimos 100 años se han perdido unas tres cuartas partes de la diversidad genética agrícola.

3 Otro caso tremendamente paradójico es que cada cinco segundos muere un niño de hambre, mientras que uno de cada cinco niños en algunos países desarrollados es peligrosamente obeso. Por otra parte, unos 10 millones de personas mueren cada año debido al hambre o las enfermedades, mientras que el mundo produce comida más que suficiente para todos los seres humanos; no hay que olvidar el contrasentido de que Latinoamérica produce suficientes comestibles como para alimentar tres veces a su población, según el último estudio del Banco Iberoamericano para el Desarrollo.

4 La realidad es tremendamente absurda. Y es que la convivencia de la hambruna con la obesidad como problemas alimentarios de primer orden, así como la existencia de casi el mismo número de obesos que de personas que sufren malnutrición, no deja de resultar descabelladamente paradójico.

5 Aunque se considera a menudo un símbolo de riqueza y abundancia, la obesidad suele ser un signo de nutrición deficiente. A medida que las poblaciones se desplazan de entornos rurales a urbanos, la alimentación a base de legumbres, cereales y raíces deja paso a otra con un contenido mayor de grasas y azúcares. Esto lleva a la obesidad, y con ella a un aumento del riesgo de cardiopatías, hipertensión, diabetes y ciertos tipos de cáncer. La consecuencia es una trágica contradicción: los países que todavía siguen luchando para alimentar a gran parte de su población tienen ahora que hacer frente a los costes del tratamiento de la obesidad y de las enfermedades graves relacionadas con ella.

6 Muchas de estas personas venderían su alma por conseguir una pastilla mágica que les permitiese hartarse a comer sin engordar. Las industrias farmacéuticas lo saben y por eso invierten mucho más dinero en productos de adelgazamiento y estética que en la investigación de enfermedades como la malaria, que sigue matando a miles de personas cada año.

7 Así que mientras los gastos en sanidad aumentan por problemas de salud debidos a una mala alimentación, más de la mitad de la carga de enfermedades del mundo se puede atribuir al hambre, la ingestión desequilibrada de alimentos energéticos o la deficiencia de vitaminas y minerales. En términos económicos, la obesidad cuesta dinero al Estado, mientras que el hambre supone pérdidas incalculables de potencial humano y desarrollo social.

problema alimentario

personas anoréxicas

comida basura

hambruna

obesidad

malnutrición

legumbres, cereales y raíces

grasas y azúcares

engordar

industrias farmacéuticas

productos de adelgazamiento

5

vida sedentaria

colesterol

injusticia social

8 La obesidad infantil es una de las consecuencias más preocupantes. La mezcla de una mala alimentación con una vida sedentaria frente al televisor convierte a los niños en blanco perfecto para la alta presión arterial, niveles elevados de colesterol en la sangre, tolerancia anormal a la glucosa y problemas ortopédicos; además, suelen sufrir problemas sociales y psicológicos que desencadenan traumas y problemas de autoestima.

9 Al margen del debate estético y médico sobre la obesidad, existe una realidad que denota una muestra de injusticia social. En este extraño mundo en el que la gente se muere por no poder comer o hacerlo en exceso, la paradoja de morir de opulencia cobra mucho sentido.

10 A estas alturas ya no vale la excusa de no saber cómo cambiar las cosas: las soluciones están ahí, las oímos en repetidas ocasiones, cada vez que se publican los informes de la FAO o de la ONU, las recomendaciones de los médicos o simplemente utilizando el sentido común.

Fran Araújo, *Morir de opulencia*, www.ucm.es (texto adaptado)

Hoja de Trabajo 5.2.3

EL JUEGO DE LAS PALABRAS

1 Busca en los párrafos 1 y 2 del texto las palabras o expresiones que significan:

Ejemplo: Perteneciente o relativo a la alimentación → alimentario

a Excesiva acumulación de grasa en el cuerpo.

b Escasez de alimentos básicos, que causa carestía y miseria generalizada.

c Condición causada por una dieta inadecuada o insuficiente, o por un defecto en el metabolismo de los alimentos.

d Comida que se produce de forma industrial y estandarizada para su consumo inmediato.

e Sustancias que se ingieren por la boca para nutrirse.

4 Para comprender el texto

1 Señala si las siguientes afirmaciones son verdaderas (**V**) o falsas (**F**) y justifica tu respuesta con palabras del texto (párrafos 3 a 5).

                                                                                    V   F

a   Tanto la hambruna como la obesidad constituyen una grave preocupación para los expertos en alimentación.   ☐   ☐

   Justificación: ....

b   Hay muchas más personas con hambre en el mundo que obesos.   ☐   ☐

   Justificación: ....

c   Las personas con sobrepeso son ricas.   ☐   ☐

   Justificación: ....

d   Pesar demasiado puede ser peligroso para la salud.   ☐   ☐

   Justificación: ....

e   En muchos lugares del mundo se están buscando soluciones para que no haya hambruna.   ☐   ☐

   Justificación: ....

5 Para reflexionar

Contesta las siguientes preguntas basándote en los párrafos 8 y 9 del texto y elige la opción correcta

1   ¿Qué indica la existencia de muchas personas con sobrepeso?   ☐

   a   Los tratamientos médicos no funcionan.

   b   No se preocupan de su aspecto externo.

   c   Es un síntoma de desigualdad social.

2   ¿Qué dice el texto sobre los remedios contra la obesidad?   ☐

   a   No hay ninguno eficaz.

   b   Solo los tienen los médicos.

   c   Proceden de los expertos y del sentido común.

   d   Los proporcionan las organizaciones alimentarias.

5

6 Para entender 🔊 Pista 20

1 Vas a escuchar una entrevista sobre la ortorexia.

Antes de escuchar la entrevista que ofrece el nutricionista Patricio Valcárcel sobre la ortorexia, responde las siguientes preguntas.

a ¿Una persona puede tener una excelente salud comiendo exclusivamente frutas, verduras y vegetales?

b ¿Este tipo de alimentación es la más adecuada para cuidar de nuestro planeta?

2 Ahora escucha la entrevista dos veces y responde las siguientes preguntas.

a El trastorno de la ortorexia tiene su punto de partida en la alimentación…

   i manipulada.

   ii natural.

   iii artificial.

b Algunos ortoréxicos extremos se niegan a consumir vegetales…

   i no recolectados en el momento.

   ii crudos.

   iii verdes.

c Según el nutricionista, el chocolate…

   i es peligroso para la salud.

   ii es más dañino que el azúcar.

   iii se puede consumir con moderación.

d Los ortoréxicos suelen pertenecer a…

   i clases sociales de alto nivel adquisitivo.

   ii cualquier tipo de estrato social.

   iii sectores sociales con problemas económicos.

e El señor Valcárcel relata otro caso extremo en una persona ortoréxica, que consume para quemar grasa pequeñas cantidades de aceite de…

   i oliva.

   ii girasol.

   iii coco.

f El nutricionista piensa que el punto medio en la selección de alimentos es…

   i imposible de alcanzar.

   ii el ideal.

   iii una utopía.

PIENSA Y COMENTA CON TUS COMPAÑEROS

- ¿Qué te parece más perjudicial para la salud, una persona que sufra este trastorno de la ortorexia o la adicción a la comida basura?

- ¿Tú te consideras de alguna manera ortoréxico/a? ¿Conoces a alguien que lo sea? ¿Las personas que padecen este trastorno lo asumen o lo niegan?

PARA USAR CORRECTAMENTE LA LENGUA

1 Aprende a expresar acciones futuras. Revisa el uso de los verbos en *Futuro Imperfecto* o *Futuro Simple* de *Indicativo*.

El uso de los verbos

Futuro Imperfecto de Indicativo	
Uso:	*Ejemplos:*
• Expresa acciones futuras	• **_Volveré_** *pronto esta tarde.*
• Enuncia suposiciones	• **_Hará_** *rápido sus tareas.*
• Manifiesta extrañeza o duda	• *¿**Será** capaz de decírselo?*
• Expresa una orden en futuro	• **_Irás_** *a ver a tu abuela el lunes.*
Suele utilizarse con:	• *Mañana **estudiaré** para el examen de Química.*
Esta tarde / noche	• *El verano que viene **exploraré** la selva del Amazonas.*
Mañana	
Pasado mañana	
Dentro de unos días / meses / años	
La próxima semana	
El mes / año / invierno / verano… que viene / próximo	

Cuaderno 5.2
4 Gramática en contexto
Ejercicios 1 y 2

Hoja de Trabajo 5.2.2

2 Escribe los verbos del siguiente fragmento en *Futuro Imperfecto* o *Futuro Simple* de *Indicativo*.

Las industrias farmacéuticas saben que muchas personas venderían su alma por conseguir una pastilla mágica que les permita hartarse a comer sin engordar, lo saben, y por eso **[A]** (invertir) ....*invertirán*............ mucho más dinero en productos de adelgazamiento y estética que en la investigación

5 de enfermedades como la malaria, que **[B]** (seguir) .... matando a miles de personas cada año.

Así que mientras los gastos en sanidad **[C]** (aumentar) .... por problemas de salud debidos a una mala alimentación, más de la mitad de la carga de enfermedades del

10 mundo se **[D]** (poder) .... atribuir al hambre, la ingestión desequilibrada de alimentos energéticos o la deficiencia de vitaminas y minerales. En términos económicos, la obesidad **[E]** (costar) .... dinero al Estado, mientras que el hambre **[F]** (suponer) .... pérdidas incalculables de potencial humano y desarrollo social.

3 Repasa en el siguiente cuadro la expresión de acciones con valor de futuro inmediato.

LA FORMA PERIFRÁSTICA *ir (Presente de Indicativo) + a + Infinitivo*			
Con valor de futuro inmediato			
Yo	voy	a	*desayunar* más temprano.
Tú	vas		*hacer* gimnasia ahora.
Él / Ella / usted	va		*maquillarse* para la fiesta.
Nosotros / as	vamos		*callarnos* ya.
Vosotras / as	vais		*quedaros* más tiempo aquí.
Ellos / as / ustedes	van		*hablar* con el profesor.

4 Escribe los verbos del siguiente fragmento en la **forma perifrástica** *ir* (*Presente* de *Indicativo*) + *a* + *Infinitivo*.

La obesidad infantil **[A]** (ser) ....*va a ser*......... una de las más preocupantes. La mezcla de una mala alimentación con una vida sedentaria frente al televisor **[B]** (convertir) .... a los niños en blanco perfecto para la alta presión arterial, niveles elevados de colesterol en la sangre, tolerancia anormal a la glucosa y problemas ortopédicos; además, **[C]** (sufrir) .... problemas sociales y psicológicos que **[D]** (desencadenar) .... traumas y problemas de autoestima.

7 Para escribir

1 Lee el siguiente informe.

La humanidad malgasta casi un 20% de los alimentos que consume
"Comer demasiado es malo para el medio ambiente y la seguridad alimentaria"

La población mundial come aproximadamente un 10% más de lo que necesita y un 9% de la comida para seres humanos del planeta acaba en la basura o se estropea, con lo que casi un 20% de los alimentos que se ponen a disposición de los consumidores se pierde, pese a los esfuerzos internacionales por reducir las pérdidas de miles de millones de toneladas de comida para mejorar
5 la seguridad alimentaria. Así lo afirma un equipo de científicos de varias universidades del mundo.

Para desarrollar el estudio, publicado en una revista prestigiosa, los investigadores examinaron diez etapas clave del sistema alimentario mundial (entre ellas el consumo de alimentos y el cultivo) para cuantificar el alcance de las pérdidas de comida en el planeta.

10 Utilizando datos de la FAO (Organización de las Naciones Unidas para la Agricultura y la Alimentación), los científicos encontraron que se pierden más alimentos en el sistema de lo que se pensaba anteriormente.

Casi la mitad de las cosechas (o 2.100 millones de toneladas) terminan en el consumo excesivo o la ineficiencia en los procesos de producción. La ganadería
15 es el proceso menos eficiente, con pérdidas del 78%, u 840 millones de toneladas de alimentos. Aproximadamente 1.080 millones de toneladas de cosechas se utilizan para producir 240 millones de toneladas de productos de origen animal, como la carne, la leche y los huevos. Esta etapa del sistema alimentario representa un 40% de todas las pérdidas de cultivos.

20 Los investigadores indican que el aumento de la demanda de algunos alimentos, como la carne y los productos lácteos, disminuiría la eficiencia del sistema alimentario y podría dificultar la alimentación sostenible de la población mundial. Ello podría causar un daño ambiental, al aumentar las emisiones de gases de efecto invernadero, agotar el suministro de agua y
25 causar pérdidas en la biodiversidad.

Alentar a la gente a comer menos productos de origen animal, reducir el desperdicio de comida y no exceder las necesidades nutricionales podría ayudar a reducir esta tendencia. La reducción de las pérdidas del sistema alimentario mundial mejoraría la seguridad alimentaria y
30 ayudaría a prevenir el daño ambiental.

www.rtve.es (texto adaptado)

5

Tipo de texto: el informe

Vamos a repasar las características esenciales del **informe**.

- Expone las características o circunstancias de un asunto o suceso

- Finalidad instructiva / informativa

- Información metódica

- Contiene datos y propuestas procedentes de una investigación

- Registro formal

- Objetivo

- Vocabulario técnico o específico

- Debe tener una estructura con **introducción** (tema, planteamiento y finalidad), **desarrollo** (explicación y exposición objetiva de los datos y la información), **resultados** (análisis crítico de la información e investigación) y **conclusión** (resumen y valoración objetiva del análisis)

Cuaderno 5.2
5 Escritura
Ejercicio 1

2 Ahora vas a escribir un informe sobre "la crisis alimentaria" (la falta de comida o alimentos para satisfacer las necesidades de las personas) en algún país o parte del mundo donde la sufran. Recuerda que previamente debes investigar, buscar datos concretos sobre el tema, etc. Puedes tomar como modelo el informe que acabas de leer sobre el desperdicio de comida en algunas partes del mundo.

Hoja de Trabajo 5.2.1

8 Para reflexionar y hablar TdC

¿La alimentación puede crear diferencias y problemas entre los hombres?

1 Presentación: ¿La alimentación es un derecho natural del hombre? Observa estas dos imágenes y prepara una presentación oral sobre el derecho y la necesidad del hombre de alimentarse y sobre las circunstancias que le pueden arrebatar ese derecho primordial.

2 Debate con tus compañeros si los alimentos transgénicos son necesarios o perjudiciales para el hombre. Podéis dividir la clase en dos grupos, uno podría estar a favor de los alimentos transgénicos y otro en contra. Buscad en Internet la información pertinente. Primero cada grupo preparará los argumentos que va a presentar. Luego cada uno deberá hacer su presentación al otro. A continuación se establecerá un debate.

9 Para reflexionar y escribir 🔵TdC

1   Lee el siguiente fragmento y elabora una respuesta personal de 150 a 250 palabras.

> A menudo se denomina "crisis alimentaria" a realidades muy diferentes, como las
> hambrunas, la especulación con los alimentos, los envenenamientos originados por
> la agricultura industrial o el acaparamiento de tierras en países del sur. Pero una
> cosa es clara: todos estos problemas están originados por el modelo económico y por
> 5 la agricultura industrial. Y la alternativa también resulta evidente: más soberanía
> alimentaria y agroecología.
>
> Algo no va bien cuando el diccionario —o nuestro uso del mismo— se queda sin
> recursos. Al drama de levantarse por la mañana, cada mañana, y no saber qué
> vais a poder comer tú y tu familia, lo llamamos crisis alimentaria. Cuando comer
> 10 pepinos, brotes de soja o carne de cerdo puede —dicen— causarte una indigestión,
> lo llamamos crisis alimentaria. Y si de la noche a la mañana los precios de la canasta
> alimentaria suben por las nubes, a eso... ¿cómo lo llamamos? Pues sí, crisis alimentaria,
> evidentemente.
>
> La alimentación dejó de ser un derecho humano, para convertirse en un negocio, y el
> hambre, las intoxicaciones y los encarecimientos explotan sin control.
>
> www.ecologistasnaccion.org (texto adaptado)

En tu respuesta personal podrías comentar:

• ¿Cómo definirías tú "crisis alimentaria"?

• La paradoja de la hambruna en algunas tierras muy fértiles.

• ¿La alimentación es una necesidad básica o un negocio?

10 Para terminar

Mira las siguientes palabras relacionadas con el tema de la alimentación en el planeta.

hambre	crisis alimentaria	desnutrición	obesos	dietas	sur
desigualdad	problema alimentario	justicia	norte	pobre	
despilfarro	geopolítica del hambre	famélicos	rico	salud	
alimentación	sobrealimentación	responsable	justo	sobrepeso	

1   Vas a elaborar, junto a tus compañeros, un póster en el que incluyas imágenes (dibujos,
fotografías, etc.) relacionadas con las palabras del cuadro anterior.

• Puedes añadir más palabras relacionadas con el tema de la unidad.

• Las imágenes pueden estar relacionadas con una o varias palabras.

• Las imágenes pueden ser elaboradas (fotografías, pinturas) o dibujos sencillos.

• Si lo consideras oportuno, puedes escribir alguna frase.

• Pon un título significativo.

¿Te has puesto a pensar en cuáles son los beneficios y los desafíos que trae la globalización?
¿Qué cuestiones medioambientales y sociales significan verdaderos desafíos para nuestro planeta, y cómo podemos resolverlos?

Objetivos de aprendizaje

En esta unidad vas a aprender a:

- Reunir información sobre enfermedades, agentes transmisores, epidemias, pandemias, formas de prevención y algunas causas del contagio.

- Interrelacionar imágenes con textos y palabras con definiciones.

- Compartir información con tus compañeros sobre estos temas.

- Analizar documentos escritos y de comprensión auditiva.

- Conocer las características de un conjunto de instrucciones o consejos.

- Interpretar las características y tipos de blogs.

- Usar el *Infinitivo* e *Imperativo* para dar instrucciones o consejos.

- Emplear oraciones complejas subordinadas.

1 Para empezar

La salud es un tema que nos preocupa a todos. La medicina actual se ocupa de prevenir las enfermedades antes de que se declaren. Si sabemos cómo evitarlas y tomamos las precauciones necesarias, en muchas ocasiones no enfermaremos. Por eso es importante estar informados.

1   En el siguiente recuadro aparecen los nombres de algunas enfermedades y de algunos agentes transmisores. Completa la tabla con aquellas que conozcas.

virus	gripe (aviar)	chikunguña	H7N9	dengue	ébola	mosquito
H5N1	sida (VIH)	rabia	arbovirus	*Aedes*		

Enfermedades	Agentes transmisores
....	....
....	....
....	....
....	....
....	....

2 Para hablar (TdC)

1   Conversa con tus compañeros sobre las enfermedades más comunes en tu país, sobre si tienen cura o si existen vacunas para prevenirlas, sobre la resistencia de algunas personas a vacunarse y sobre los peligros que este tipo de actitud puede generar en los niños y en la reaparición de enfermedades que parecían extinguidas.

2   ¿Sabes qué es una epidemia? ¿Y una pandemia? Asocia cada una de estas dos palabras con su correspondiente definición. Si no lo sabes, consulta en el diccionario o en Internet.

> Enfermedad que afecta a un grupo de personas a lo largo de un área territorial extensa (varios países, un continente o el mundo entero), de manera progresiva y a gran velocidad.

> Enfermedad que se propaga durante algún tiempo por un país y que afecta simultáneamente a un gran número de personas.

3   Intercambia opiniones con tus compañeros sobre las pandemias más conocidas a nivel global. ¿Cuáles son? ¿Qué impacto han tenido en la salud de la población? ¿Sabes si se han tomado medidas preventivas?

3 Para entender 🔊 Pista 21

El dengue, el zika y la fiebre chikunguña son algunas pandemias que afectan a la población a escala mundial. ¿Cómo se contraen estas enfermedades? ¿Sabes de qué manera prevenirlas?

Escucha las instrucciones o consejos que ofrece el Ministerio de Salud y Protección Social.

1 Basándote en la audición, completa el siguiente texto.

El zika, el dengue y la fiebre chikunguña son enfermedades pandémicas de tipo [A] .... que tienen un mismo agente transmisor: el [B] .... *Aedes Aegypti*. Si bien todas las personas están expuestas, las que sufren mayor [C] .... son quienes padecen enfermedades [D] ...., las personas [E] ...., los [F] .... pequeños y, en el caso particular del zika, las mujeres [G] ....

Las tres enfermedades infecciosas tienen los mismos [H] ....: fiebre, sarpullido y malestar general.

Otra característica en común es que el mosquito deposita sus huevos en [I] .... que contienen [J] .... Por ello, si almacenas agua, [K] .... los tanques y depósitos y [L] .... objetos como latas, botellas y neumáticos que no utilices y que puedan acumular agua.

También, si tienes la piel expuesta a picaduras, aplica [M] .... sobre la misma y controla que las aberturas de las viviendas donde estés tengan [N] ....

4 Y cuando el anunciante dice: *"Todos corremos el mismo riesgo"* o
  "Luchemos contra el zika", ¿a quién se está refiriendo?

   a A los enfermos

   b A la población en general

   c A los médicos de los hospitales

5 Observa cómo está organizado este anuncio. Señala con [✓] las 2 respuestas
  correctas.

  El Ministerio de Salud y Protección Social quiere que la sociedad conozca
  qué es el zika y para ello recurre a…

   a una definición de qué es el zika.

   b una advertencia a los enfermos sobre las consecuencias
     de contraer el zika.

   c un conjunto de instrucciones o consejos sobre las medidas
     que hay que adoptar para prevenir la enfermedad.

   d una invitación para difundir la campaña de prevención de la enfermedad.

Atención:

Este anuncio publicitario preventivo funciona como un conjunto de consejos
o instrucciones.

Cuando tengas que redactar un conjunto de consejos o instrucciones debes
tomar en cuenta que el mismo se organiza de la siguiente manera:

• una introducción (en este caso, una definición de la enfermedad y una
  enumeración de la población en riesgo y de los síntomas de la enfermedad)

• el conjunto de consejos o instrucciones para prevenir la enfermedad (que
  constituye la parte más importante y el propósito del texto)

• una breve frase o párrafo de cierre

PARA USAR CORRECTAMENTE LA LENGUA

En la Unidad 2.3 se trabajó con el texto apelativo y se estudió el modo *Imperativo*
como forma de dar consejos o instrucciones.

Aquí tienes algunos verbos en *Imperativo* que han aparecido en la audición:

• *Evita* la automedicación.

• *Acude* al médico o al hospital más cercano.

• *Recuerda* que los exámenes para descartar estas enfermedades son gratuitos.

• *Lava* y *cepilla* los recipientes que contengan agua.

• *Tapa* los envases en los que almacenas agua.

• *Elimina* los objetos que acumulen agua y no los uses.

En ocasiones se usa el *Infinitivo* con valor de *Imperativo* cuando las indicaciones,
recomendaciones, avisos, etc. no van dirigidos a una persona o personas en particular,
sino a un interlocutor indeterminado, como sucede en las etiquetas de los productos,
las recetas de cocina o las instrucciones de los aparatos, por ejemplo.

1 Reemplaza el resto de los verbos en *Imperativo* que aparecen más arriba por el
Infinitivo de los mismos.

a .... al médico o al hospital más cercano.

b .... que los exámenes para descartar estas enfermedades
son gratuitos.

c .... y .... los recipientes que contengan agua.

d .... los envases en los que almacenas agua.

e .... los objetos que acumulen agua y no los uses.

Observa la siguiente entrada de blog, que vamos a trabajar más adelante en
esta unidad, y presta atención a las distintas secciones que la conforman.

4 Para leer

En la última década hemos tenido varias epidemias que se han transformado en pandemias: infórmate realizando la siguiente actividad. Lee la siguiente entrada de blog que el bloguero Dronte ha publicado en Xataca (Weblogs SL).

● ◐ ○

TEMAS: Medicina y Salud – Cambios

La "era de las epidemias" ya ha comenzado: ¿Estamos preparados para enfrentarnos a ellas?

JAVIER JIMÉNEZ @dronte 5 Septiembre 2016

1   Solo durante la semana pasada, **se declararon 974 alertas de salud pública en el mundo**. En España, sufrimos el primer brote de fiebre hemorrágica Crimea-Congo de Europa Occidental, y América Latina sigue luchando contra el zika, una de las cuatro emergencias de salud pública de importancia internacional que se han declarado hasta el momento.

2   Desde los años ochenta del siglo pasado **los brotes epidémicos no han hecho sino crecer** provocados por el cambio climático, la globalización, los cambios demográficos, el desarrollo tecnológico y la evolución. Y no parece que la tendencia vaya a cambiar en un futuro cercano. Cada vez está más claro que nos encontramos a las puertas de la "era de las epidemias" y que este será uno de los retos que definirán el futuro.

3   Desde 2007, **la Organización Mundial de la Salud (OMS) ha declarado cuatro** "emergencias de salud pública de importancia internacional". Lo curioso del asunto es que **ninguna de estas emergencias fue provocada por un agente infeccioso nuevo y desconocido,** sino por un subtipo del virus de la gripe (un virus que conocemos desde hace al menos 2.400 años), la polio (descrita en 1789, pero que afectaba ya a los antiguos egipcios), el ébola (descubierto en 1976) y el zika (conocido desde 1947).

¿Qué está pasando?

4   Esta es la pregunta. ¿Por qué enfermedades que han estado entre nosotros desde hace tiempo, enfermedades que (al menos, algunas de ellas) hemos llegado a conocer y controlar muy bien, son capaces de generar epidemias a escala internacional? ¿No deberíamos estar preparados para combatirlas? **¿No deberíamos tener los medios tecnológicos y sanitarios para conseguir frenar esta tendencia?**

5   Existen causas que están impulsando la aparición global de las enfermedades infecciosas y que están transformando (y revolucionando) la salud y la sociedad del siglo XXI.

Cambio climático y medioambiental

6   **El primer gran sector de cambio son los cambios medioambientales**. Algunos de ellos, producidos por la evolución de las prácticas agrícolas y ganaderas y los cambios en los ecosistemas acuáticos, han provocado el crecimiento de enfermedades como la fiebre hemorrágica argentina (o mal de los rastrojos), la esquistosomiasis o la fiebre del Valle del Rift.

7   Pero, entre todas las causas, sin lugar a dudas el gran actor es el cambio climático. La deforestación y reforestación, las inundaciones, las hambrunas y las tendencias climáticas de fondo **están destruyendo los equilibrios de los ecosistemas**. Así, fenómenos como la rapidísima extensión del zika, la epidemia del síndrome pulmonar por hantavirus en el suroeste de Estados Unidos en 1993 o el brote de cólera de Haití en 2010, tras el terremoto, son ejemplos de cómo **la degradación medioambiental es el terreno de juego ideal** para las epidemias emergentes.

alertas

salud pública

emergencias

brotes epidémicos

cambio climático

cambios demográficos

agente infeccioso

enfermedades infecciosas

equilibrios de los ecosistemas

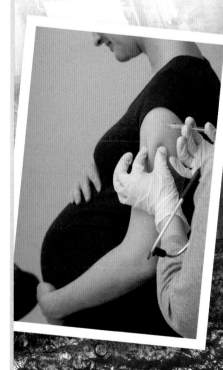

retos sanitarios

programas de prevención

mejoras globales

detección temprana

control y tratamiento

Cuaderno 5.3
1 Lectura y comprensión
Ejercicios 1 y 2

Cuaderno 5.3
2 Vocabulario
Ejercicios 1 y 2

Más personas, más viajes, más comercio

8 El incremento de la población en todo el mundo, las migraciones, el turismo y el crecimiento de la población urbana son dinámicas de fondo que presentan nuevos retos sanitarios. Pero también las guerras, los conflictos civiles, los problemas urbanos, la pobreza y la desigualdad.

9 En realidad, todo esto significa sobre todo **cambios en el comportamiento social y en las dinámicas culturales**. La introducción y proliferación del VIH, el dengue o el zika, la aparición de la malaria de aeropuerto y otras tantas enfermedades se deben a cambios sociales que se desarrollan mucho más rápido que las políticas públicas.

¿Estamos preparados?

10 Podría parecer que no. Los recortes, los problemas de financiación y **el fracaso de muchos programas de prevención** han sido protagonistas de la reaparición de la polio, de la tuberculosis en EE. UU. y de la primera muerte por difteria en 30 años en España, en 2015.

11 No obstante, los datos sugieren que, pese al incremento del número total de brotes, **las mejoras globales en prevención, detección temprana, control y tratamiento** son cada vez más efectivas.

12 Nuestra capacidad para controlar las posibles epidemias es más potente que nunca, pero la capacidad de las epidemias para aprovechar un fallo también lo es. **Tenemos al enemigo a las puertas** y esta es una batalla en la que no nos podemos permitir bajar la guardia.

Q 5 ♡ 20 Compartir ⇄ 9

www.xataka.com (texto adaptado)

EL JUEGO DE LAS PALABRAS

1 Basándote en los párrafos 1 y 2 del texto, busca las palabras o expresiones de la columna de la derecha cuyo significado es equivalente a las palabras de la izquierda.

a alertas ☐
b emergencias ☐
c brotes ☐
d retos ☐

i desafíos
ii imprudencias
iii apariciones de enfermedades
iv provocaciones
v gérmenes
vi urgencias
vii circunstancias ambientales
viii alarmas

5 Para reflexionar

1 Reflexiona y luego responde la siguiente pregunta.

Basándote en el párrafo 3 del texto, ¿cuál de los virus mencionados es el más antiguo y cuál es el más reciente?

a ....   b ....

PARA USAR CORRECTAMENTE LA LENGUA

En la Unidad 3.3 has aprendido a diferenciar las *oraciones simples* (que tienen un solo verbo conjugado) de las *oraciones complejas* (que tienen más de un verbo conjugado).

Oraciones complejas subordinadas

Dentro de las oraciones complejas debemos distinguir entre las *oraciones complejas coordinadas* (unidas por *y, e, o, u, pero*, etc.) *y las oraciones complejas subordinadas*.

Las oraciones complejas subordinadas pueden ser de diferente tipo:

- **Subordinadas sustantivas:**
  - desempeñan la función de un sustantivo
  - pueden reemplazarse por un pronombre (generalmente *eso, este, esto, lo*)
  - están introducidas generalmente por *que*

Ejemplo:

El médico les pidió que se hicieran los análisis = El médico les pidió análisis = El médico les pidió eso.

- **Subordinadas adjetivas o de relativo:**
  - desempeñan la función de un adjetivo
  - están introducidas generalmente por *que*, pero también por *quien / quienes, el / la / los / las que, cuyo / a / (s)*

Ejemplo:

El Ministerio de Salud tomó medidas que previenen la enfermedad = El Ministerio de Salud tomó medidas preventivas.

Cuaderno 5.3
3 Gramática en contexto
Ejercicios 1 y 2

5

- Subordinadas adverbiales:
  - desempeñan la función de un adverbio
  - nexos introductorios:
    - de tiempo: *cuando*, pero también *mientras*, *antes que*, *ante de que*, *después de que*
    - de modo: *como*, pero también *según*
    - de lugar: *donde*
    - de cantidad: *cuanto*

Ejemplo:

*Estas enfermedades han aumentado **donde** se han producido cambios en los ecosistemas acuáticos = Estas enfermedades han aumentado **allí**.*

1   En las frases siguientes:
- identifica las oraciones subordinadas
- señala el comienzo y el final de cada oración subordinada (ayúdate de corchetes o paréntesis para separarlas)
- indica de qué tipo es cada una (sustantiva, adjetiva o adverbial)

a   Los equipos de salud deben estar preparados para actuar donde se los requiera.

....

b   Cada vez está más claro que nos encontramos a las puertas de la "era de las epidemias".

....

c   El zika es una de las cuatro emergencias de salud pública de importancia internacional que se han declarado hasta el momento.

....

d   Las epidemias se producen cuando las condiciones medioambientales se degradan.

....

e   Los especialistas consideran que este será uno de los retos futuros.

....

6 Para leer

Lee algunos comentarios escritos como respuestas al blog de Dronte. ¿Con cuál de los tres comentarios te identificas más? Comenta tu elección con tus compañeros y pregúntales cuál han elegido ellos y por qué.

COMENTARIOS CERRADOS

3 comentarios   OPCIONES

MIGUEL   * * * * 5 sep., 12:54

 Si se acerca la "era de las epidemias", cómo llamaríamos entonces a 7.000 millones de seres contaminando el planeta (la tierra, los océanos, los ríos, etc.), consumiendo sus recursos descontroladamente, destrozando sus especies, sus selvas y bosques. ¿Plaga?

Porque estarán de acuerdo conmigo en que el hombre es como un virus o una bacteria y que el mundo es como el organismo de una persona. Cuando los virus y las bacterias comienzan a atacar a un cuerpo hasta ese momento sano, el organismo comienza a enfermarse y a deteriorarse, hasta que deja de funcionar. La Tierra ya está enferma, ¿el hombre acabará con ella?

RENATO   * * * * *5 sep., 13:32

 Pues soy de los años noventa y ya estoy casi acostumbrado a las epidemias, que si vaca loca, que si gripe aviar (y demás especies del reino animal).

A mi entender, mutaciones y épocas de mayor actividad de virus y enfermedades es algo que siempre hubo en nuestra historia, pero gracias a la globalización todo se escala mucho más rápido, viajamos más, importamos y exportamos más, pues es mucho más fácil para animales, vegetales e insectos infectados llegar a todos los sitios.

Y con más enfermedades y sus portadores llegando a nuevos sitios, a nosotros nos toca aprender y aplicar las medidas de prevención lo más rápido posible.

HAMTA   * * 5 sep., 14:17

 Ya, ya, ya. Tranquilo. Que tú también eres parte del problema, publicando desde tu teléfono o PC, que usa elementos altamente tóxicos en su fabricación y no solo al desecharlos.

También comes, también generas desechos. Tú, tus padres, tus hijos, tu pareja. TODOS.

Ya molestan un poco los falsos ambientalistas que quieren cambiar el mundo con Facebook y un teclado y que, además, pertenecen al sector más consumista, con sus teléfonos inteligentes que cambian cada 2 años.

¿Solución? MORIR. Es la única manera en la que no vamos a perjudicar al planeta.

Si quieres un cambio, solo hazlo. Pero deja de tratar a la raza humana como un "MAL" cuando tú también formas parte de ella. Ni por un momento pienses o sientas que eres superior, porque no es así. Todos contribuimos a que el planeta se contamine. ¿Qué tanto contribuyes tú?

CERRAR RESPUESTAS

Compartir en Facebook   Q 5   ♡ 20   ⤴ 9

Configuración

www.xataka.com (texto adaptado)

Cuaderno 5.3
4 Lectura y comprensión
Ejercicios 1 y 2

Cuaderno 5.3
5 Vocabulario
Ejercicio 1

5

Cuaderno 5.3

6 Lectura y comprensión

Ejercicios 1 y 2

7 Para comprender el texto

1 Responde la siguiente pregunta.

De los tres comentarios que acabas de leer, hay uno que fue escrito en respuesta a otro. ¿Quién responde a quién?

....

2 Basándote en el comentario de Hamta, completa el siguiente cuadro indicando lo siguiente:

En la oración...	la palabra...	se refiere a...
... que usa elementos altamente tóxicos...	*que*	....
... que quieren cambiar el mundo...	*que*	....
... que cambian cada 2 años.	*que*	....

8 Para leer

Ahora vas a leer cómo se presenta el autor a sí mismo en la página de su blog.

ciencia

ideas

cambios sociales

cambiar el mundo

organizaciones

movimientos sociales

DRONTE

CIENCIA, IDEAS & CAMBIOS SOCIALES

• **INFOCONTACTO**

Sobre mí

Escribo sobre **ciencia, ideas y cambios sociales**. Estudié Psicología, primero; e Historia y Metodología de la Ciencia, después. Intenté ser un hombre de bien en la **Universidad de Cambridge**, en la **LSHTM** (London School of Hygiene & Tropical Medicine) y en la **Universidad de Granada**.

Pero, al final del día, lo que me sale es **escribir historias, contar chistes malos y probar cosas nuevas**. Y, por ahora, me dejan hacerlo en **Xataka**, en **Magnet** y en **Rasgo Latente**.

En mis ratos libres, **sigo empeñado en cambiar el mundo** (aunque sea solo un poquito). Fui coordinador en España de la **Marcha por la Ciencia de 2017** y colaboro con varias organizaciones y movimientos sociales. En general, **se hace lo que se puede**.

www.xataka.com (texto adaptado)

9 Para comprender el texto

Responde las siguientes preguntas, a partir de la información contenida en la página de presentación del blog.

1   ¿A cuál de las áreas de interés de Dronte pertenece su entrada de blog?

....

2   ¿Cómo sabes que Dronte tiene una formación en el extranjero?

....

3   ¿Con qué tono dice Dronte: "En mis ratos libres, sigo empeñado en cambiar el mundo (aunque sea solo un poquito)"?

   a   resignado

   b   irónico

   c   desafiante

4   ¿Crees que las inquietudes de Dronte se limitan a los blogs? ¿Por qué?

....

ESTRATEGIAS DE APRENDIZAJE

Tipo de texto: el blog

El blog, weblog o bitácora es un espacio web que está compuesto por textos ordenados de manera cronológica y que provienen de uno o varios autores. Generalmente, cada blog presenta un tema determinado, aunque algunos (especialmente los diarios personales) pueden remitir a una multiplicidad de temáticas. Los textos suelen ir acompañados de imágenes, vídeos y hasta publicidades. Desde el punto de vista comunicativo, el propósito del blog es opinar, exponer y argumentar.

Otras características del blog

1   Completa el siguiente párrafo, indicando la letra que corresponde a cada espacio.

   Lo fundamental del blog es que […]. Las mismas son […] y llegan a todo el mundo que […]. Esto hace que cualquiera de los potenciales lectores […], por lo que el blog […]. Por ello, funcionan frecuentemente como herramientas sociales, que permiten conocer a otras personas que […]; por lo cual en muchas ocasiones sus participantes [B].

   A   responda y exprese a su vez sus propias opiniones

   B   *son considerados como una comunidad*

   C   puestas en circulación por medio de la web

   D   quiera leerlas

   E   se dedican o se preocupan por temas similares

   F   permite expresar opiniones o ideas personales

   G   termina convirtiéndose en un vehículo de comunicación interactiva

Tipos de blogs

Los blogs pueden ser:

- personales
- temáticos
- periodísticos
- educativos ("edublogs")
- políticos
- empresariales o institucionales (generalmente este tipo de blog tiene un responsable, una cara y un nombre visibles, que representan a la institución o empresa).

2 ¿Dentro de qué tipo de blogs ubicarías la entrada de Dronte sobre la "era de las epidemias"? Justifica tu respuesta.

Justificación: ....

....

3 ¿Sabes cómo se llama un blog compuesto principalmente por...? Si no conoces la respuesta, coméntalo con tus compañeros o consúltalo en Internet.

a fotos: ....

b documentos sonoros: ....

c vídeos: ....

Cuaderno 5.3
7 Escritura
Ejercicio 1

10 Para escribir

1 Elige una de las siguientes tareas.

a Imagínate que en tu ciudad hubo muchos casos de personas mayores y niños afectados por las altas temperaturas durante el verano pasado (golpe de calor). Tú has comenzado a colaborar solidariamente con la Secretaría de Salud de la ciudad. Escribe el anuncio de la campaña de prevención que se lanzará próximamente sobre el tema. Escribe alrededor de 200 palabras.

Para ello:

- Busca información en Internet
- Indica un título
- Redacta una introducción (puedes utilizar una definición), una lista ordenada de consejos o instrucciones y un cierre con comentarios adicionales, o una conclusión
- Utiliza el registro formal o informal, según prefieras
- Emplea el modo *Imperativo* o el *Infinitivo*
- Agrega marcas visuales e imágenes o dibujos

b El deterioro ecológico y el cambio climático están generando una mayor cantidad de desastres naturales, los cuales, a su vez, provocan epidemias. Escribe un conjunto de instrucciones para prevenir a la población sobre las medidas que tomar en caso de un desastre natural (inundación, tornado, terremoto, tsunami, incendio forestal, etc.) o para prevenir que estos desastres ocurran.

Para ello hay que:

- Buscar información en Internet

- Escribir un título, una introducción, una lista ordenada de instrucciones y un cierre con comentarios adicionales o una conclusión. Nota: entre las instrucciones referidas a las medidas que la población debe adoptar frente a un desastre natural, no olvides incluir algunas de carácter sanitario.

- Utilizar el registro formal o informal, según prefieras

- Emplear el modo *Imperativo* o el *Infinitivo*

- Agregar marcas visuales e imágenes o dibujos

Atención:

¿Te has fijado en que has estado utilizando instrucciones desde el comienzo de tu aprendizaje?

Elige, escribe, piensa, completa…

¿Te has dado cuenta de que para describir los pasos de la tarea que ahora debes realizar se ha utilizado un conjunto de instrucciones en *Imperativo* y otro en *Infinitivo*?

Nivel Superior

2 Escribe alrededor de 250 palabras para el Nivel Superior.

11 Para hablar

Hoja de Trabajo 5.3.1

1 Una vez que hayas terminado el texto del apartado anterior, haz una breve presentación oral al resto de la clase sobre el tema que has elegido.

- No se trata de leer el texto que has escrito, sino que debes imaginar que tú eres el locutor de la campaña de prevención y que tus compañeros representan a la población. Por consiguiente, debes explicarles cuál es el problema y qué medidas deberían tomar.

- Si algunos de tus compañeros han elegido el mismo tema, pueden agregar algunas instrucciones que tú no hayas considerado.

5

12 Para escribir

1   Has leído el blog de Dronte sobre la "era de las empidemias" y quieres responderle. Escribe un comentario de 250 palabras para su blog donde le des tu opinión y le expliques cuáles son las últimas epidemias o pandemias que han afectado a tu país, cómo han hecho para contenerlas y si crees que tu país y el mundo están preparados para afrontar la "era de las epidemias".

- •   Busca información en Internet, si la necesitas.
- •   Respeta la estructura propia de una entrada o comentario de blog.
- •   Utiliza algunas oraciones subordinadas.

Cuaderno 5.3
7 Escritura
Ejercicio 2

Nivel Superior

2   Escribe entre 300 y 400 palabras.

13 Para terminar

1   Con las instrucciones que la clase ha escrito sobre los desastres naturales que afectan al mundo, vamos a hacer un programa de radio o de televisión.

Hoja de Trabajo 5.3.2

En dicho programa, un grupo de especialistas en este tipo de desastres (tú y tus compañeros) debe presentar diferentes cataclismos, explicar sus características y ofrecer un conjunto de instrucciones dirigidas al público en general, para enseñarle cómo actuar ante estos desastres o cómo prevenirlos.

Luego, los especialistas que intervengan deberán participar en un debate sobre algunos de los siguientes temas:

*   "La rebelión de la naturaleza"

*   "El deterioro ecológico mundial y sus efectos en la economía y la salud"

*   "El papel de las organizaciones humanitarias y de los Gobiernos en la ayuda a las poblaciones afectadas por grandes desastres naturales o por pandemias"

Además de que cada uno prepare su presentación y su intervención en el debate, la clase deberá grabar todo, como si se tratara de una emisión real. El programa de radio o de televisión debe tener:

*   un coordinador que controle que los temas no se superpongan y que existan opiniones diferentes sobre el mismo tema

*   un periodista que presente los diferentes temas, que dirija los turnos de palabra de cada participante y que modere el debate

*   un especialista que realice la grabación o la filmación respectiva con un teléfono inteligente u otro medio tecnológico

Finalmente, la clase asistirá a la presentación de la emisión grabada o filmada.

5.4 Palabras

¿Crees que el mundo en el que vivimos es un mundo en el que las palabras son importantes? ¿Por qué? ¿Para qué pueden ser importantes? ¿Lo son para ti? ¿Por qué?
¿Qué piensas en relación con el manejo de la palabra en el mundo de la tecnología, y en especial en redes como Twitter, donde un mensaje corto puede ser fácilmente malinterpretado?

Objetivos de aprendizaje

En esta unidad, vas a aprender a:

- Identificar el significado especial de la palabra dentro del texto literario.

- Identificar la relación entre el ambiente y la palabra.

- Ver el valor de la palabra para transformar aspectos negativos en aspectos positivos.

- Identificar juegos de antítesis u oposición.

- Observar el valor constructivo de la palabra.

- Identificar valores especiales de las enumeraciones y de los puntos suspensivos en un texto.

1 Para empezar TdC

1 Conversa con tus compañeros para responder a esta pregunta: ¿qué es una palabra?

2 Busca en el diccionario la definición de *palabra* y transcríbela aquí:

....

....

3 Compara la definición a la que habías llegado con la que has encontrado en el diccionario y discute semejanzas y diferencias.

4   Forma un grupo con tus compañeros y junto con ellos elige una palabra que te resulte
    adecuada para designar cada una de estas imágenes.

5 Después de haber escrito las palabras que pensasteis, un representante del grupo dice una para que otros compañeros identifiquen a qué imagen se refiere justificando su respuesta.

6 Reflexiona sobre el intercambio. ¿Hay coincidencias? ¿En cuáles? ¿Hay divergencias? ¿En cuáles? ¿Por qué crees que se dan estas coincidencias y divergencias?

**Cuaderno 5.4
1 Vocabulario
Ejercicios 3 y 4**

EL JUEGO DE LAS PALABRAS TdC

1 Ahora vamos a jugar a asociar palabras e ideas. Cada uno va a decir una palabra y el siguiente tiene que decir lo que le sugiere, pero debe hacerlo rápidamente y sin pensar demasiado.

2 Saca conclusiones a partir de este ejercicio. ¿Crees que la palabra tiene otros valores además de los que ya hemos mencionado? ¿Por qué crees que las asociaciones que cada palabra crea son diferentes para distintas personas? ¿Cómo crees que influyen los aspectos emocionales y la personalidad? Discute estos aspectos con el resto de la clase.

2 Para entender 🔊 Pista 22

1 La palabra se vuelve especialmente valiosa dentro de los poemas. ¿Por qué crees que es una herramienta tan importante en este tipo de textos?

2 Vamos a escuchar un fragmento de un poema de Pablo Neruda, recitado por una alumna del Instituto Nacional de Chile. El poema se titula *Pido silencio*.

3 Antes de escuchar el fragmento, responde.

¿Qué sabes sobre Pablo Neruda? Busca datos sobre él para saber quién es y compártelos con tus compañeros.

4 Escucha el fragmento del poema una vez y comenta con tus compañeros.

   a ¿Por qué crees que el poema se llama *Pido silencio*?

   b ¿En qué aspectos de la naturaleza se centra principalmente el poema?

      i en los continentes

      ii en las estaciones

      iii en los océanos

5 Escucha el poema por segunda vez y responde:

   a ¿Cuántas cosas imprescindibles para él menciona el poeta?

      i dos

      ii tres

      iii cuatro

      iv cinco

b   ¿Qué elemento del otoño le resulta principalmente atractivo?

    i   el color de las hojas

    ii   la cantidad de hojas caídas

    iii   el vuelo de las hojas

c   ¿Qué sentimientos tiene el poeta en relación con la lluvia?

    i   la quiere entrañablemente

    ii   prefiere olvidarla

    iii   le provoca tristeza

d   El poeta compara al verano con una sandía, por…

    i   su sabor

    ii   su tamaño

    iii   su forma

3 Para reflexionar y hablar

Este es el fragmento del escritor chileno Pablo Neruda. Lee el fragmento, coméntalo con tus compañeros y saca conclusiones.

Hoja de Trabajo 5.4.1

PIDO SILENCIO (primera parte)

AHORA me dejen tranquilo.
Ahora se acostumbren sin mí.

Yo voy a cerrar los ojos.

Y sólo quiero cinco cosas,
5 cinco raíces preferidas.

Una es el amor sin fin.

Lo segundo es ver el otoño.
No puedo ser sin que las hojas
vuelen y vuelvan a la tierra.

10 Lo tercero es el grave invierno,
la lluvia que amé, la caricia
del fuego en el frío silvestre.

En cuarto lugar el verano
redondo como una sandía.

15 La quinta cosa son tus ojos,
Matilde mía, bienamada,
no quiero dormir sin tus ojos,
no quiero ser sin que me mires:
yo cambio la primavera
20 por que tú me sigas mirando.

Pablo Neruda, "Pido silencio", *Estravagario* (1958)

otoño

hojas

tierra

invierno

lluvia

fuego

frío

verano

primavera

1 ¿Por qué es importante para el poeta este contacto con la naturaleza? ¿Qué valoración de los elementos naturales expresa el poema? ¿Cómo se relaciona el amor con la naturaleza desde su perspectiva?

2 ¿Es posible pensar en una *oposición* o *antítesis* entre la palabra y el silencio en este contexto? ¿Por qué?

4 Para leer

Lee el resto del poema *Pido silencio*.

granos

madre tierra

pozo

estrellas

campo

luz

PIDO SILENCIO (segunda parte)

Amigos, eso es cuanto quiero.
Es casi nada y casi todo.

Ahora si quieren se vayan.

He vivido tanto que un día
5 tendrán que olvidarme por fuerza,
borrándome de la pizarra:
mi corazón fue interminable.

Pero porque pido silencio
no crean que voy a morirme:
10 me pasa todo lo contrario:
sucede que voy a vivirme.

Sucede que soy y que sigo.

No será, pues, sino que adentro
de mí crecerán cereales,
15 primero los granos que rompen
la tierra para ver la luz,
pero la madre tierra es oscura:
y dentro de mí soy oscuro:
soy como un pozo en cuyas aguas
20 la noche deja sus estrellas
y sigue sola por el campo.

Se trata de que tanto he vivido
que quiero vivir otro tanto.

Nunca me sentí tan sonoro,
25 nunca he tenido tantos besos.

Ahora, como siempre, es temprano.
Vuela la luz con sus abejas.

Déjenme solo con el día.
Pido permiso para nacer.

Pablo Neruda, "Pido silencio", *Estravagario* (1958)

5 Para comprender el texto

Basándote en las líneas 1 a 12 del poema, responde:

Cuaderno 5.4
2 Lectura y comprensión
Ejercicios 1-5

1 ¿Qué expresión del poema es equivalente al acto de olvidar?

....

2 Identifica los opuestos de estas expresiones:

casi nada	
voy a morirme	

3 ¿Qué expresión usa el poeta entre las líneas 12 a 24 para indicar que su interior es productivo?

....

4 ¿Con qué elemento se compara el poeta para indicar que le falta luz en su interior?

....

5 Los versos "soy como un pozo en cuyas aguas / la noche deja sus estrellas / y sigue sola por el campo" indican que el poeta…

a quiere formar parte de la oscuridad de la noche.

b absorbe la luz nocturna.

c se siente perdido en medio de la noche.

d no desea estar en contacto con las estrellas.

6 Las siguientes frases referidas a las líneas 22 a 29 son verdaderas (**V**) o falsas (**F**). Indica con [✔] la opción correcta y escribe las palabras del texto que justifican tu respuesta.

El poeta…   V   F

a … expresa su deseo de seguir vivo.

Justificación: ....

b … lamenta la falta de cariño que sufre.

Justificación: ....

c … se siente parte de un ambiente luminoso.

Justificación: ....

d … no cree que en su vida haya tiempo para empezar de nuevo.

Justificación: ....

7 Esta segunda parte del poema propone un cambio de perspectiva para el lector. ¿Por qué? ¿Qué palabras y expresiones crees que son clave para determinar el cambio de rumbo?

- ....
- ....
- ....
- ....
- ....

8 Lee el siguiente fragmento de un estudio sobre la poesía de Neruda para sacar conclusiones que te ayuden a entender mejor el sentido de algunas palabras clave en la poesía de Neruda y su relación con la naturaleza.

Cuaderno 5.4
4 Lectura y comprensión
Ejercicios 1-4

Silencio y palabra en la poesía de Neruda

por Félix Schwartzmann

Teoría de la expresión poética. Santiago, 1967. pp. 47-49

Neruda poetiza dos momentos, aparentemente antagónicos, pero
5 complementarios en las profundidades de la expresión: la experiencia de la naturaleza […], y la mirada […] que se detiene en la visión de las cosas como silencio, […] que es signo de máxima aproximación al ser de la naturaleza.

10 Y es que origen, naturaleza, historia, palabra y silencio solo se comprenden reflejándose e iluminándose recíprocamente.

[…]

El silencio primero del mundo, que envuelve
15 toda la obra de Neruda, es el punto por donde podemos comprender su sentimiento de la naturaleza, inseparable de la valoración del lenguaje y de la expresividad.

www.neruda.uchile.cl

PIENSA TdC

- ¿Hay alguno de estos valores que creas ver representado especialmente en el poema con el que acabas de trabajar?

- La reflexión sobre el silencio y la segunda parte del poema, ¿cambian la idea de la antítesis entre silencio y palabra en la que habías pensado al principio?

- ¿Qué modo de compartir el planeta te parece que propone Neruda en este poema?

6 Para leer

Como has visto, para Neruda, como para todo poeta, las palabras son herramientas esenciales. ¿Cuál es tu palabra favorita en español? Haz una lista de palabras que te gustan en español y compártelas con tus compañeros. ¿Has coincidido con alguno de ellos? Ahora lee el siguiente texto de Pablo Neruda para saber qué significan para él las palabras.

Cuaderno 5.4
3 Vocabulario
Ejercicios 1 y 2

LA PALABRA

Todo lo que usted quiera, sí señor, pero son las palabras las que cantan, las que suben y bajan… Me prosterno ante ellas… Las amo, las adhiero, las persigo, las muerdo, las derrito… Amo tanto las palabras… Las

5 inesperadas… Las que glotonamente se esperan, se escuchan, hasta que de pronto caen… Vocablos amados… Brillan como piedras de colores, saltan como platinados peces, son espuma, hilo, metal, rocío… Persigo algunas palabras… Son tan hermosas que las

10 quiero poner todas en mi poema… Las agarro al vuelo, cuando van zumbando, y las atrapo, las limpio, las pelo, me preparo frente al plato, las siento cristalinas, vibrantes, ebúrneas, vegetales, aceitosas, como frutas, como algas, como ágatas, como aceitunas…

15 Y entonces las revuelvo, las agito, me las bebo, me las zampo, las trituro, las emperejilo, las liberto… Las dejo como estalactitas en mi poema, como pedacitos de madera bruñida, como carbón, como restos de naufragio, regalos de la ola… Todo está en la palabra…

20 Una idea entera se cambia porque una palabra se trasladó de sitio, o porque otra se sentó como una reinita adentro de una frase que no la esperaba y que le obedeció… Tienen sombra, transparencia, peso, plumas, pelos, tienen de todo lo que se les fue agregando de tanto rodar por el río, de tanto transmigrar de patria, de tanto ser raíces… Son antiquísimas y recientísimas… Viven en el

25 féretro escondido y en la flor apenas comenzada… Qué buen idioma el mío, qué buena lengua heredamos de los conquistadores torvos… Estos andaban a zancadas por las tremendas cordilleras, por las Américas encrespadas, buscando patatas, butifarras, frijolitos, tabaco negro, oro, maíz, huevos fritos, con aquel apetito voraz que nunca más se ha visto en el mundo… Todo se lo

30 tragaban, con religiones, pirámides, tribus, idolatrías iguales a las que ellos traían en sus grandes bolsas… Por donde pasaban quedaba arrasada la tierra… Pero a los bárbaros se les caían de las botas, de las barbas, de los yelmos, de las herraduras, como piedrecitas, las palabras luminosas que se quedaron aquí resplandecientes… el idioma. Salimos perdiendo… Salimos

35 ganando… Se llevaron el oro y nos dejaron el oro… Se lo llevaron todo y nos dejaron todo… Nos dejaron las palabras.

Pablo Neruda, "La palabra", *Confieso que he vivido* (1974)

5

Cuaderno 5.4
1 Vocabulario
Ejercicios 1 y 2

ESTRATEGIAS DE APRENDIZAJE

Tipo de texto: el poema

1 En el texto *La palabra*, Neruda escribe en prosa, pero hace un uso del lenguaje como si estuviera escribiendo poesía. ¿Crees tú que hay expresiones del lenguaje que usas cotidianamente que tienen valor poético, comparativo o metafórico, por ejemplo? Menciona algunas.

Entonces, ¿cuál es la clave para que el lenguaje sea considerado poético? Discútelo con tus compañeros.

2 La creación poética es una transformación: transforma el mundo objetivo en un mundo poético (un mundo de palabras) a través de la técnica del poeta.

Para hacer esa transformación, el poeta usa determinadas herramientas o recursos característicos.

Algunas de las herramientas o recursos técnicos más importantes que puede usar un poeta son las **comparaciones** y las **metáforas**.

La **comparación** es un recurso que muestra las relaciones entre dos o más objetos, para descubrir semejanzas o diferencias. Incluye en su estructura una palabra o nexo de comparación, que es la palabra *como* u otras palabras o expresiones con significado equivalente.

Ejemplo: (las palabras) "Brillan como piedras de colores, saltan como platinados peces…"

La **metáfora** es una comparación en la que se da por sobrentendido el elemento objetivo y sin ningún nexo de comparación se presenta directamente el elemento poético.

Ejemplo: (las palabras) "[…] son espuma, hilo, metal, rocío"

3 Trata de responder a las siguientes preguntas, trabajando con tu compañero, para entender el significado de este texto de Neruda.

a ¿Cuál es el elemento objetivo que toma Neruda como punto de partida?

....

b ¿Qué técnica o herramienta usa para transformarlo en un elemento subjetivo?

....

c ¿Qué construye Neruda?

....

7 Para comprender el texto

1 Busca en el diccionario las palabras del texto que no comprendas.

2 Responde:

a ¿Cuál es el tema del texto (de qué habla el poeta) entre las líneas 1 a 25?

b ¿Cuál es el tema entre las líneas 25 y 36? ¿De qué habla el poeta ahora?

c Discute tus ideas con tus compañeros.

3 Basándote en las líneas 25 a 36, indica la opción correcta en la casilla de la derecha.

La última parte del poema destaca…

a la limitación de comunicación como balance de la conquista.

b las dificultades de los conquistadores para imponer su lengua.

c el idioma como valor positivo que se rescata de la conquista.

d la pobreza del idioma nuevo frente a las lenguas nativas.

EL JUEGO DE LAS PALABRAS

Basándote en las líneas 1 a 25 del texto *La palabra*, trata de identificar los distintos valores que el poeta asigna a las palabras completando la siguiente lista junto a tu compañero.

1 Acciones de las palabras (verbos en tercera persona)

Ejemplo: "(son las palabras las que) cantan, las que suben y bajan…"

  * ....
  * ....
  * ....
  * ....

Saca conclusiones. ¿Cómo son las palabras, según lo que hacen? Indica las respuestas correctas en las casillas de la derecha.

a dinámicas ☐   **c** pasivas ☐

b alegres ☐   **d** angustiosas ☐

2 Características de las palabras (adjetivos)

Ejemplo: "(Las) inesperadas"

  * ....
  * ....
  * ....
  * ....

Saca conclusiones. ¿Qué atributos ve en ellas el poeta? Indica las respuestas correctas en las casillas de la derecha.

a muy sorprendentes ☐   **d** sensoriales ☐

b atemporales ☐   **e** solamente visuales ☐

c algo aburridas ☐   **f** temporales ☐

3 Contenido de las palabras (sustantivos)

   Ejemplo: "Todo está en la palabra…"

   • ....

   • ....

   • ....

   • ....

   Saca conclusiones. ¿Qué nuevos atributos les suma a las palabras su contenido? Indica las respuestas correctas en las casillas de la derecha.

   a corporeidad ☐   e quietud ☐

   b movilidad ☐   f claridad ☐

   c espacio y tiempo ☐   g espacio sin tiempo ☐

   d oscuridad ☐   h lentitud ☐

4 Acciones del poeta con las palabras (verbos en primera persona)

   Ejemplo: "Me prosterno ante ellas…"

   • ....

   • ....

   • ....

   • ....

   Saca conclusiones. ¿Qué actividades cotidianas están representadas en las acciones que menciona el poeta? Indica las respuestas correctas en las casillas de la derecha.

   a cocinar ☐   e cazar ☐   i viajar ☐

   b pintar ☐   f nadar ☐   j dormir ☐

   c comer ☐   g escribir ☐

   d reconstruir ☐   h correr ☐

8 Para reflexionar

1 La conquista de América es un proceso histórico. Investiga y escribe un breve informe sobre los principales hechos del proceso: qué ocurrió, quiénes intervinieron, cuánto tiempo duró, cuáles fueron sus resultados. Comparte e intercambia la información con tus compañeros.

2 a Presta atención a las acciones de los conquistadores que menciona el poeta y colócalas en la columna adecuada según señalen aspectos **positivos** o **negativos**.

Positivos	Negativos
Ejemplo: "se les caían … las palabras"	*Ejemplo:* "todo se lo tragaban"
....	....
....	....
....	....

b Haz lo mismo con las caracterizaciones que da el poeta de los conquistadores a través de adjetivos o construcciones nominales.

Positivos	Negativos

3 Reflexiona. ¿Qué visión de la conquista tiene en general el poeta?

4 Según el punto de vista del poeta, ¿qué función cumplen el idioma y las palabras dentro de este proceso?

9 Para escribir

Cuaderno 5.4
6 Escritura
Ejercicio 1

1 Lee el siguiente fragmento del ensayo *La castellanización de la Nueva España*, de la investigadora Ercilia Lohera Archondo, publicado por la Universidad Autónoma de Ciudad Juárez, en México.

En todo tipo de conquista, ya sea territorial, económica o cultural, la lengua siempre ha sido una pieza clave en el proceso de transformación de la sociedad dominada y la opresora, más aún cuando la cultura y el idioma de ambos pueblos son sustancialmente diferentes. Utilizado como herramienta básica, el lenguaje ha sido un instrumento para la imposición de corrientes ideológicas que desencadena en cambios socioculturales, políticos y económicos en la población y que servirán a los intereses de los pueblos colonizadores.

www.uacj.mx (texto original abreviado)

2 Escribe un texto en el que expreses tu punto de vista en relación con esta perspectiva.

Reflexiona especialmente sobre el papel de la lengua como instrumento pacificador o de conflicto en situaciones de enfrentamiento de distinto tipo. Elige un tipo textual y escribe alrededor de 300 palabras.

PARA USAR CORRECTAMENTE LA LENGUA

Cuaderno 5.4
5 Vocabulario
Ejercicios 1 y 2

1 En esta unidad has trabajado con el valor de la palabra desde distintas perspectivas. Esas perspectivas son criterios que nos permiten conocer mejor para qué sirven las palabras y qué hacemos con ellas.

La palabra puede ser estudiada desde distintos criterios:

- **Criterio fonológico**: segmento limitado por pausas.
- **Criterio formal o morfológico**: las variaciones de las palabras relacionadas con el género, número, persona, caso, tiempo, etc.
- **Criterio funcional**: cada palabra cumple una función dentro de la oración.
- **Criterio semántico**: cada palabra tiene un significado.

5

En el análisis del poema has trabajado con clases de palabras diferentes (sustantivos, adjetivos y verbos) y has visto cómo funcionan.

Desde el punto de vista de la estructura, el poema presenta muchas enumeraciones y puntos suspensivos que destacan el valor de las palabras.

2 Lee la definición que propone la Real Academia Española de *enumeración*.

> *enumeración: f. Expresión sucesiva de las partes de que consta un todo.*

3 Transcribe las enumeraciones correspondientes de la segunda parte del texto *La palabra* (líneas 25 a 36).

a Una enumeración que indique lugares recorridos

....

b Una enumeración que nombre productos naturales (sustantivos)

....

c Una enumeración que marque lugares de procedencia (con la preposición *de*)

....

4 Comparte con tus compañeros y observa los diferentes conjuntos que se van presentando en el texto. Luego responde.

a ¿Qué diferencia de significado observas entre las enumeraciones de la primera parte y las de la segunda?

b ¿Por qué crees que Neruda deja las enumeraciones sin cerrar y usa puntos suspensivos?

5 Lee la definición de puntos suspensivos que propone la RAE.

> *puntos suspensivos: m. pl. Signo ortográfico (…) usado para señalar la interrupción de un discurso, para darlo por conocido o sobrentendido, para indicar vacilación o para sugerir un final abierto.*

6 Responde. ¿Cuál de las tres finalidades de los puntos suspensivos te parece más apropiada para este contexto?

10 Para terminar

1 Ahora lee este fragmento sobre la importancia y repercusión que tiene la obra poética de Pablo Neruda.

> Pablo Neruda fue un gran recolector de cosas. Sus casas se pueden visitar como museos y en ellas puedes ver conchas marinas, pipas, locomotoras, sombreros, vasos, etc. Pero el premio novel también recolectó preguntas, que vieron la luz en un libro póstumo publicado por primera vez en la editorial Losada, en Argentina.

Libro de las preguntas es uno de los textos más utilizados por los profesores y estudiantes chilenos a la hora de profundizar en la poesía de Neruda. Son preguntas sencillas, mundanas, llenas de un magnetismo que permite a cualquier lector volver a sentirse niño y jugar con las palabras. En este libro de Neruda no hay personajes y es difícil seguir un hilo conductor. Lo que encontramos son preguntas retóricas, poéticas, filosóficas, etc.

Pero también contamos con otra parte significativa que solamente la pueden aportar los lectores en este juego infinito, respondiendo las preguntas. En los pasillos, salas de clases, en el patio de sus escuelas brotan en primavera las palabras más transparentes que los niños puedan guardar en su interior.

www.vivaleercopec.cl (texto adaptado)

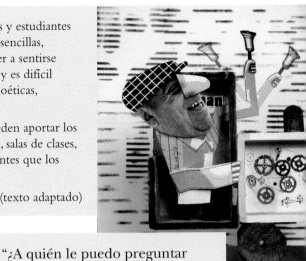

2 Observa la imagen.

Descríbela teniendo en cuenta:

> "¿A quién le puedo preguntar
> qué vine a hacer en este mundo?
> ¿Por qué me muevo sin querer,
> por qué no puedo estar inmóvil?
> ¿Por qué voy volando sin ruedas,
> volando sin alas ni plumas?
> ¿Y qué me dio por transmigrar
> si viven en Chile mis huesos?"

a ¿Quién aparece en la imagen?

b ¿Qué aspecto tiene? ¿Por qué crees que tiene ese aspecto?

c ¿Dónde está?

d ¿Qué está haciendo?

e La imagen combina fotografía y dibujo. ¿Qué significado tiene para ti esa combinación?

f Imagina que mantienes un diálogo con Pablo Neruda y que él te hace a ti algunas de las preguntas que ha recolectado, porque quiere conocer tu punto de vista. Trata de responder a esas preguntas, según lo que has aprendido en esta unidad y según lo que te sugiere tu propia imaginación. Aquí tienes transcriptas las preguntas a las que intentarás responder.

> "¿A quién le puedo preguntar
>
> qué vine a hacer en este mundo?
>
> ¿Por qué me muevo sin querer,
>
> por qué no puedo estar inmóvil?
>
> ¿Por qué voy volando sin ruedas,
>
> volando sin alas ni plumas?
>
> ¿Y qué me dio por transmigrar
>
> si viven en Chile mis huesos?"

MONOGRAFÍA

En esta unidad has trabajado cuestiones que son comunes a nuestra condición de habitantes del planeta: ruidos, sonidos, alimentos, epidemias, palabras. Hay palabras que hacen "ruido", cuyos sonidos nos encantan, nos alimentan el alma, nos ponen en contacto con la naturaleza, nos curan y nos hacen viajar. Pablo Neruda ha sido un poeta singular, cuyo universo poético nos permite aproximarnos al valor de las palabras y cuyo análisis resulta interesante para abordar una monografía en la Categoría 3, Literatura. Una posible pregunta de investigación podría ser la siguiente: ¿Cuál es la relación entre silencio, naturaleza y amor en el universo poético de Pablo Neruda?

6 Tipos de texto

Introducción

¿Por qué es importante analizar las características de los distintos tipos de texto? Quizás te parezca que este tipo de análisis es muy abstracto, pero en realidad te puede ayudar tanto para comprender los textos que lees en español como para aprender a escribir mejor.

Según la intención que tenga el autor del texto de informar, narrar, describir, argumentar o dar instrucciones, escribirá un tipo de texto con determinadas características específicas. Es importante, pues, conocer la intención comunicativa del autor para saber qué tipo de texto tenemos ante nuestros ojos.

Hay textos que se encuentran dentro de otro tipo de texto mayor, por ejemplo, es común incluir pasajes descriptivos dentro de una narración, pero también algunos pasajes narrativos pueden aparecer dentro de una descripción. Lo mismo ocurre con los demás tipos de textos: un texto informativo puede incluir narraciones, descripciones o argumentos. Por eso es importante reconocer cuál es el tipo de texto que predomina.

Hay que saber determinar cuál es el contexto en el que aparece publicado un texto, por ejemplo, si lo vemos en un diario, en un libro, en una página de Internet. El contexto, además, se amplía si observamos el lugar que ocupa en el sitio de publicación, si aparece en alguna sección en especial, si va acompañado de imágenes, o el formato que tiene. Es importante aprender a identificar el contexto en el que el texto aparece.

En las secciones que aparecen a continuación tendrás la oportunidad de reflexionar sobre estos aspectos.

6.1 Textos profesionales: el informe

¿Qué es?

Un informe es una exposición, oral o escrita, de las características o circunstancias de un suceso o asunto. Su finalidad es fundamentalmente instructiva. La información es metódica y los datos y soluciones proceden de una investigación. Por lo común, forma parte de publicaciones especializadas.

Como su nombre indica, el propósito de un informe es el de informar objetivamente a los destinatarios en relación con el tema que trata. Los informes pueden ser documentos públicos o privados y muchas veces tratan de temas relacionados con los negocios, la educación, la ciencia o la sociedad.

Atención:

En la Unidad 1.1 encontrarás el informe *El español: una lengua viva*. El informe original es mucho más extenso y se reproducen solo algunas partes de él. Fíjate en qué elementos del siguiente cuadro están presentes en este texto. Luego, podrás analizar, de manera completa, el informe de la Unidad 3.2.

Características del informe

Estructura	**Título, autor y fecha del informe.**
	Introducción: tema, planteamiento y finalidad del informe.
	Desarrollo: explicación y exposición objetiva de los datos previos y de la información.
	Resultados: presentación y análisis crítico de la información respecto de los resultados de la investigación.
	Conclusiones: resumen de las ideas más importantes; logros y puntos débiles de los resultados de la investigación respecto del planteamiento inicial; sugerencias de acción sobre la situación.
Enfoque y vocabulario	• Está escrito de manera objetiva.
	• El vocabulario suele ser específico, incluso técnico.
Registro	Formal
Organización	• Suele tener título y, a veces, un subtítulo.
	• Las distintas partes también pueden llevar títulos.
	• Pueden incluirse tablas de contenido, apéndices, notas a pie de página y referencias, así como ilustraciones y gráficos.
	• Es un texto bien estructurado y coherente de principio a fin, con conectores lógicos.
	• Está dividido en párrafos, cada uno con una idea principal.

Rasgos lingüísticos	• El tiempo **presente** indica el estado actual de la cuestión. • El **pasado** presenta los hechos previos que funcionaron como punto de partida. • Las **fechas**, los **datos**, las **cifras** que se incluyen se citan en forma precisa; los **sustantivos** y **adjetivos** son específicos en relación con el tema. • Las **fuentes** de información deben mencionarse con claridad.
Estrategias	• Datos específicos para justificar las afirmaciones. • Uso de cifras y estadísticas. • Uso de citas. • Explicaciones o reformulaciones de términos complejos. • Comparaciones y contrastes. • Diagramas, gráficos, tablas para acompañar el texto.

Análisis de un informe

Un momento crítico para el futuro de Internet

POLÍTICA EXTERIOR n° 172 - Julio-agosto 2016

PABLO BELLO

Internet es la infraestructura esencial para el crecimiento económico, el afianzamiento de la libertad de expresión y el desarrollo social. Dado su poder para definir el orden internacional del siglo XXI, Europa debería promover un Internet abierto, seguro, fiable e inclusivo.

Internet ha transformado nuestras vidas, la forma de relacionarnos, la economía global, la cultura, la política. Estamos viviendo la era de Internet. Actualmente más de 3.400 millones de personas usan Internet en todo el mundo. En cinco años habrá más de 20.000 millones de dispositivos conectados. Internet es ya la infraestructura global más importante y se está convirtiendo de forma acelerada en la infraestructura esencial sobre la que se desarrollan todas las actividades en el mundo de hoy. Internet, como lo hemos conocido hasta ahora, ha sido un motor de oportunidades económicas y de desarrollo, pero su futuro como factor de progreso está en riesgo.

En los últimos años se ha deteriorado de forma significativa la confianza en Internet. Como refleja la Encuesta Global sobre Seguridad y Confianza en Internet realizada por CIGI-Ipsos, los usuarios se sienten cada vez más inseguros, expresan preocupación por la pérdida de privacidad y la hipervigilancia de los Gobiernos, les preocupa la explotación comercial de sus datos personales y dudan de la protección de los datos bancarios.

La estructura abierta y distribuida de Internet ha sido una de las cualidades fundamentales que ha permitido el desarrollo acelerado de la sociedad digital, estimulando la creatividad y la innovación. Pero en los últimos años se ha evidenciado una tendencia a la fragmentación como consecuencia de políticas nacionales de diversa naturaleza, en algunos casos asociadas a la censura, en otros a la obligación de localización de contenidos por razones de jurisdicción. No puede darse por garantizado que Internet será siempre una plataforma unitaria y global para la libertad de expresión. De hecho, ya no lo es en algunos rincones del mundo. Es esa una pelea que debemos dar.

Contexto de publicación específico y fecha

Título

Autor

Introducción: presentación del tema y la propuesta (fecha, sustantivos y adjetivos específicos)

Desarrollo
Datos tomados de estadísticas (cifras)
Presentación y análisis de resultados de investigaciones previas (encuestas)
Mención de las fuentes de investigación
Ejemplos

Resultado: reflexión crítica sobre la situación

6

Conclusión: advertencia y sugerencia de acción sobre la base de la situación

Si no se actúa sobre estos riesgos, a medida que los usuarios perciban que los costes potenciales del uso de Internet son mayores que los beneficios, el valor económico y social producido por una red robusta se perderá.

www.politicalexterior.com (texto adaptado)

Taller de textos

1 Busca un informe en un libro, una revista, Internet o cualquier otro medio.

- Pégalo en tu cuaderno.

- Señala en él las diferentes partes y características del informe.

- Comenta por escrito esas características del informe seleccionado, poniendo ejemplos concretos del texto que demuestren tus argumentos.

2 Piensa en un tema sobre el que quieras hacer un informe.

- Haz una investigación sobre ese tema, buscando información en periódicos, libros, Internet, documentos. Si fuera posible, consulta a expertos sobre el tema.

- Organiza toda la documentación a la que hayas accedido.

- Selecciona los datos que consideres relevantes o de interés.

- Sitúa el informe en su contexto.

- Escribe el informe.

- Señala las partes del informe que has escrito y sus características.

6.2 Textos personales: la biografía

¿Qué es?

La biografía es una historia narrada sobre los hechos significativos de la vida de una persona.

Características de la biografía

Estructura	**Introducción:** presentación de la persona biografiada.
	Desarrollo: narración y descripción de los hechos más relevantes de su vida.
	Conclusión: cierre del escrito y valoración de la importancia de la persona.
Características	• Narra los acontecimientos destacados de la persona biografiada.
	• Se redacta en tercera persona.
	• Suele tener la forma de una narración expositiva.
	• El tono es objetivo e impersonal.
	• Contiene datos concretos sobre fechas, nombres y lugares.
	• Ofrece un punto de vista neutral, sin críticas, adulaciones ni opiniones personales.
Registro	Formal
Lenguaje y estilo	• El uso de párrafos es fundamental para comunicar ideas diferentes y facilitar la comprensión al lector.
	• Los conectores temporales se usan para relacionar adecuadamente tanto las frases como los párrafos.
	• Se utiliza un vocabulario accesible para todos, dentro del estilo formal requerido.
	• Uso apropiado de los tiempos verbales, adaptados a la situación. Entre otros, suelen utilizarse los pretéritos de *Indicativo*, fundamentalmente el *Perfecto Simple*, o *Indefinido*, y el *Imperfecto*, puesto que se trata de la narración de una vida. Lo habitual es utilizar la tercera persona del singular.

6

Análisis de una biografía

Título

CHE GUEVARA [Ernesto Guevara]

Introducción

Revolucionario latinoamericano (Rosario, Argentina, 1928 – La Higuera, Bolivia, 1967).
Ernesto Guevara de la Serna, apodado el Che, nació en una familia acomodada de Argentina,
en donde estudió Medicina. Su militancia izquierdista le llevó a participar en la oposición
a Perón. Desde 1953 viajó por Perú, Ecuador, Venezuela y Guatemala, descubriendo la
miseria y la opresión dominante en algunas partes de América Latina. A partir de estos
viajes participó en múltiples movimientos contestatarios, experiencias que le inclinaron
definitivamente hacia la ideología marxista.

Desarrollo
Narra acontecimientos
destacados

En 1955 Ernesto *Che* Guevara conoció en México a Fidel Castro y a su hermano Raúl, que
preparaban una expedición revolucionaria a Cuba. Guevara trabó amistad con los Castro, se
unió al grupo como médico y desembarcó con ellos en Cuba en 1956. Instalada la guerrilla
en Sierra Maestra, Guevara se convirtió en lugarteniente de Castro y dirigió una de las
dos columnas que salieron de las montañas orientales hacia el oeste para conquistar la isla.
Participó en la decisiva batalla por la toma de Santa Clara (1958) y finalmente entró en La
Habana en 1959, poniendo fin a la dictadura de Batista.

Tono objetivo y punto de
vista neutral
Fechas y datos concretos
Uso de conectores
("en aquellos años")

El nuevo régimen revolucionario concedió a Guevara la nacionalidad cubana y le nombró jefe
de la Milicia y director del Instituto de Reforma Agraria (1959), luego presidente del Banco
Nacional y ministro de Economía (1960) y, finalmente, ministro de Industria (1961). Buscando
un camino para la independencia real de Cuba, se esforzó por la industrialización del país,
ligándolo a la ayuda de la Unión Soviética una vez fracasado el intento de invasión de la isla por
Estados Unidos y clarificado el carácter socialista de la Revolución cubana (1961).

En aquellos años, Guevara representó a Cuba en varios foros internacionales, en los que
denunció frontalmente el imperialismo norteamericano.

Tiempos verbales:
Pretérito Indefinido
(*hizo, luchó, volvió*)
Pretérito Imperfecto
(*era, esperaba*)
Verbos en 3ª persona

Su inquietud de revolucionario profesional, sin embargo, le hizo abandonar Cuba en secreto
en 1965 y marchar al Congo, donde luchó en apoyo del movimiento revolucionario en
marcha. , convencido de que solo la acción insurreccional armada era eficaz contra el
imperialismo. Relevado ya de sus cargos en el Estado cubano, el Che Guevara volvió a
Latinoamérica en 1966 para lanzar una revolución que esperaba fuera del ámbito continental:
valorando la posición estratégica de Bolivia, eligió aquel país como centro de operaciones
para instalar una guerrilla que pudiera irradiar su influencia hacia Argentina, Chile, Perú,
Brasil y Paraguay.

Al frente de un pequeño grupo intentó poner en práctica su teoría, según la cual no era
necesario esperar a que las condiciones sociales produjeran una insurrección popular, sino
que podía ser la propia acción armada la que creara las condiciones para que se desencadenara
un movimiento revolucionario.

Sin embargo, su acción no prendió en el pueblo boliviano; por el contrario, aislado en una
región selvática en donde padeció la agudización de su dolencia asmática, fue delatado por
campesinos locales y cayó en una emboscada del ejército boliviano en la región de Valle
Grande, donde fue herido y apresado.

Tiempos verbales:
Presente ("es asesinado")
para dar más impacto al
hecho

Es asesinado poco después, en octubre de 1967, en la escuela del pueblo boliviano
La Higuera, parece ser que por órdenes del ejército boliviano y —según algunas fuentes—
aconsejados por la CIA. Expusieron su cadáver a los periodistas y curiosos en un lavadero,
antes de enterrarlo en secreto.

Conclusión

Se salvó, sin embargo, su *Diario de campaña*, publicado en 1967. En 1997 los restos del Che
Guevara fueron localizados, exhumados y trasladados a Cuba, donde fueron enterrados con
todos los honores por el régimen de Fidel Castro.

www.biografiasyvidas.com (texto adaptado)

Taller de textos

1 Busca en un libro, revista, Internet o cualquier otro medio una biografía.

- Pégala en tu cuaderno o en tu dispositivo electrónico.

- Señala en ella las diferentes partes y características de una biografía.

- Comenta por escrito esas características de la biografía seleccionada, poniendo ejemplos concretos del texto que demuestren tus argumentos.

2 Piensa en una persona sobre la que quieras hacer una biografía: familiar, amigo, personaje histórico, actor, deportista, cantante…

- Haz una investigación sobre esa persona, realizando entrevistas, buscando información en periódicos, libros, Internet, mirando fotos, preguntando a diferentes personas… Busca el método más adecuado para el tipo de persona que sea.

- Organiza toda la documentación que poseas sobre esa persona.

- Selecciona los datos que consideres relevantes o de interés.

- Sitúa a la persona en su contexto.

- Escribe la biografía, usando como modelo la biografía del Che Guevara.

- Señala las partes y las características de la biografía que has escrito.

6.3 Textos periodísticos: el reportaje de interés humano

¿Qué es?

Hay muchos tipos de artículos periodísticos. El reportaje es un artículo periodístico en el que se explican acontecimientos de interés público, con palabras e imágenes, desde una perspectiva actual. En el reportaje se combinan distintos géneros periodísticos, como la noticia y la entrevista, y también se suelen incluir observaciones propias del reportero.

Tipos de reportajes

Los reportajes pueden ser de distintos tipos, por ejemplo:

- **De interés científico o cultural**: En estos reportajes se destacan los avances y descubrimientos científicos más recientes, o acontecimientos culturales, pero de manera accesible, para que sean comprensibles para lectores que no son especialistas en el tema.

- **Investigativos**: El reportaje investigativo requiere una labor casi detectivesca del periodista para captar detalles completamente desconocidos sobre un hecho en particular. A veces, el reportero utiliza pruebas y documentos confidenciales, y en estos casos no revela nunca la identidad de sus fuentes. Este tipo de reportaje habitualmente contiene cifras actualizadas y datos estadísticos en relación con el tema.

- **De interés humano**: Se centra en una persona o en una colectividad, dando relevancia a un aspecto de su vida o a una experiencia.

Características de los reportajes de interés humano

Los reportajes de interés humano suelen relatar experiencias, y ofrecen también una apreciación crítica de esa experiencia. Por eso contienen elementos objetivos y subjetivos.

Estructura	
	Título: atractivo y con la información principal.
	Introducción: una síntesis del contenido del artículo.
	Cuerpo:
	• presentación descriptiva y/o narrativa de la experiencia a través de sus principales líneas, que generalmente se estructuran como respuestas a las siguientes preguntas: ¿quién?, ¿dónde?, ¿cuándo?, ¿cómo?, ¿por qué?, ¿para qué?
	• apreciación / valoración / evaluación crítica de la experiencia.
	Comentario o conclusión: que completa la evaluación de la experiencia.

Enfoque y vocabulario	Los reportajes de interés humano suelen ser: • **objetivos** en la información sobre la experiencia. • **subjetivos** en la evaluación de la misma. • El vocabulario es sencillo, claro, ágil.
Registro	Suele ser formal
Rasgos lingüísticos	• Verbos en presente (con valor descriptivo). • Verbos en pasado (con valor narrativo). • Presencia de numerosos sustantivos y adjetivos (descriptivos). • Conjunciones o nexos que marcan la relación entre las circunstancias.
Organización	Exposición ordenada: presentación de la experiencia, detalles, apreciación o evaluación de la misma.

Análisis de un reportaje de interés humano

Valorar las propias raíces ayuda a surgir

Este colegio dirigido a jóvenes mapuches intenta con éxito que sus alumnos se integren en la sociedad sin sacrificar su identidad cultural en el camino.

El aniversario del Liceo Particular Guacolda se festejó dos veces: el martes, sus profesores y alumnos agradecían a Dios en una misa. Y el miércoles, los mismos profesores y alumnos hacían una fiesta mapuche para honrar a **Ngünechen**, su máximo dios.

Una dualidad que refleja el encuentro cultural que intenta lograr este colegio de Cholchol, Chile, que atiende a 390 alumnos, un 87% de los cuales es mapuche.

"Vimos que el currículum nacional no respondía a las necesidades específicas de estos jóvenes, a su 'realidad doble', así es que decidimos apostar por la interculturalidad", explica Ariel Burgos, presidente de la Fundación Instituto Indígena, que sostiene el colegio.

El fruto de ello es este liceo, un establecimiento gratuito, de carácter técnico-profesional, donde la lengua mapuche (el mapudungún) es una asignatura obligatoria, un lugar en el que se trasnocha esperando el Año Nuevo mapuche en junio y que cuenta con profesores que son jefes mapuches.

Se trata de un proyecto que ha tardado 23 años en consolidarse. "En un escenario de alta discriminación, el colegio le hace sentir al adolescente que su patrimonio cultural es un plus para su valor como profesional, lo que fortalece su autoestima", explica el director, Hernán Gutiérrez.

Del aula al trabajo

"Cuando el colegio partió, teníamos mucho entusiasmo, pero pocos conocimientos de qué hacer", cuenta Burgos. Por eso, las primeras especialidades que se ofrecieron —vestuario y artesanía— tenían un marcado espíritu conservacionista. Una visión que ha cambiado con el tiempo.

Título claro y atractivo, que llama la atención del lector
Introducción o copete (sintetiza el contenido del artículo)
Información específica: ¿quién?, ¿dónde?, ¿cuándo se llevó a cabo la experiencia?
Clave de la experiencia: encuentro intercultural
Historia general de la experiencia (primera parte):
• circunstancias que le dieron origen
• objetivo principal
• ejemplo
• se incluyen citas de varios entrevistados
Historia del proyecto (segunda parte):
• circunstancias sociales especiales que le dieron origen (inclusión de nexos temporales y explicativos: *cuando, por eso, de ahí*)

289

- objetivos específicos

- historias personales

- evaluaciones de la experiencia a través de las voces de los entrevistados

Conclusión: evaluación de la experiencia a través de los buenos resultados obtenidos por medio de las voces de un entrevistado y del autor ("un logro")

Gracias a una serie de estudios y talleres, en los noventa la fundación notó que los mapuches tenían problemas para ser admitidos en los servicios públicos y en los de salud. De ahí surgió la idea de que el colegio podía formar profesionales que facilitaran el acceso a estas áreas.

Por eso nacieron las actuales especialidades "interculturales". La idea en cada una de ellas es integrar los conocimientos del mundo convencional con los del universo mapuche, de modo que los alumnos puedan moverse entre ambos mundos sin problemas y también lograr algunas "fusiones".

Esto ha beneficiado incluso a ese 13% de estudiantes que no son indígenas, como Leonor Ruiz, quien egresó de Salud Intercultural. Llegó al colegio, desde el campo, por la especialidad y no le interesaba mucho el tema intercultural. Hoy, sin embargo, agradece la formación que recibió, pues ha sido vital para acoger adecuadamente a los muchos pacientes mapuches que llegan al pabellón ambulatorio del Hospital Regional de Temuco, donde trabaja.

Historias como la suya son las que motivan a los jóvenes a salir de sus comunidades, en el campo, y llegar al internado del liceo. Es lo que hizo Doris Painefil, quien llegó desde el lejano Puerto Domínguez a Cholchol para estudiar Gastronomía. Salió hace tres años y desde entonces trabaja en la pastelería de uno de los supermercados de la cadena local Muñoz Hnos.: "Lo que aprendí en el colegio me ha servido harto en la cocina y en la relación con los demás".

Su jefe, Leopoldo Contreras, destaca que los alumnos llegan bien preparados y se afianzan en sus conocimientos con facilidad: "No por nada, cuatro de nuestros ocho pasteleros locales son exalumnos del Guacolda". De hecho, el colegio estima la inserción laboral de sus alumnos de Salud y Gastronomía en un 70%. Un logro, considerando que el 91,6% de sus estudiantes es socialmente vulnerable.

AUTOR: MANUEL FERNÁNDEZ BOLVARÁN

diario.elmercurio.cl (texto adaptado)

Taller de textos

1 Busca en un periódico o en una revista un artículo periodístico que contenga un reportaje de interés científico o humano, o de carácter investigativo.

- Pégalo en tu cuaderno.
- Señala en él las diferentes partes o características del reportaje, según lo que has aprendido en esta unidad.
- Comenta por escrito esas características, poniendo ejemplos concretos del texto que demuestren tus argumentos.

2 Escribe un artículo que sea un reportaje de interés humano sobre tu colegio, tu ciudad, o algún grupo al que pertenezcas. Sigue el modelo que has visto en esta unidad.

6.4 Textos literarios: la crítica o reseña literaria

¿Qué es?

La reseña o crítica literaria, como la crítica cinematográfica, es un tipo de crítica periodística que consiste en analizar y evaluar obras literarias.

Características de la crítica o reseña literaria

Son similares a las de la crítica cinematográfica:

Estructura	**Inicio**: ficha con los detalles objetivos.
	Resumen del argumento, o contexto histórico o social de la historia.
	Cualidades positivas.
	Cualidades negativas o mejorables.
	Puede haber una **recomendación o valoración final**.
Características	• Expresa un juicio razonado sobre un libro.
	• Debe contener un resumen del argumento y su descripción.
	• Además de la opinión, debe basarse en información y datos concretos y veraces.
	• El crítico ha de ser respetuoso y no hacer juicios extremos.
	• Influye poderosamente en el posible lector.
Registro	El registro suele ser formal.
	El crítico puede darle un tono personal: humorístico, irónico…
Lenguaje y estilo	• Oraciones con estructura muy clara.
	• Predominio de los verbos en tercera persona
	• Adjetivos positivos: *espectacular*, *sublime*, *emocionante*.
	• Posibles apelaciones al lector: "Si está buscando un libro…".

Análisis de una crítica o reseña literaria

Ficha inicial con información concreta sobre la obra

Título: *Frida Kahlo – Una vida abierta*

Autor: Raquel Tibol

Editorial: Editorial Oasis de México (1983)

Contenido: 152 páginas; 40 páginas con ilustraciones

ISBN: 9686052771

La vida abierta de Frida

Título de la reseña

Autor de la reseña

RESEÑA de Gabino Prado

Resumen del argumento y datos concretos, objetivos y veraces

Predominio de la tercera persona

A través de los años se han escrito numerosos libros acerca de Frida Kahlo. Este se diferencia de los demás en que fue escrito por alguien que conoció a Kahlo y vivió con ella en el último año de su vida: la famosa crítica de arte mexicana Raquel Tibol. Este libro presenta hechos recogidos de archivos médicos, cartas, el diario personal de Frida Kahlo, entrevistas personales y los propios recuerdos de Tibol del tiempo que pasó con Kahlo.

Cualidades positivas

Cualidades negativas o mejorables

Un aspecto positivo de este libro es que está escrito con un lenguaje simple, no hay necesidad de tener un diccionario a mano, como en otros libros de Kahlo que he leído. Aunque el libro tiene algunos puntos interesantes, esperaba más. Sentí que había demasiada información no realmente relevante sobre Kahlo: discusiones de otros artistas, una historia del arte y una historia de México.

Valoración personal y recomendación al lector

El libro no está escrito en orden cronológico y, sin advertencia previa, divaga de un asunto a otro y vuelta al principio. Había esperado más páginas de entrevistas personales con Kahlo, pero hay pocas. Hay importantes períodos en la vida de Kahlo que no se mencionan apenas, como el tiempo que pasó en Estados Unidos. No obstante, vale la pena leer el punto de vista de Tibol.

www.fridakahlofans.com

Fans de Frida Kahlo. Libros (texto adaptado)

Taller de textos

1 Busca en un periódico, revista, Internet o cualquier otro medio de comunicación una crítica o reseña literaria.

- Pégala en tu cuaderno o en tu dispositivo electrónico.

- Señala en ella las diferentes partes o características de una reseña.

- Comenta por escrito esas características de la crítica seleccionada, poniendo ejemplos concretos del texto que demuestren tus argumentos.

2 Escribe tu propia crítica o reseña basándote en algún libro que hayas leído recientemente.

6.5 Textos mediáticos: el texto descriptivo y el folleto

¿Qué es?

Describir es explicar aquellas características o cualidades de personas, animales, objetos, lugares, ambientes, sentimientos, sensaciones o situaciones que interesan al autor.

El texto descriptivo se organiza fundamentalmente ordenando los elementos en el espacio (dimensión espacial), a diferencia del texto narrativo, que los ordena en el tiempo (dimensión temporal).

Para realizar una buena descripción hay que:

* Observar y pensar atentamente sobre lo que se va a describir.

* Seleccionar los rasgos más característicos (elementos constituyentes o partes, forma, tamaño, color, gusto, olor, sentimientos o sensaciones que despierta).

* Dar un orden a los elementos seleccionados.

* Adoptar una finalidad o intención comunicativa (para qué, con qué fin o intención se describe algo).

Las descripciones pueden ser objetivas o subjetivas, y suelen aparecer en distintos tipos de texto:

Características del texto descriptivo

Texto descriptivo objetivo	Texto descriptivo subjetivo
• Enumeración precisa de los datos (rasgos).	• Explicación de cualidades y manifestación de sensaciones.
• Léxico específico y técnico.	• Léxico variado y expresivo.
• Adjetivación suficiente y necesaria.	• Adjetivación abundante.
• Comparaciones.	• Imágenes sensoriales (visuales, auditivas, táctiles, gustativas, olfativas).
• Registro generalmente formal.	• Comparaciones.
• Tiempo verbal predominante: *Presente*.	• Registro formal o informal.
• Actitud imparcial del autor.	• Tiempo verbal predominante: *Presente* y *Pretérito Imperfecto*.
• Propósito comunicativo: dar una visión exacta de lo que se describe.	• Actitud parcial del autor (inclusión de su punto de vista).
	• Propósito comunicativo: despertar emociones, atraer la atención del lector.

6

Para escribir bien

Para hacer una buena descripción puedes responder a las siguientes preguntas:

- ¿Qué es?
- ¿Para qué sirve?
- ¿De dónde proviene?

- ¿De qué está compuesto?
- ¿Cuáles son sus características?
- ¿Cómo funciona?

Análisis de un texto descriptivo

Entre los distintos tipos de textos descriptivos, encontramos el folleto, que analizaremos a continuación, y el anuncio publicitario (que vimos en la Unidad 2.3).

El folleto

El folleto es un texto divulgativo o publicitario que sirve para dar publicidad a una empresa, producto o servicio. Los objetivos del folleto son similares a los del anuncio publicitario, aunque contiene una mayor cantidad de datos, por tener mayor extensión.

Para realizar un folleto es importante:

- Poner un título o eslogan publicitario.
- Diseñar título y subtítulos de manera clara y atractiva (con viñetas o listas de puntos, por ejemplo).
- Incluir fotografías, diagramas o dibujos que ilustren el producto o servicio.
- Realizar argumentaciones completas, explicando claramente los beneficios del producto o servicio.
- Dirigirse al receptor de manera directa.
- Agregar información general, por ejemplo, una sección de contacto y un número de teléfono o una dirección de correo electrónico.

Características del folleto

Estructura	• Texto de cierta extensión (puede ser un díptico o un tríptico, por ejemplo, o un folleto de varias páginas). • Debe incluir información objetiva y ordenada. • Debe acompañarse de imágenes u otros recursos gráficos. • El título contiene el aspecto más "vendible" de lo que se publicita. • Subtítulos o títulos internos (cuando el texto es más largo y resulta necesario ir agrupando los datos). No es imprescindible utilizarlos, pero ayudan a la claridad del texto.

Enfoque y vocabulario	• Puede ser más objetivo o subjetivo. • En un texto objetivo, vocabulario específico, adjetivos precisos. • En un texto subjetivo, vocabulario más general y variado, adjetivos abundantes. • Enumeración de distintos elementos. • Verbos en *Presente* y en *Pretérito Imperfecto*.
Registro	Formal o informal.
Organización	• Presentación cuidada. • Exposición ordenada de los detalles o explicación ordenada de los beneficios y / o características del producto o servicio.
Estrategias	• Descripción. • Colorido. • Imágenes sensoriales (visuales, táctiles, olfativas, gustativas, auditivas). • Comparación. • Imágenes (fotografías, dibujos, gráficos). • Distintos tipos de letra (cambio de color, tamaño, fuente). • Actitud imparcial (en un texto objetivo); o actitud parcial (en un texto más subjetivo), que incluye el punto de vista del autor.

Análisis de un folleto

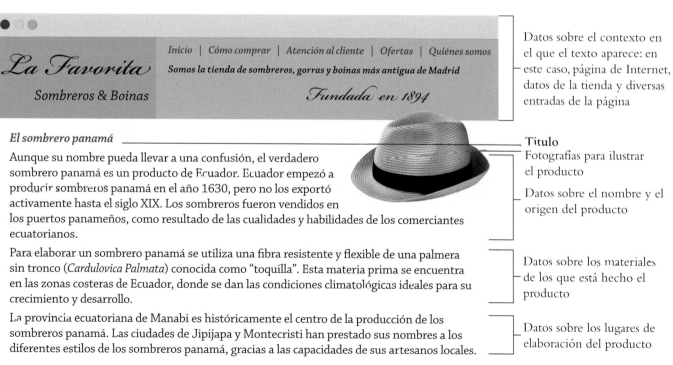

La Favorita
Sombreros & Boinas

Inicio | Cómo comprar | Atención al cliente | Ofertas | Quiénes somos
Somos la tienda de sombreros, gorras y boinas más antigua de Madrid
Fundada en 1894

Datos sobre el contexto en el que el texto aparece: en este caso, página de Internet, datos de la tienda y diversas entradas de la página

El sombrero panamá

Aunque su nombre pueda llevar a una confusión, el verdadero sombrero panamá es un producto de Ecuador. Ecuador empezó a producir sombreros panamá en el año 1630, pero no los exportó activamente hasta el siglo XIX. Los sombreros fueron vendidos en los puertos panameños, como resultado de las cualidades y habilidades de los comerciantes ecuatorianos.

Para elaborar un sombrero panamá se utiliza una fibra resistente y flexible de una palmera sin tronco (*Cardulovica Palmata*) conocida como "toquilla". Esta materia prima se encuentra en las zonas costeras de Ecuador, donde se dan las condiciones climatológicas ideales para su crecimiento y desarrollo.

La provincia ecuatoriana de Manabi es históricamente el centro de la producción de los sombreros panamá. Las ciudades de Jipijapa y Montecristi han prestado sus nombres a los diferentes estilos de los sombreros panamá, gracias a las capacidades de sus artesanos locales.

Título
Fotografías para ilustrar el producto

Datos sobre el nombre y el origen del producto

Datos sobre los materiales de los que está hecho el producto

Datos sobre los lugares de elaboración del producto

Datos sobre quiénes y cómo elaboran el producto. Datos sobre algunas de sus características

> Los maestros artesanos y tejedores pueden tardar hasta ocho meses en realizar un único sombrero, ya que son tejidos a mano. La calidad del sombrero varía según la finura del tejido y la uniformidad del color. Las mejores fibras son seleccionadas a mano, tomando en cuenta su suavidad y flexibilidad.

Pasaje de carácter narrativo. Datos sobre el uso del producto a través del tiempo

> Los años cuarenta fueron los grandes años de producción de sombreros de paja toquilla. Fue la principal exportación de Ecuador y una distinción de estilo y elegancia. Desafortunadamente, en los años sesenta se produjo una caída en el uso del sombrero en general, y de los sombreros de palma en particular, como artículo de moda para los caballeros. Esto fue impulsado por John Kennedy y su popular costumbre de llevar la cabeza descubierta.

Apreciación de carácter general y aparentemente objetiva. El *sin embargo* introduce una opinión del autor

> Como resultado de ello, la producción de buenos sombreros de palma de Panamá es ya casi un arte olvidado hoy en día. Sin embargo, no se ha perdido la esperanza, y todavía quedan unos pocos artesanos que tejen estos sombreros, y es posible que vuelva a surgir su popularidad.

Datos sobre los problemas que atraviesa la fabricación del producto en la actualidad

> En la ciudad de Montecristi, el arte de tejer sombreros panamá está disminuyendo. Hace dos generaciones, había 2.000 tejedores y ahora solo hay 20 maestros. Además, teniendo en cuenta que los maestros actuales tienen de 70 a 80 años aproximadamente, y que los sombreros más sencillos llevan un tiempo de elaboración de dos meses, hay poco tiempo libre para instruir a los más jóvenes en este arte.

Juicio subjetivo del autor sobre el producto. Es importante observar la aparición de la primera persona del plural *nosotros*, en el que el autor se incluye (ustedes y yo)

> Los sombreros Montecristi son simplemente los mejores sombreros de paja del mundo, y por ello luchamos día a día para que este bello arte vuelva a renacer.

Más datos del contexto: el producto es uno de los 5.000 que vende la tienda

> *Muchas gracias por su visita y no olvide visitar nuestra Tienda Virtual.*
>
> Disponemos de muchos más artículos (más de 5.000 referencias), que poco a poco vamos incorporando a la Tienda Virtual.

Referencia a un catálogo virtual

> Si usted se encuentra interesado en algún artículo que no ha visto, no tiene más que enviar un correo electrónico, para que así nos pongamos en contacto con usted a la mayor brevedad posible y le comuniquemos los productos que tenemos con esas características.

Datos de contacto: dirección página web ————————————— www.lafavoritacb.com

Taller de textos

1   Busca en un periódico, revista, Internet o cualquier otro medio de comunicación un folleto.

- Pégalo en tu cuaderno.

- Señala en el texto las diferentes partes o características de un folleto.

- Comenta por escrito esas características, poniendo ejemplos concretos del texto que demuestren tus argumentos.

2   Escribe tu propio folleto sobre un objeto de tu interés. Sigue el modelo de *El sombrero panamá*.

6.6 Textos mediáticos: el retrato

¿Qué es?

Un retrato es una descripción de un personaje que presenta sus **cualidades físicas y de personalidad**.

Con mucha frecuencia los textos presentan retratos parciales, donde solo se muestran características físicas, o bien, a la inversa, se dejan de lado las características físicas y solo se presentan aspectos de la personalidad. Esto ocurre muchas veces cuando se ofrecen perfiles profesionales de las personas.

Características de un retrato

Estructura	**Presentación:** indicación de la persona que se va a describir. **Retrato propiamente dicho:** características físicas y/o de personalidad. **Conclusión:** reflexiones y evaluaciones.
Enfoque y vocabulario	• Objetivo o subjetivo. • Numerosos adjetivos calificativos. • Pocos verbos.
Registro	Formal o informal.
Organización	• Cada información nueva ocupa un párrafo diferente. • Puede tratarse de un texto independiente o bien aparecer paulatinamente a lo largo de una obra más extensa (se suman características progresivamente).
Estrategias	• Descripción. • Imágenes de todo tipo. • Ejemplo. • Comparación.

6

Análisis de varios retratos

Retrato parcial	Presentación del aspecto físico	Recursos	Enfoque y registro
Título del texto	**IMÁGENES Y MEMORIAS DEL ÚLTIMO VIAJE DE JULIO CORTÁZAR**	Enumeración de características: muchos adjetivos; ningún verbo	Enfoque objetivo / subjetivo Registro formal
Presentación del aspecto físico	"La silueta larguísima, la cara escondida detrás de una espesa barba negra y de unas enormes gafas, la ropa y el calzado modestísimos".		

Retrato parcial	Presentación de aspectos de personalidad (perfil profesional)	Recursos	Enfoque y registro
Título	**QUE TU PROYECTO SEA TU VIDA**		Tono objetivo / subjetivo
	Como le cuesta definirse, apela a quienes tiene cerca. Su madre dice que es trabajadora y perseverante, su marido que es muy solidaria y sus amigos destacan su sentido del humor.	Caracterización a través de lo que piensan otros	Registro formal
	Siempre vinculada al *marketing*, fundó hace cinco año su propia empresa de formación —Atalaya—, un proyecto que inició con mucha ilusión.		Más objetivo
	Madrileña, de 30 años y casada con su compañero de toda la vida.	Adjetivos	
	Patricia Araque es licenciada en Publicidad y RRPP por la Universidad Complutense de Madrid y tiene un máster en Dirección Comercial y Dirección de Marketing por el Instituto de Directivos de Empresa.	Oraciones con verbo que presentan trayectoria Adjetivos en oraciones sencillas: presentan datos biográficos	
	Ella dice: "Vivo constantemente en medio de un proceso que está en marcha, comenzando algo, caminando".	Caracterización propia	Más subjetivo
	www.mujeresycia.com (texto adaptado)		

Taller de textos

1   Busca en un periódico, revista, Internet o cualquier otro medio de comunicación un retrato.

   • Pégalo en tu cuaderno.

   • Señala en el texto sus características.

   • Comenta por escrito esas características, poniendo ejemplos concretos del texto que demuestren tus argumentos.

2   Escribe el retrato de un personaje que te resulte de interés. Sigue el modelo de los retratos que has visto en esta unidad para hacerlo.

6.7 Textos apelativos: el anuncio publicitario

¿Qué es?

El anuncio se propone dar a conocer al público un producto o servicio a través de los medios de comunicación, con el objetivo de motivar una acción. Los anuncios pueden ser:

- comerciales
- institucionales
- políticos
- preventivos

En un anuncio hay que considerar:

- **El emisor:** el que quiere dar a conocer el mensaje (que puede ser una empresa, un club, un museo, un partido político, un ministerio, etc.).
- **El receptor:** el que recibe el mensaje, es decir, el público.
- **El mensaje:** lo que se quiere dar a conocer.
- **El medio:** por donde se da a conocer el mensaje (la televisión, la radio, la prensa escrita, las vallas publicitarias o afiches callejeros, Internet).

Como están dirigidos a la promoción de un artículo, producto o servicio, los anuncios tienen un propósito persuasivo: convencer o atraer al receptor.

Características del anuncio publicitario

Estructura	Puede variar la estructura, pero en general muestra los siguientes rasgos: • Texto corto y puntual, rápido de leer, fácil de recordar. • Acompañado de imágenes u otros recursos gráficos. • Títulos y encabezamientos importantes, contienen el aspecto más "vendible" de lo que se publicita.
Enfoque y vocabulario	• Puede ser objetivo o subjetivo. • Vocabulario actual. • Adjetivos (calificativos, superlativos). • Verbos en presente, futuro o *Imperativo*.
Registro	Formal o informal.
Organización	No hay un orden establecido, pero títulos, textos e imágenes deben estar cuidadosamente distribuidos para lograr un efecto atractivo.

Estrategias	• Descripción.
	• Imágenes (fotografías, dibujos, gráficos).
	• Colorido.
	• Distintos tipos de letra (cambio de color, tamaño, fuente).
	• Multiplicación de signos ortográficos (¿?, ¡!, ..., " ", : , etc.).
	• Comparación.
	• Reiteración.

Análisis de un anuncio publicitario

Título, letras grandes, colorido. Atrae la atención

Uso de imagen para causar impacto

Registro informal, interpelación directa al receptor

Texto descriptivo, explicativo. Datos precisos, vocabulario técnico, actitud imparcial del autor

Conjunto de instrucciones Datos precisos, vocabulario específico

Nuevo dato preciso. Letras en negrita: día, mes y hora destacados

Responsable o autor del mensaje destacado. Sección de contacto: dirección

Taller de textos

1   Busca en un periódico, en una revista o en Internet dos anuncios. Selecciona un anuncio de un producto comercial y otro institucional (del tipo del que acabamos de analizar).

   • Pégalos en tu cuaderno.

   • Señala en los anuncios sus características.

   • Comenta por escrito esas características, poniendo ejemplos concretos de los textos que demuestren tus argumentos (ejemplo: la forma en que aparece el emisor en cada uno de los anuncios).

2   Piensa en un producto comercial o en una institución (museo, club, teatro, ministerio, escuela, biblioteca, etc.) y escribe un anuncio siguiendo los consejos de esta unidad.

   Atención:

   a   El anuncio comparte muchas características con otros tipos de texto como el folleto, la hoja informativa o el panfleto.

   Por ejemplo, tú has trabajado el folleto en la Unidad 2.1.

   • Consulta en el apéndice de Tipos de texto las características del mismo.

   • Compáralas con las del anuncio.

   • Como podrás observar, hay pocas diferencias. La más importante es la extensión. ¿Cuál de los dos crees que debe ser más breve?

   b   En la Unidad 5.3 tienes un ejemplo de anuncio preventivo en la actividad de comprensión oral.

   • Escúchalo con atención (porque solo tienes el texto en su forma oral).

   • Verifica si cumple con las características del anuncio.

   • Observa las diferencias, puesto que no se trata de publicitar un producto o un evento, sino de una campaña de salud pública. Por este motivo, la brevedad no debe ser considerada para este tipo particular de anuncios.

   c   El anuncio también está en relación con el conjunto de instrucciones, consejos o directrices.

   En la mencionada Unidad 5.3, el anuncio preventivo toma la forma de un conjunto de instrucciones, ya que allí se quieren publicitar las medidas que la población debe tomar para evitar el contagio de enfermedades. Por consiguiente, las instrucciones o consejos constituyen la parte más importante del anuncio.

6.8 Textos apelativos: la entrevista

¿Qué es?

Una entrevista es un diálogo entre por lo menos dos personas: el entrevistador, que formula las preguntas, y el entrevistado, que responde. Puede ser escrita u oral y, según el contexto en el que aparezca, puede ser más o menos formal.

El entrevistador:

- Debe hacer preguntas claras.

- Debe preparar sus preguntas basándose en una investigación previa sobre el tema que se trate.

- Debe estar preparado para ampliar o modificar sus preguntas según el fluir natural de la conversación.

- También debe mantener una actitud de respeto y discreción hacia el entrevistado.

El entrevistado:

- Es generalmente un especialista en un tema sobre el que se discute, o también puede ser un personaje reconocido socialmente por su actividad.

- Debe tratar de responder a las preguntas que se le hacen de la manera más clara posible.

- Debe intentar mantenerse dentro de la línea de lo que se le pregunta, para conservar la coherencia del diálogo.

Las entrevistas se pueden publicar como texto escrito en un periódico, una revista o en Internet. Una entrevista presenta siempre una **introducción** previa a las preguntas, en las que se presenta al personaje que va a ser entrevistado y el tema de la entrevista. Incluye, además, una **conclusión** o despedida.

Atención:

A continuación, te presentaremos dos formatos de entrevistas, que aparecen en unidades diferentes.

En la Unidad 2.3 encontrarás una entrevista (entrevista a Saritilla), que se denomina *Historia de vida,* y en la Unidad 4.3 encontrarás otro tipo de entrevista, *La guerra contra los jóvenes,* que es una entrevista de carácter argumentativo.

En la entrevista a Saritilla, estamos frente a una entrevista personal, donde entrevistador y entrevistada hacen un recorrido por la vida, en este caso la carrera deportiva, de la futbolista.

Todas las características propias de la entrevista se mantienen aquí. La única diferencia es que las preguntas apuntan a hacer un recorrido a través del tiempo con la jugadora entrevistada, desde la niñez hasta el presente. En este caso, se la interroga sobre sus comienzos, las dificultades que debió enfrentar, la trayectoria profesional en diferentes clubes y en distintos puestos hasta llegar al lugar que ocupa ahora, sus proyectos para el futuro y sus consejos para las nuevas generaciones de jóvenes mujeres deportistas.

Por lo tanto, la estructura de la entrevista (*Historia de vida*) se organiza a partir de una introducción, una serie de preguntas y respuestas, y una conclusión.

En la Unidad 4.3 verás que, a veces, las entrevistas pueden tener un hilo argumentativo, es decir, pueden ser textos de opinión, en los que se intenta convencer al lector de la hipótesis que se expone.

Como cualquier otro texto argumentativo, se pueden estructurar de la siguiente manera:

- **Introducción**
- **Hipótesis** (la opinión expresada de una forma clara)
- **Argumentos** (justificaciones que sostienen la hipótesis)
- **Conclusión** (ratificación de la hipótesis o proyecciones de la misma)

Análisis de una entrevista de carácter argumentativo

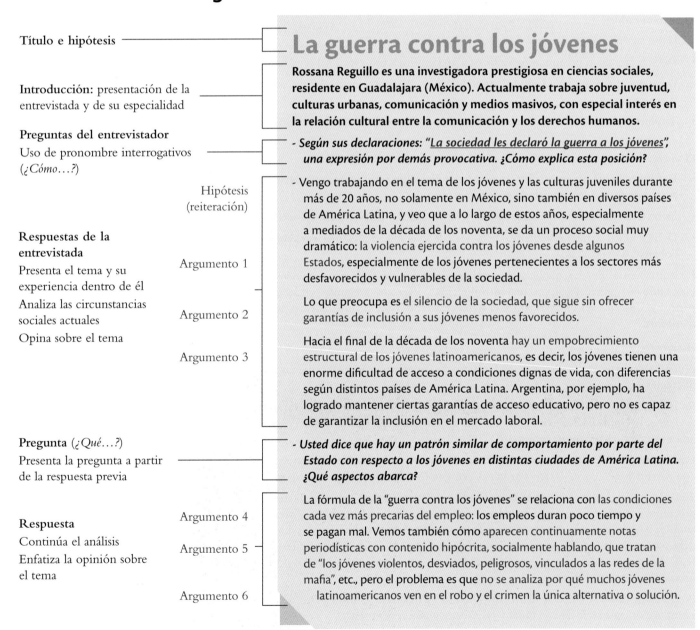

Título e hipótesis ——————

La guerra contra los jóvenes

Introducción: presentación de la entrevistada y de su especialidad ——

Rossana Reguillo es una investigadora prestigiosa en ciencias sociales, residente en Guadalajara (México). Actualmente trabaja sobre juventud, culturas urbanas, comunicación y medios masivos, con especial interés en la relación cultural entre la comunicación y los derechos humanos.

Preguntas del entrevistador
Uso de pronombre interrogativos
(*¿Cómo…?*) ——

- Según sus declaraciones: "<u>La sociedad les declaró la guerra a los jóvenes</u>", una expresión por demás provocativa. ¿Cómo explica esta posición?

Hipótesis
(reiteración)

- Vengo trabajando en el tema de los jóvenes y las culturas juveniles durante más de 20 años, no solamente en México, sino también en diversos países de América Latina, y veo que a lo largo de estos años, especialmente a mediados de la década de los noventa, se da un proceso social muy dramático: la violencia ejercida contra los jóvenes desde algunos Estados, especialmente de los jóvenes pertenecientes a los sectores más desfavorecidos y vulnerables de la sociedad.

Respuestas de la entrevistada
Presenta el tema y su experiencia dentro de él

Argumento 1

Lo que preocupa es el silencio de la sociedad, que sigue sin ofrecer garantías de inclusión a sus jóvenes menos favorecidos.

Analiza las circunstancias sociales actuales

Argumento 2

Opina sobre el tema

Argumento 3

Hacia el final de la década de los noventa hay un empobrecimiento estructural de los jóvenes latinoamericanos, es decir, los jóvenes tienen una enorme dificultad de acceso a condiciones dignas de vida, con diferencias según distintos países de América Latina. Argentina, por ejemplo, ha logrado mantener ciertas garantías de acceso educativo, pero no es capaz de garantizar la inclusión en el mercado laboral.

Pregunta (*¿Qué…?*)
Presenta la pregunta a partir de la respuesta previa ——

- Usted dice que hay un patrón similar de comportamiento por parte del Estado con respecto a los jóvenes en distintas ciudades de América Latina. ¿Qué aspectos abarca?

Respuesta
Continúa el análisis
Enfatiza la opinión sobre el tema

Argumento 4

Argumento 5

Argumento 6

La fórmula de la "guerra contra los jóvenes" se relaciona con las condiciones cada vez más precarias del empleo: los empleos duran poco tiempo y se pagan mal. Vemos también cómo aparecen continuamente notas periodísticas con contenido hipócrita, socialmente hablando, que tratan de "los jóvenes violentos, desviados, peligrosos, vinculados a las redes de la mafia", etc., pero el problema es que no se analiza por qué muchos jóvenes latinoamericanos ven en el robo y el crimen la única alternativa o solución.

– *¿Cuál es, entonces, el futuro?*

– Esta guerra de la sociedad contra sus jóvenes, y contra sus pobres, lo que ha producido es la expropiación de cualquier noción de futuro para muchos de estos jóvenes, cuya esperanza de vida no va más allá de los 20, 25 años. Lo que hay que hacer es construir posibilidades de futuro diferentes para ellos.

– *¿Cuál es el rol de los medios de masas frente a esta problemática?*

– La sociedad debería tener mecanismos para exigirles a los medios de comunicación un trabajo más serio, más profundo, más reflexivo, ya que los medios contribuyen a aumentar el problema.

www.sitiocooperativo.com.ar

Pregunta (*¿Cuál…?*). El nexo *entonces* introduce la nueva pregunta como continuidad de la respuesta anterior.

Propuesta 1   Respuesta
Argumento 7   Continúa el análisis y la opinión
               Propone soluciones para el futuro

Pregunta (*¿Cuál…?*)
Gira hacia un nuevo enfoque como cierre

Propuesta 2
(las propuestas funcionan a manera de conclusión)

Respuesta
Cierra su opinión sobre el tema (lo que debería hacerse)

Taller de textos

1   Analiza la entrevista a Saritilla: *Historia de vida.*

- Señala en el texto las diferentes partes o características de la entrevista.

- Comenta por escrito esas características, poniendo ejemplos concretos del texto que demuestren tus argumentos.

2   Transcribe el texto de alguna entrevista que hayas realizado. Ponle un título a la entrevista y escribe también una breve introducción. Indica las partes constitutivas de la entrevista y si se trata de una entrevista argumentativa o no. Justifica tu punto de vista.

6.9 Textos literarios: el cuento

¿Qué es?

Un cuento es una narración breve, oral o escrita, en la que se presenta una historia de ficción. Participa de la historia un grupo reducido de personajes y el argumento es lineal y simple.

Características del cuento

Estructura	**Introducción:** parte inicial de la historia, donde se presentan los personajes y sus características, así como el tema, el lugar y el tiempo de la historia.
	Desarrollo: parte donde se presenta el conflicto y donde suceden los hechos más importantes. Hay un nudo o momento central, que surge a partir de una alteración de la situación inicial.
	Desenlace: parte donde se da el clímax, es decir, la solución a la historia, y finaliza la narración. En ocasiones el final queda abierto para que el lector lo imagine.
Tipos de cuento	• **El cuento popular:** narración tradicional breve de hechos imaginarios que, al transmitirse en forma oral, da lugar a múltiples versiones.
	• **El cuento literario:** cuento creado por un autor, transmitido mediante la escritura.
Características	• **Ficción:** el universo de los cuentos siempre es imaginario, aunque se base en la realidad.
	• **Única línea argumental:** todos los hechos responden a una única evolución de los hechos.
	• **Unidad de efecto:** la lectura se lleva a cabo de principio a fin, sin interrupciones. Si la lectura se interrumpe, se pierde el efecto narrativo. Es lo mismo que ocurre con la lectura de un poema.
Registro	Formal o informal.
	La narración de base suele ser formal. Si hay diálogos intercalados, pueden aparecer rasgos de informalidad.
Estrategias	• Narración en primera o tercera persona: evolución de los hechos marcada por tiempos verbales.
	• Descripciones (incluyen todo tipo de imágenes).
	• Comparaciones.
	• Metáforas.

Análisis del cuento

Título ——————————

Continuidad de los parques

Autor ——————————

JULIO CORTÁZAR

Introducción:

Presentación de la situación de lectura

Presentación del personaje y de su actividad

Presentación del ambiente

Había empezado a leer la novela unos días antes. La abandonó por negocios urgentes, volvió a abrirla cuando regresaba en tren a la finca; se dejaba interesar lentamente por la trama, por el dibujo de los personajes. Esa tarde, después de escribir una carta a su apoderado y discutir con el mayordomo una cuestión de aparcerías, volvió al libro en la tranquilidad del estudio que miraba hacia el parque de los robles. Arrellanado en su sillón favorito, de espaldas a la puerta que lo hubiera molestado como una irritante posibilidad de intrusiones, dejó que su mano izquierda acariciara una y otra vez el terciopelo verde y se puso a leer los últimos capítulos. Su memoria retenía sin esfuerzo los nombres y las imágenes de los protagonistas; la ilusión novelesca lo ganó casi en seguida. Gozaba del placer casi perverso de irse desgajando línea a línea de lo que lo rodeaba, y sentir a la vez que su cabeza descansaba cómodamente en el terciopelo del alto respaldo, que los cigarrillos seguían al alcance de la mano, que más allá de los ventanales danzaba el aire del atardecer bajo los robles.

Narración en tercera persona (registro formal)

Línea narrativa única en *Pretérito Indefinido:* la trama y el plan de los personajes

Descripciones en *Pretérito Imperfecto*

Desarrollo

Ingreso en el mundo de la ficción

Nudo: el encuentro para cumplir con el plan

Palabra a palabra, absorbido por la sórdida disyuntiva de los héroes, dejándose ir hacia las imágenes que se concertaban y adquirían color y movimiento, fue testigo del último encuentro en la cabaña del monte. Primero entraba la mujer, recelosa; ahora llegaba el amante, lastimada la cara por el chicotazo de una rama. Admirablemente restañaba ella la sangre con sus besos, pero él rechazaba las caricias, no había venido para repetir las ceremonias de una pasión secreta, protegida por un mundo de hojas secas y senderos furtivos. El puñal se entibiaba contra su pecho, y debajo latía la libertad agazapada. Un diálogo anhelante corría por las páginas como un arroyo de serpientes, y se sentía que todo estaba decidido desde siempre. Hasta esas caricias que enredaban el cuerpo del amante como queriendo retenerlo y disuadirlo dibujaban abominablemente la figura de otro cuerpo que era necesario destruir. Nada había sido olvidado: coartadas, azares, posibles errores. A partir de esa hora cada instante tenía su empleo minuciosamente atribuido. El doble repaso despiadado se interrumpía apenas para que una mano acariciara una mejilla. Empezaba a anochecer.

Descripción en *Pretérito Imperfecto*

Restrospección en *Pretérito Pluscuamperfecto* y uso de *Pretérito Imperfecto*

Desenlace

Clímax: la "continuidad" entre el mundo de la ficción y el mundo de la realidad. Sorpresa final / Final abierto

Sin mirarse ya, atados rígidamente a la tarea que los esperaba, se separaron en la puerta de la cabaña. Ella debía seguir por la senda que iba al norte. Desde la senda opuesta él se volvió un instante para verla correr con el pelo suelto. Corrió a su vez, parapetándose en los árboles y los setos, hasta distinguir en la bruma malva del crepúsculo la alameda que llevaba a la casa. Los perros no debían ladrar, y no ladraron. El mayordomo no estaría a esa hora, y no estaba. Subió los tres peldaños del porche y entró. Desde la sangre galopando en sus oídos le llegaban las palabras de la mujer: primero una sala azul, después una galería, una escalera alfombrada. En lo alto, dos puertas. Nadie en la primera habitación, nadie en la segunda. La puerta del salón, y entonces el puñal en la mano, la luz de los ventanales, el alto respaldo de un sillón de terciopelo verde, la cabeza del hombre en el sillón leyendo una novela.

Anticipación en *Condicional*
Ausencia de verbos y suma de imágenes visuales

Taller de textos

1   Trabaja con el cuento *El mal fotógrafo*, de Juan Villoro, que has leído en la Unidad 3.4.

- Señala en el cuento las diferentes partes que observas en su estructura.

- Identifica los recursos más importantes que usa el autor para construir el mundo de ficción del cuento.

- Compara ambos cuentos teniendo en cuenta los siguientes aspectos:

  a   Realismo

  b   Funciones de los personajes

  c   Final abierto o cerrado

- Comenta por escrito tus conclusiones, poniendo ejemplos concretos de los textos que demuestren tus argumentos.

2   Escribe un cuento siguiendo cualquiera de los modelos que has observado en estas unidades. Recuerda elegir una línea narrativa y pensar en su evolución para que sea necesario leer el cuento en una sola lectura, sin ninguna interrupción. Respeta la estructura e incluye todos los recursos que creas necesarios.

6.10 Textos mediáticos: la crítica o reseña cinematográfica

¿Qué es?

La crítica cinematográfica, o crítica de cine, consiste en analizar y evaluar películas. Suele difundirse en periódicos, revistas y otros medios de comunicación, como Internet. Algunos ejemplos de tipos de críticas son:

- crítica literaria
- crítica teatral
- crítica cinematográfica
- crítica taurina
- crítica deportiva
- crítica gastronómica…

Características de la crítica cinematográfica

Estructura	**Inicio:** ficha con los detalles objetivos. **Resumen del argumento.** **Cualidades positivas.** **Cualidades negativas o mejorables.** **Final:** puede aparecer una puntuación de 1 a 10 o una recomendación.
Características	• Consiste en reseñas de estrenos de películas. • Expresa un juicio razonado sobre una película. • Debe contener un resumen del argumento (pero sin dar a conocer el desenlace) y su descripción. • Además de la opinión, debe basarse en datos e información concretos y veraces. • El crítico ha de ser respetuoso y no hacer juicios extremos. • Influye poderosamente en el posible lector.
Registro	Formal. El crítico puede darle un tono personal: humorístico, irónico, etc.
Lenguaje y estilo	• Predominio de los verbos en tercera persona (tono respetuoso): "Sería muy recomendable esta película…". • Adjetivos positivos: *espectacular, sublime, emocionante*.

6

Análisis de una crítica cinematográfica

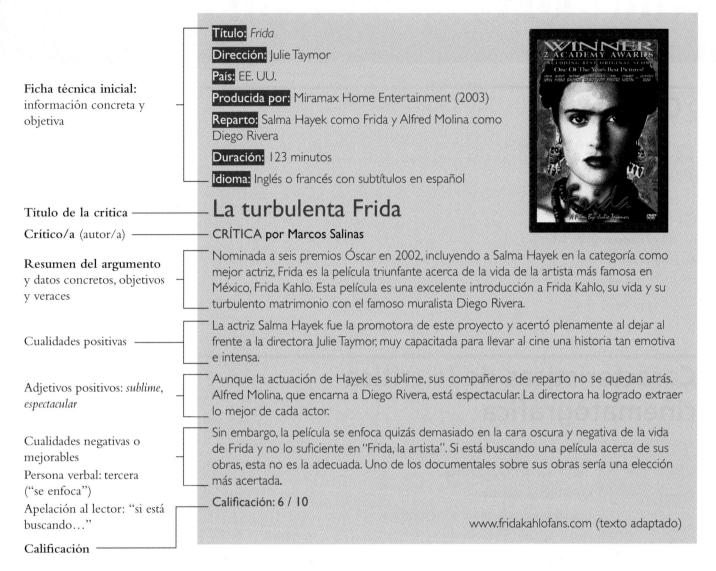

Ficha técnica inicial: información concreta y objetiva

Título: *Frida*

Dirección: Julie Taymor

País: EE. UU.

Producida por: Miramax Home Entertainment (2003)

Reparto: Salma Hayek como Frida y Alfred Molina como Diego Rivera

Duración: 123 minutos

Idioma: Inglés o francés con subtítulos en español

Título de la crítica ── ### La turbulenta Frida

Crítico/a (autor/a) ── CRÍTICA por **Marcos Salinas**

Resumen del argumento y datos concretos, objetivos y veraces ── Nominada a seis premios Óscar en 2002, incluyendo a Salma Hayek en la categoría como mejor actriz, Frida es la película triunfante acerca de la vida de la artista más famosa en México, Frida Kahlo. Esta película es una excelente introducción a Frida Kahlo, su vida y su turbulento matrimonio con el famoso muralista Diego Rivera.

Cualidades positivas ── La actriz Salma Hayek fue la promotora de este proyecto y acertó plenamente al dejar al frente a la directora Julie Taymor, muy capacitada para llevar al cine una historia tan emotiva e intensa.

Adjetivos positivos: *sublime, espectacular* ── Aunque la actuación de Hayek es sublime, sus compañeros de reparto no se quedan atrás. Alfred Molina, que encarna a Diego Rivera, está espectacular. La directora ha logrado extraer lo mejor de cada actor.

Cualidades negativas o mejorables
Persona verbal: tercera ("se enfoca")
Apelación al lector: "si está buscando…" ── Sin embargo, la película se enfoca quizás demasiado en la cara oscura y negativa de la vida de Frida y no lo suficiente en "Frida, la artista". Si está buscando una película acerca de sus obras, esta no es la adecuada. Uno de los documentales sobre sus obras sería una elección más acertada.

Calificación ── Calificación: 6 / 10

www.fridakahlofans.com (texto adaptado)

Taller de textos

1 Busca en un periódico, revista, Internet o cualquier otro medio de comunicación una crítica cinematográfica.

- Pégala en tu cuaderno o en tu dispositivo electrónico.

- Señala en ella las diferentes partes o características de una crítica cinematográfica.

- Comenta por escrito esas características de la crítica seleccionada, poniendo ejemplos concretos del texto que demuestren tus argumentos.

2 Escribe tu propia crítica cinematográfica basándote en alguna película que hayas visto recientemente. Sigue el modelo de la película de *Frida* para hacerla.

6.11 Textos mediáticos: la columna de opinión y el editorial periodístico

¿Qué es?

La columna de opinión o el editorial es un artículo de opinión que explica, valora y juzga un tema o un hecho de especial importancia en las noticias de actualidad. La columna de opinión, generalmente, está firmada por un periodista o una persona determinada; sin embargo, el editorial no lo está, porque representa la opinión oficial del periódico o de la empresa que lo publica.

Ambos son textos importantes en los periódicos y suelen aparecer en un lugar preferente en la sección de opinión.

Las funciones del editorial periodístico son las siguientes:

- explicar los hechos y su importancia
- aportar antecedentes (contextualización histórica)
- predecir el futuro
- formular juicios morales o de valor y llamar a la acción.

Las funciones de la columna de opinión son más o menos las mismas, pero el tono es más personal y menos institucional.

Características de la columna de opinión y del editorial periodístico

Estructura	**Título:** tiene que ser atractivo y dar una idea de qué trata el artículo.
	Cuerpo (requisitos)
	• Atrapar al lector desde el comienzo.
	• Ir al grano del asunto.
	• Estar expresado de manera directa, contundente.
	• Seguir un desarrollo lógico.
	Cierre: debe contener el pensamiento central o el juicio directo, para que el lector comprenda claramente la opinión del periodista o del periódico.
Características	• Exposición ordenada, con un desarrollo lógico y un cierre que exprese la opinión de manera clara para que pueda ser comprendida por el lector.
	• Texto conciso, que profundice en un tema y no presente ideas superficiales.
	• Juicios u opiniones importantes, durables, que influyan en las ideas y criterios de los lectores.

Enfoque	• Subjetivo: expresa la opinión de un periodista o persona determinada, o la del periódico.
	• Sencillo, claro.
Vocabulario	• Numerosos sustantivos y adjetivos.
	• Estilo ágil, redactado con fluidez, claridad y lógica.
	• Tono convincente, que permita persuadir al lector para que comparta la opinión del que escribe o de los responsables del periódico.
Registro	Formal.

Análisis de un editorial periodístico

EDITORIAL

Ética, ciencia y tecnología

Título que contiene el tema principal
Tema de actualidad

Entre la segunda mitad del siglo XVIII y el comienzo del siglo XIX se vivió una etapa de cambios sorprendentes: la Revolución Industrial. Durante ese período, se mejoró considerablemente la calidad de vida de muchos habitantes del planeta. Esta época abrió paso a la fabricación de productos en serie; permitió descubrir nuevos horizontes en el campo de las investigaciones científicas y tecnológicas e instaló la idea de las posibilidades ilimitadas de la mente humana.

Entra directamente en materia
Contextualiza históricamente el tema
Argumenta

Los avances fueron importantísimos, pero el progreso se realizó sobre el trabajo y el sufrimiento de muchos. Los mineros, los obreros, las mujeres y los niños fueron explotados, trabajaron jornadas muy extensas y apenas recibieron unas monedas de salario para alimentarse.

Opinión / Argumento sobre el pasado:
avances, pero también sufrimientos

Los tiempos han cambiado y la humanidad ha evolucionado hacia una sociedad de consumo. Los beneficiarios del desarrollo científico y tecnológico son cada vez más numerosos, pero la cantidad de trabajadores, muchas veces esclavos, de países pobres que fabrican esos productos no ha disminuido.

Opinión / Argumento sobre el presente en el mismo tono que la opinión anterior: beneficiarios, pero también marginados

Cada etapa en el desarrollo de la humanidad ha tenido sus ventajas y desventajas. En nuestro siglo XXI, se da la contradicción de que muchas veces aquellos que se benefician con los descubrimientos científicos y las nuevas tecnologías terminan siendo también víctimas de estos avances.

Tono equilibrado, convincente
Introduce una variante en el argumento anterior: beneficiarios, pero dentro de los beneficiarios también hay víctimas

Por ejemplo, el desarrollo de Internet ha permitido comunicarse a hombres y mujeres de diferentes países y los niños de escuelas rurales han podido conocer animales, ciudades y plantas de geografías lejanas y muy diferentes a la suya. Pero algunas personas se han transformado en adictas al uso de Internet y sus conductas y hábitos han cambiado, alejándolos del contacto con sus compañeros, amigos y familiares.

Ejemplo 1: comunicación y conocimiento, pero también adicción y aislamiento

La medicina estética ha avanzado enormemente y ha generado un culto al cuerpo donde la belleza y la búsqueda de la eterna juventud se han convertido en el único objetivo de muchos hombres y mujeres.

Ejemplo 2: avance, pero cuestionable moralmente

El desarrollo científico y tecnológico no es completamente maravilloso, ni sus resultados son totalmente negativos. Todo depende del uso que se haga de esos descubrimientos. Su empleo debe ser apropiado, o su utilización resultará incorrecta.

— Juicio sobre el desarrollo científico y tecnológico
Tono convincente y medido

La humanidad debe realizar un debate fundamental sobre el uso de la ciencia y la tecnología, debe establecer reglas que favorezcan la igualdad de oportunidades de acceso a los beneficios de los descubrimientos, pero también debe evitar que estos avances alejen al hombre de su propia naturaleza.

Cierre contundente
— Juicio: igualdad de oportunidades, pero también no permitir que todos estos avances nos alejen de nuestra condición humana. Llama al lector a compartir esta opinión

Taller de textos

1 Busca en un periódico una columna de opinión o un editorial sobre un tema que te interese.

- Pégala/o en tu cuaderno.

- Señala las diferentes partes o características.

- Comenta por escrito los argumentos que se presentan y las valoraciones y los juicios que se hacen.

2 Escribe tu propia columna de opinión o editorial sobre un tema actual que te interese. Sigue el modelo que has visto en esta unidad o en el texto que encontraste tú mismo en la actividad anterior.

6.12 Textos personales: la carta informal

¿Qué es?

Una carta es un medio de comunicación escrito por un emisor (el remitente) y enviada a un receptor (el destinatario). La carta informal es un tipo de texto de carácter privado, generalmente de tipo expositivo y descriptivo, dirigido a familiares o amigos.

Características de una carta informal

Estructura	La estructura de una carta personal es la siguiente: • **lugar y fecha** • **encabezamiento** • **cuerpo** • **despedida** • **firma** Ocasionalmente: • **posdata** (P. D.)
Enfoque y vocabulario	• íntimo • personal • directo • espontáneo
Registro	Informal
Lenguaje	• coloquial • cercano a la expresión oral • verbos predominantes en primera y segunda persona

Estructura de una carta informal

Santiago, 5 de enero de 2018 / 5-01-18 —— Lugar y fecha

Querido amigo

Querida Ana

Queridos mamá y papá

¡Hola, Miguel! —— Encabezamiento o saludo inicial

¡Hola!

Mi querido tío

Mi queridísima abuela

¿Qué tal estás?

¿Cómo te ha ido?

¿Cómo lo estás pasando en...?

¿Cómo está tu familia?

¡Cuánto tiempo sin verte!

¿Qué me cuentas?

Pregunta o exclamación que expresa cercanía

Cuerpo

Esta es la parte donde se desarrolla el contenido. Tiene que haber una distribución en párrafos, aunque la organización puede ser menos rigurosa que la de la carta formal

La extensión puede ser variable

Espero que te haya ido bien con...

Te felicito por...

Es una lástima que...

Disculpa por no haberte escrito antes, pero...

Lo siento mucho por....

Ojalá lo estés pasando bien en...

Algunos posibles comienzos del cuerpo de la carta

(Muchos) Besos

Un abrazo

Besos y abrazos

Tu amigo

Con mucho cariño

Tu sobrino favorito

Despedida

Firma

Suele haber dos formas:

Carlos / Rosa / Marina / tu hijo / mamá / Paco / Tita... ——

- Solamente el nombre, sin el apellido
- Un sobrenombre o apelativo cariñoso

P. D. No te olvides de felicitar a la abuela el día de su cumpleaños.

P. D. Dale recuerdos a tus padres.

Posdata (P. D.)

Lo que se añade a la carta una vez concluida y firmada. Es de extensión breve y se escriben las siglas P. D. antes de la información adicional.

Análisis de una carta informal

Carta al rey de España Felipe VI de su padre Juan Carlos I

Lugar y fecha de la carta ———————————————————————— Madrid, 5 de septiembre de 2001

Saludo inicial ————————— Mi queridísimo Felipe:

Pregunta que ————————— ¿Qué tal lo estás pasando en Canadá?
expresa cercanía

Comienzo del cuerpo ———— Disculpa por no haberte escrito antes, pero mis múltiples actividades reales me tienen,
de la carta   como bien sabes, muy ocupado.

A través del año, con mis numerosas obligaciones como rey y con las que a ti te corresponden por tus estudios y la asistencia al colegio, pocas son las oportunidades que se nos presentan para cambiar impresiones con detenimiento y transmitirte, por mi parte, una serie de directrices y consignas que han de resultar de gran utilidad para ti en el futuro.

En el verano, durante las vacaciones, la necesidad de descansar y de cambiar de ambiente a fin de pasarlo lo mejor posible tampoco nos deja tiempo para que tú y yo podamos tener contactos prolongados e intercambiar algunas ideas fundamentales.

Cuerpo de la carta ————— Sin embargo, la experiencia de mi edad y sobre todo la adquirida a través de los intensos años de mi reinado, junto con el papel que a ti te está reservado en el porvenir, hacen muy necesario que te formule una serie de reflexiones, que espero que has de recibir con el natural interés que encierra el que procedan directamente de tu padre.

Por eso, ahora que, debido a tu estancia en este colegio de Canadá, estás separado de la familia y de España, confío en que las cartas que me propongo dirigirte periódicamente te ayudarán a comprender y actuar como corresponde al futuro heredero de la Corona.

Te voy a incluir en las sucesivas cartas algunas recomendaciones y consejos para que seas mi digno sucesor. Te ruego los leas con atención y te esfuerces en dejarlos grabados en tu mente.

Se te echa de menos y se te quiere mucho.

Despedida ————————— Un prolongado y *realazo* abrazo de tu padre.

Firma ————————————— Padre

Posdata ————————————— P. D.: ¿Es cierto que tienes una nueva novia? Espero que elijas bien y no olvides que la persona que comparta tu vida será tan importante para ti como para el futuro de la monarquía.

José García Abad, *10 cartas con las que le enseñó el oficio*,
en *El Mundo*, 23 de marzo de 2008 (texto adaptado)

Taller de textos

1   Busca en Internet, entre tus objetos personales o en otro medio una carta informal.

  •   Pégala en tu cuaderno o en tu dispositivo electrónico.

  •   Señala en ella las diferentes partes o características de una carta informal.

  •   Comenta por escrito esas características de la carta seleccionada, poniendo ejemplos concretos del texto que demuestren tus argumentos.

2   Escribe tu propia carta informal. Sigue el modelo de la *Carta al rey de España Felipe VI de su padre Juan Carlos I* para hacerla. Luego indica las distintas partes de la carta, como en el análisis que acabas de estudiar.

6.13 Textos personales y profesionales: el correo electrónico

¿Qué es?

El correo electrónico es un servicio de red que permite a los usuarios enviar y recibir mensajes rápidamente mediante un sistema de comunicación electrónico. Por medio de mensajes de correo electrónico se puede enviar no solamente texto, sino todo tipo de documentos digitales. Es un sistema eficaz, rápido y gratuito, que está reemplazando al correo ordinario para muchos usuarios. Puede ser formal o informal, pero aun en los casos formales suele ser de tono más relajado que una carta.

Características del correo electrónico

Estructura	**Destinatario ("Para"):** dirección de correo electrónico de uno o varios destinatarios.
	Asunto: tema del correo electrónico.
	Mensaje: el contenido del correo electrónico.
	Archivos adjuntos (opcional): se pueden añadir otros documentos digitales (fotos, vídeos…).
Registro	**Informal / formal.**
	En el caso del correo electrónico formal, suele ser menos convencional que una carta formal.
Lenguaje	• Se pueden usar las **mismas convenciones lingüísticas que en las cartas** formales o informales, dependiendo del contexto y el destinatario.
	• **Frases** sencillas y cortas.
	• **Párrafos** separados por líneas en blanco.
	• **Puntuación** y **ortografía** cuidadas.
Forma	El texto puede **formatearse.**
	En un correo electrónico informal se pueden utilizar los **emoticonos.**

6

Análisis de un correo electrónico

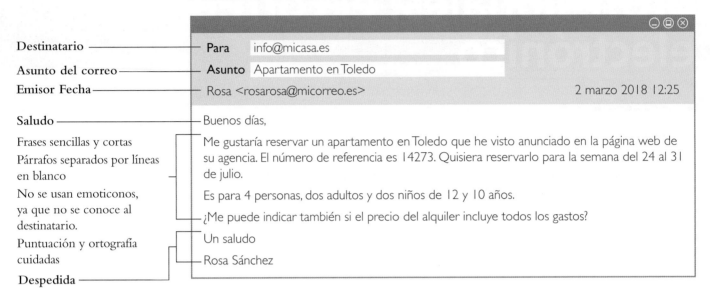

Destinatario

Asunto del correo

Emisor Fecha

Saludo

Frases sencillas y cortas
Párrafos separados por líneas en blanco
No se usan emoticonos, ya que no se conoce al destinatario.
Puntuación y ortografía cuidadas

Despedida

⊖ ▢ ⊗

Para   info@micasa.es

Asunto   Apartamento en Toledo

Rosa <rosarosa@micorreo.es>   2 marzo 2018 12:25

Buenos días,

Me gustaría reservar un apartamento en Toledo que he visto anunciado en la página web de su agencia. El número de referencia es 14273. Quisiera reservarlo para la semana del 24 al 31 de julio.

Es para 4 personas, dos adultos y dos niños de 12 y 10 años.

¿Me puede indicar también si el precio del alquiler incluye todos los gastos?

Un saludo

Rosa Sánchez

Taller de textos

1   Busca en Internet, entre tus correos personales o en otro medio un correo electrónico formal o informal.

   • Pégalo en tu cuaderno o en tu dispositivo electrónico.

   • Señala en él las diferentes partes o características de un correo electrónico formal o informal.

   • Comenta por escrito esas características del correo seleccionado, poniendo ejemplos concretos del texto que demuestren tus argumentos.

2   Escribe tu propio correo electrónico formal o informal. Sigue el modelo del correo que has visto en esta unidad.

6.14 Textos literarios: la leyenda

¿Qué es?

La leyenda es una narración nacida de la tradición oral de los pueblos, en la que se mezclan hechos históricos con sucesos imaginarios. Se transmiten fundamentalmente de forma oral, de manera que cada narrador, al contarlas, las puede ir modificando. Suelen tener una finalidad moralizante, por lo que giran alrededor de héroes y hechos extraordinarios.

Características de la leyenda

Estructura	Tiene la misma estructura que cualquier texto narrativo: **Inicio** **Desarrollo** **Desenlace**
Características	• Relato oral o escrito • Anónima • Mezcla de realidad y fantasía • Los sucesos narrados suelen ser inexplicables • El tiempo de la acción es lejano • Pueden estar marcadas por fenómenos naturales
Registro	Suele ser formal
Lenguaje y estilo	• Forma narrativa simple • Puede estar escrita en prosa o en verso • Narrada en tercera persona • Lenguaje simbólico y fantasioso

Análisis de una leyenda

Título ————

Leyendas mayas: la creación del mundo

Inicio ————

Antiguamente, no había sobre la tierra ningún hombre, ningún animal, ni árboles, ni piedras.

No había nada. Esto no era más que una vasta extensión desolada y sin límites, recubierta por las aguas. En el silencio de las tinieblas vivían los dioses Tepeu, Gucumats y Huracán. Hablaron entre ellos y se pusieron de acuerdo sobre lo que debían hacer.

Desarrollo
Fenómenos naturales ————

Hicieron surgir la luz, que iluminó por primera vez la tierra. Después el mar se retiró, dejando aparecer las tierras que podrían ser cultivadas, donde los árboles y las flores crecieron. Dulces perfumes se elevaron de las selvas nuevas creadas.

Base real ————

Los dioses se regocijaron de esta creación. Pero pensaron que los árboles no debían quedar sin guardianes ni servidores. Entonces ubicaron sobre las ramas y junto a los troncos toda suerte de animales. Pero estos permanecieron inmóviles hasta que los dioses les dieron órdenes:
-Tú irás a beber en los ríos. Tú dormirás en las grutas. Tú marcharás a cuatro patas y un día tu espalda servirá para llevar cargas. Tú, pájaro, vivirás en los árboles y volarás por los aires sin tener miedo de caer.

Narración en tercera persona ————

Los animales hicieron lo que se les había ordenado. Los dioses pensaron que todos los seres vivientes debían ser sumisos en su entorno natural, pero no debían vivir en el silencio; porque el silencio es sinónimo de desolación y de muerte.

Fantasía ————

Entonces les dieron la voz. Pero los animales no supieron más que gritar, sin expresar ni una sola palabra inteligente. Entristecidos, los dioses formaron consejo y después se dirigieron a los animales:

Desenlace ————

Porque ustedes no han tenido conciencia de quiénes somos, serán condenados a vivir en el temor a los otros. Se devorarán los unos a los otros sin ninguna repugnancia. Escuchando eso, los animales intentaron hablar. Pero solo gritos salieron de sus gargantas y sus hocicos. Los animales se resignaron y aceptaron la sentencia: pronto serían perseguidos y sacrificados, sus carnes cocidas y devoradas por los seres más inteligentes que iban a nacer.

www.americas.fr.com (texto adaptado)

Taller de textos

1   Busca una leyenda. Puedes preguntar a las personas de tu entorno o bien buscarla en libros, Internet, etc.

   • Pégala en tu cuaderno o en tu dispositivo electrónico.

   • Señala en ella las diferentes partes y características de la leyenda.

   • Comenta por escrito esas características de la leyenda, poniendo ejemplos concretos del texto que demuestren tus argumentos.

2   Escribe tu propia leyenda basándote en las características que has estudiado y en las leyendas que has escuchado o leído.

6.15 Textos mediáticos: el artículo informativo

¿Qué es?

Un **artículo informativo** es un texto que tiene como objetivo informar a los lectores sobre un tema en particular. El enfoque es imparcial y objetivo, y por lo general está escrito en un registro formal. Puede aparecer en diarios o periódicos, revistas y sitios de Internet. El autor puede ser individual o colectivo (una institución).

Características del artículo informativo

Estructura	**Título:** atractivo y con la información principal.
	Introducción o **planteamiento del tema**: una síntesis del contenido del artículo.
	Cuerpo: presentación del tema a través de sus principales líneas, que generalmente se estructuran como respuestas a las siguientes preguntas: *¿qué?, ¿dónde?, ¿cuándo?, ¿cómo?, ¿por qué?, ¿para qué?*
Tono y enfoque	• Suele ser objetivo. • Puede proponer sugerencias (tono apelativo).
Registro	Predominantemente formal.
Rasgos lingüísticos	• Información precisa sobre la experiencia o el hecho: tiempo y lugar. • Tercera persona (tono objetivo). • Verbos en presente (con valor descriptivo). • Presencia de numerosos sustantivos y adjetivos (descriptivos).
Estrategias	• Definiciones. • Descripciones objetivas. • Ejemplos.

6

Análisis de un artículo informativo

Título

Introducción o copete
Presentación del problema
o tema (respuesta a la
pregunta implícita "¿qué
perjuicios provoca el ruido?":
"determinados ruidos afectan
a la salud de diferentes
maneras")

Cuerpo del artículo

¿A quiénes afecta el ruido?
Descripción y ejemplos

Ampliaciones del tema

Descripción y ejemplos
¿De dónde viene el ruido?
Descripción y ejemplos

Conclusión

Sugerencias para
disminuir el rudio

Departamento de Salud y Consumo y Fundación Ecología y Desarrollo

El ruido perjudica la salud

*Según la sensibilidad de cada persona y del nivel y el tiempo de exposición, determinados ruidos
afectan a la salud de diferentes maneras.*

[SUBTÍTULO I: Afecciones más comunes]

Los ruidos pueden provocar diferentes trastornos en el organismo. El deterioro del
sistema auditivo (sordera, dolores de oído, vértigos, etc.) preocupa a la Unión Europea,
que estima que escuchar música en reproductores individuales (MP3, teléfonos
móviles, etc.) más de una hora al día cada semana durante al menos cinco años puede
provocar una pérdida irreversible de audición.

Una exposición a la contaminación acústica continuada también puede afectar
el funcionamiento psíquico (malestar, pérdida de rendimiento escolar y laboral,
irritabilidad, agresividad, insomnio, etc.). Incluso puede generar afecciones en
funciones vitales (en el sistema cardiovascular, en el aparato respiratorio y digestivo, o
en el sistema nervioso vegetativo).

[SUBTÍTULO II: Los más afectados]

Hay que tener en cuenta también que existen grupos especialmente vulnerables,
como las personas con enfermedades o problemas médicos específicos (por ejemplo,
hipertensión), los internados en hospitales o convalecientes en casa, los individuos que
realizan tareas intelectuales, y otros grupos de población, como no videntes, bebés,
niños pequeños y ancianos.

Además, las personas con problemas de audición son las que tienen más dificultades en
la comunicación oral.

[SUBTÍTULO III: ¿Qué produce ruido?]

Las fuentes principales de ruido en el exterior de los edificios son el tráfico de
vehículos a motor, de trenes y de aeronaves, la construcción y las obras públicas, los
espacios de ocio y los que producen los ciudadanos en su vida diaria.

En cuanto al ruido en interiores, las fuentes habituales son los sistemas de ventilación,
la maquinaria de oficina y de talleres, los electrodomésticos y el ruido generado por los
vecinos.

[SUBTÍTULO IV: Consejos]

El Departamento de Salud y Consumo de Aragón y la Fundación Ecología y Desarrollo
han editado una guía que informa sobre las molestias que genera el ruido y sus posibles
efectos adversos sobre la salud.

La guía ofrece una serie de sugerencias para evitar ocasionar molestias, como
adquirir electrodomésticos de bajo nivel de ruido e intentar no usar los más ruidosos
(lavavajillas, lavadoras, aspiradoras, etc.) en horarios nocturnos; instalar correctamente
los equipos de aire acondicionado y otros aparatos generadores de ruido; realizar
actividades ruidosas (práctica de instrumentos musicales, bricolaje, etc.) en horarios
adecuados y si es posible en habitaciones con aislamiento acústico; utilizar la televisión,
radio o equipos de música a volúmenes que no resulten molestos, etc.

En la calle, se recomienda comportarse de manera cívica, evitando producir ruidos
innecesarios, especialmente en horarios nocturnos. En cuanto a los medios de
transporte, es recomendable utilizar el transporte público, practicar una conducción
no forzada o agresiva, no hacer sonar el claxon de forma innecesaria y mantener
adecuadamente los vehículos. Por último, en la guía se recuerda que en la mayoría de
los casos existen ordenanzas municipales que regulan los límites al respecto.

www.mujeresycia.com (texto adaptado)

Taller de textos

1 Busca en un periódico, revista, Internet o cualquier otro medio de comunicación un artículo informativo.

- Pégalo en tu cuaderno.
- Señala en el texto las diferentes partes y las características del artículo.
- Comenta por escrito estas características, poniendo ejemplos concretos del texto que demuestren tus argumentos.

2 Escribe tu propio artículo sobre un tema que te resulte de interés. Sigue el modelo de los artículos trabajados en la unidad.

¿Qué es?

Una carta formal es un escrito de carácter formal dirigido a instituciones o personas para realizar una petición o informar sobre asuntos trascendentales.

Características de la carta formal

Identificación del remitente	Dirección y datos del remitente (quien envía la carta). Suele colocarse en la parte superior derecha o central, (los datos aparecen uno debajo del otro). Los más habituales suelen ser: • **nombre de la empresa** (cuando corresponda) • **nombre y apellidos del remitente** y si ocupa algún cargo • **dirección postal** • **correo electrónico** • **teléfono / fax**
Lugar y fecha	*Ejemplo:* Montevideo, 5 de enero de 2018 Abreviado: 5-01-18 Suele ir debajo de los datos del remitente, a la derecha de la carta.
Identificación del destinatario	Dirección y datos de la persona a quien enviamos la carta. Suele colocarse a la izquierda, debajo o en otra línea diferente de la fecha y el lugar. A veces conoceremos todos los datos del destinatario y otras no. Los más habituales suelen ser: • **nombre de la empresa** (cuando corresponda y si se conoce) • **nombre y apellidos del destinatario** (si se conoce) y si ocupa algún cargo • **dirección postal** • **correo electrónico** • **teléfono / fax**
Asunto	Frase breve que resuma el motivo principal de la carta. Suele colocarse a la izquierda, debajo de los datos del destinatario y antes del saludo inicial. *Ejemplo:* "ASUNTO: Solicitud de admisión en la Facultad de Medicina".

Saludo inicial	Se debe saludar al destinatario de forma cortés, pero siempre con formalidad. Se utilizan las fórmulas establecidas. Las más frecuentes son: • Estimado señor o señora (si no conocemos el nombre) / Estimado director… • Distinguido señor / director / gerente… • Estimado Sr. Ruiz / Estimada Sra. Martínez…
Cuerpo	Para empezar se puede explicar de manera clara, breve y concisa el asunto del que trata, de forma que permita entender el resto de la carta. Algunos de los comienzos más habituales son: • Le escribo para… • El motivo de mi carta es… • Me dirijo a usted con respecto a… • Me dirijo a ustedes para… Después de esta introducción, se desarrolla el contenido. Tiene que haber una distribución en párrafos. La organización será rigurosa. No será muy extensa, pero deberá contener toda la información necesaria y estar bien redactada.
Despedida	Se suele terminar la carta con una frase como: • Agradeciéndole de antemano su atención, • Esperando su respuesta, le saluda, • Esperando sus prontas noticias, le saluda atentamente, • Muchas gracias por la atención prestada, Breve frase cordial para terminar la carta. Se utilizan fórmulas existentes. *Ejemplos:* • Atentamente, • Le saluda atentamente, • Reciba un cordial saludo, • Saludos cordiales,
Firma	Además de la firma, se escribe el nombre completo del remitente. Cuando sea oportuno, debajo del nombre completo se escribirá el cargo o puesto de responsabilidad del remitente.
Posdata (P. D.) (Ocasionalmente)	Aunque no es muy común en las cartas formales, se puede añadir una posdata a la carta para destacar alguna idea, hacer alguna sugerencia, añadir algún dato, etc. Tiene que ser de extensión breve e ir precedida por las siglas P. D.

6

Análisis de una carta formal

Identificación del remitente

Identificación del destinatario

Lugar y fecha

Asunto

Saludo inicial

Introducción

Cuerpo de la carta

Cierre del cuerpo

Despedida

Firma y nombre del emisor

Escuela de Cine El espectador

Calle Alcalá, n° 83, 1° E

28006, Madrid

Correo electrónico: espectador@cine.com

Tfno. 915768300

Ana Gutiérrez Aguilar

Colegio de Secundaria Maestranza

Calle Triana, n° 5

31025, Sevilla

España

Correo electrónico: ana@intnal.com

Tfno. 964851790

Sevilla, 28 de mayo de 2018

ASUNTO: Solicitud de admisión

Estimado director de la Escuela de Cine:

Me dirijo a usted con el fin de solicitarle la admisión como alumna del primer curso en su prestigiosa escuela de cine para el próximo año escolar.

Soy una gran aficionada al cine en todas sus facetas, pero lo que más me entusiasma es la actuación. Durante mis años de estudiante en la escuela secundaria he creado una agrupación juvenil, llamada **Los Amigos del Cine,** en la que era la encargada de seleccionar las obras tanto para verlas como para representarlas.

Por otra parte, he de añadir que en el colegio siempre he obtenido unas notas excelentes sobre todo en las asignaturas consideradas creativas: literatura, arte, drama, etc. Igualmente, como miembro del equipo de balonmano, hago regularmente bastante ejercicio, por lo que estoy en una buena forma física. Considero que una apariencia saludable es un requisito imprescindible para llegar a ser una buena actriz.

Por último, le adjunto una fotografía mía reciente. La gente de mi entorno dice que tengo un gran parecido a Penélope Cruz, mi actriz favorita y mi modelo que seguir. Algún día me gustaría alcanzar los éxitos que ella ha conseguido.

Para mí sería un gran honor poder cursar los estudios de cine en su escuela.

Le agradezco de antemano su atención.

Atentamente,

Ana Gutiérrez

Ana Gutiérrez

Taller de textos

1   Busca una carta formal en algún libro, Internet o en cualquier otro medio.

- Pégala o añádela a tu cuaderno o dispositivo electrónico.
- Señala en ella las diferentes partes o características de una carta formal.
- Comenta por escrito esas características de la carta seleccionada, poniendo ejemplos concretos del texto que demuestren tus argumentos.

2   Escribe tu propia carta formal. Sigue el modelo de la carta anterior para hacerla. Puedes escribir, por ejemplo, alguna solicitud de admisión para cualquier universidad que desees o cualquier otro tipo de carta formal que consideres oportuna.

6.17 Textos profesionales: el texto instructivo

¿Qué es?

El texto instructivo, o conjunto de instrucciones, describe paso a paso lo que hay que hacer para llevar a cabo una acción. Estos textos sirven para dar órdenes o consejos, hacer sugerencias o advertencias, así como para explicar normas.

Ejemplos de textos instructivos:

- recetas de cocina
- reglas de juego
- manuales de funcionamiento de un aparato
- guías de uso, empleo o aplicación de un producto
- medidas de prevención (enfermedades, peligros, etc.)
- reglamentos o códigos (club, banco, justicia, escuela, etc.)
- normas de convivencia (de un edificio, de un complejo habitacional)
- indicaciones para realizar ejercicios y pruebas en la escuela o universidad

Características del texto instructivo

Estructura	
	Título
	Introducción: breve, generalmente se especifica el objetivo de las instrucciones.
	Conjunto de instrucciones: organizadas en apartados, a veces con sus respectivos títulos.
	Este conjunto puede organizarse de la siguiente manera:
	• cronológicamente: se exige seguir las instrucciones paso a paso.
	• lógicamente: generalmente este tipo de ordenamiento presenta relaciones de tipo causa / efecto o consecuencia.
	• por el rango de importancia: de mayor a menor, prioritario o secundario.
	Conclusión: una breve frase o párrafo de cierre.

Vocabulario	Vocabulario específico, pero claro.
Rasgos lingüísticos	• Verbos en *Imperativo* o en *Infinitivo*. • Uso de conectores secuenciadores (*primero*, *después*, *finalmente*).
Registro	Formal o informal.
Organización	Los títulos, textos e imágenes deben estar cuidadosamente distribuidos para lograr un efecto llamativo y una sensación de claridad.
Estrategias	• Imágenes para reforzar o clarificar los pasos que seguir. • Distintos tipos de marcas gráficas (números, viñetas, asteriscos) para secuenciar o diferenciar la serie de pasos.

Análisis de un texto instructivo

Título (impactante)

Introducción: breve definición y explicación de la enfermedad y el medio donde se cría el mosquito

Conjunto de instrucciones: datos precisos, vocabulario específico y sencillo, registro formal, marcas gráficas, uso del *Imperativo*

Imagen institucional del responsable del mensaje

Conclusión (en mayúsculas y negrita para resaltar el mensaje)

Invitación para ampliar información vía telefónica (en mayúsculas y negrita para resaltar el mensaje)

QUE NO ENTRE EL MOSQUITO

La picadura del mosquito *Aedes Aegypti* es responsable de la transmisión del dengue. Este transmisor de la enfermedad se cría en el agua estancada.

Sigue estas medidas de prevención en casa:

• Limpia de maleza patios y jardines.

• Tira a la basura las botellas y latas que no utilices.

• Cubre los depósitos de agua.

• Coloca boca abajo todos los recipientes.

• Sustituye el agua de los bebederos de animales.

• Pon mosquiteras en todas las puertas y ventanas.

Sigue siempre estos pasos:

• Lleva ropa de manga larga.

• Usa repelente de mosquitos: no solo sobre la piel descubierta sino también sobre la ropa.

Si tienes síntomas:

• No te automediques.

• Acude rápidamente al centro de salud más cercano.

¡Unámonos contra el dengue!

PARA MAYOR INFORMACIÓN PUEDES LLAMARNOS AL 976 564 222. ESTAMOS DISPONIBLES TODOS LOS DÍAS DE 08:00 A 18:00

www.gov_m_salud.org

Taller de textos

1 Busca dos textos instructivos de distinto carácter (por ejemplo, una receta de cocina, el manual de funcionamiento de un aparato, las reglas de un juego, o las instrucciones para montar un mueble).

- Pégalos en tu cuaderno.

- Señala en ellos las diferentes partes.

- Comenta por escrito las características de cada uno de los textos.

2 Escribe tu propio conjunto de instrucciones sobre un tema o una situación de tu elección. Luego, analiza tu texto, indicando las diferentes secciones y los recursos (lingüísticos, gráficos, etc.) que has empleado.

¿Qué es?

Un poema es un texto literario, escrito generalmente en verso (existen poemas en prosa), que constituye una unidad de significado. Es decir, es una unidad independiente, autónoma, que tiene sus propias reglas de construcción.

El *verso* es una palabra o conjunto de palabras que se caracteriza porque su extensión y su sonoridad presentan un ritmo.

El *ritmo* está relacionado con la idea de repetición, es decir, con el retorno regular de determinados períodos temporales. Esta situación es la que permite su relación con la música. De hecho, hay poemas que están musicalizados y se convierten en canciones. Los elementos que se repiten pueden ser elementos sonoros o elementos de significado, por ejemplo, palabras. Cuando los sonidos que se repiten están al final del verso, se dice que los poemas tienen *rima*.

Los poemas en prosa también tienen ritmo, que se crea no a través del verso, sino de los recursos característicos del poema.

Denotación y connotación

La denotación es la relación de base entre el significado de una palabra y un objeto, un hecho, o una idea. Es el significado de la palabra que encontramos en un diccionario. El papel del receptor en el mensaje denotativo es pasivo: no suma nada a la comprensión de base.

Además de la denotación, una palabra añade frecuentemente valores al significado básico. Estos valores varían de acuerdo con las diferentes personas y las diferentes culturas, y constituyen la connotación. El papel del receptor en el mensaje connotativo es activo, ya que, para decodificar el mensaje, debe recurrir a nuevos códigos culturales y personales: la sociedad a la que pertenece, el contexto donde aparece la palabra, etc.

En el caso particular del lenguaje literario, la connotación adquiere una importancia fundamental para permitir la interpretación del mensaje y la creatividad del lector.

El trabajo específico sobre el lenguaje, para poner énfasis en sus posibilidades expresivas y en su belleza, lo convierte en un objeto artístico.

Características del poema

Un poema puede:

- contar una historia (narrativo)
- describir a una persona, situación o paisaje (descriptivo)
- expresar un estado de ánimo, un sentimiento o una idea

Por la importancia que adquiere el lenguaje dentro de este tipo de textos, se emplean para construirlos recursos muy especiales.

Repeticiones de diferentes tipos:

- aliteración: repetición de sonidos (vocales, consonantes, sílabas)
- anáfora: repetición de una palabra o de un grupo de palabras al comienzo del verso

La comparación es una relación entre dos objetos, ideas, personas, situaciones, etc. que se establece a través de un **nexo de comparación** *(como)*.

La metáfora es una figura literaria que consiste en trasladar el sentido de base a un sentido figurado a través de una comparación tácita (se piensa, pero no se dice).

Las imágenes sensoriales son expresiones que destacan aspectos del significado relacionados con los sentidos. Pueden ser visuales, olfativas, auditivas, táctiles o gustativas.

Las preguntas retóricas son preguntas para las que no se espera necesariamente una respuesta. Quedan abiertas a su interpretación.

Las antítesis marcan oposiciones.

Las enumeraciones son construcciones que muestran series de elementos relacionados.

Análisis de dos poemas

1   Poema en verso

2   Poema en prosa

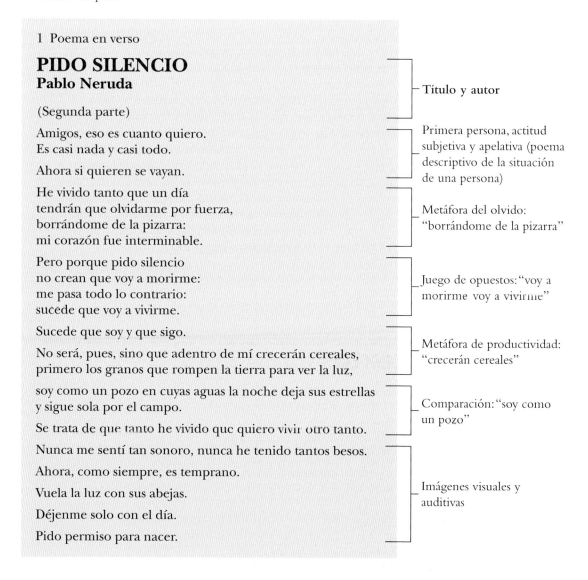

1 Poema en verso

PIDO SILENCIO
Pablo Neruda

(Segunda parte)

Amigos, eso es cuanto quiero.
Es casi nada y casi todo.

Ahora si quieren se vayan.

He vivido tanto que un día
tendrán que olvidarme por fuerza,
borrándome de la pizarra:
mi corazón fue interminable.

Pero porque pido silencio
no crean que voy a morirme:
me pasa todo lo contrario:
sucede que voy a vivirme.

Sucede que soy y que sigo.

No será, pues, sino que adentro de mí crecerán cereales,
primero los granos que rompen la tierra para ver la luz,

soy como un pozo en cuyas aguas la noche deja sus estrellas
y sigue sola por el campo.

Se trata de que tanto he vivido que quiero vivir otro tanto.

Nunca me sentí tan sonoro, nunca he tenido tantos besos.

Ahora, como siempre, es temprano.

Vuela la luz con sus abejas.

Déjenme solo con el día.

Pido permiso para nacer.

— Título y autor

Primera persona, actitud subjetiva y apelativa (poema descriptivo de la situación de una persona)

Metáfora del olvido: "borrándome de la pizarra"

Juego de opuestos: "voy a morirme voy a morirme"

Metáfora de productividad: "crecerán cereales"

Comparación: "soy como un pozo"

Imágenes visuales y auditivas

6

2 Poema en prosa

LA PALABRA
PABLO NERUDA

Título y autor

Recursos poéticos

- Personificación de las palabras a través de verbos: "cantan"
- Comparación de las palabras con elementos naturales: "como frutas, como algas"; "Las dejo como estalactitas…"
- Animización y personificación a través de atributos: "tienen… peso, plumas, pelos", "viven"
- Referencias a la conquista: aspecto narrativo del poema
- Antítesis: "Salimos perdiendo… Salimos ganando"; "Se lo llevaron todo y nos dejaron todo"
- Las características se presentan a través de enumeraciones y estructuras repetitivas. Así se crea el ritmo

Todo lo que usted quiera, sí señor, pero son las palabras las que cantan, las que suben y bajan… Me prosterno ante ellas… Las amo, las adhiero, las persigo, las muerdo, las derrito… Amo tanto las palabras… Las inesperadas… Las que glotonamente se esperan, se escuchan, hasta que de pronto caen… Vocablos amados… Brillan como piedras de colores, saltan como platinados peces, son espuma, hilo, metal, rocío… Persigo algunas palabras… Son tan hermosas que las quiero poner todas en mi poema… Las agarro al vuelo, cuando van zumbando, y las atrapo, las limpio, las pelo, me preparo frente al plato, las siento cristalinas, vibrantes, ebúrneas, vegetales, aceitosas, como frutas, como algas, como ágatas, como aceitunas… Y entonces las revuelvo, las agito, me las bebo, me las zampo, las trituro, las emperejilo, las liberto… Las dejo como estalactitas en mi poema, como pedacitos de madera bruñida, como carbón, como restos de naufragio, regalos de la ola… Todo está en la palabra… Una idea entera se cambia porque una palabra se trasladó de sitio, o porque otra se sentó como una reinita adentro de una frase que no la esperaba y que le obedeció… Tienen sombra, transparencia, peso, plumas, pelos, tienen de todo lo que se les fue agregando de tanto rodar por el río, de tanto transmigrar de patria, de tanto ser raíces… Son antiquísimas y recientísimas… Viven en el féretro escondido y en la flor apenas comenzada… Qué buen idioma el mío, qué buena lengua heredamos de los conquistadores torvos… Estos andaban a zancadas por las tremendas cordilleras, por las Américas encrespadas, buscando patatas, butifarras, frijolitos, tabaco negro, oro, maíz, huevos fritos, con aquel apetito voraz que nunca más se ha visto en el mundo… Todo se lo tragaban, con religiones, pirámides, tribus, idolatrías iguales a las que ellos traían en sus grandes bolsas… Por donde pasaban quedaba arrasada la tierra… Pero a los bárbaros se les caían de las botas, de las barbas, de los yelmos, de las herraduras, como piedrecitas, las palabras luminosas que se quedaron aquí resplandecientes… el idioma. Salimos perdiendo… Salimos ganando… Se llevaron el oro y nos dejaron el oro… Se lo llevaron todo y nos dejaron todo… Nos dejaron las palabras.

criaturadeisla.wordpress.com

Taller de textos

1 Busca en un libro, revista, Internet o cualquier otro medio de comunicación un poema.

- Pégalo en tu cuaderno.
- Señala en él sus características.
- Comenta por escrito esas características, poniendo ejemplos concretos del texto que demuestren tus argumentos.

2 Pega aquí el **poema visual** que creaste en la Unidad 3.4 y señala también en él sus características. Comenta con tus compañeros semejanzas y diferencias entre ese tipo de poemas y los que has leído y analizado en esta unidad.

6.19 Textos personales, profesionales y mediáticos: el blog

¿Qué es?

El blog, como puedes observar, puede entrar en cualquiera de las grandes categorías de textos que se trabajan en este libro.

Enla Unidad 5.3, verás que allí se da una definición de este tipo textual, su función, sus principales características y los diferentes tipos de blog por los cuales puede entrar en una categoría de texto o en otra. Por eso, no vamos a repetir aquí lo que ya se señaló, pero tómalo muy en cuenta.

Si tuviéramos que definir al **blog** podríamos decir que es un **tipo de texto híbrido**. Esto significa que es resultado de la reunión de distintos tipos textuales en uno. Por ejemplo, un blog de viajes contiene muchos pasajes narrativos (se cuenta una experiencia), hay información, hay —como ocurre en todos los blogs— opinión del autor, hay instrucciones bajo la forma de sugerencias o consejos, puede contener pasajes biográficos como en un diario personal, retratos de personas, etc. Es decir, que un blog es un poco varios textos en uno.

Para escribir bien

He aquí algunas normas básicas para escribir blogs.

Recuerda que el blog es un texto digital que circula por la red. Por ello, debes incluir marcas que señalen dicha característica. Estas marcas son fundamentales porque son las que diferencian al blog de otros tipos textuales como el artículo informativo, el ensayo, el informe o el folleto:

- Fecha y hora

- Nombre del usuario o autor del blog

- Elementos gráficos y visuales: imágenes, enlaces, animaciones, emoticonos, marcas gráficas de diversa índole (tipos de letras diferentes y de distintos tamaños, viñetas, etc.), que le dan mucho colorido y dinamismo para que resulte visualmente atractivo

Indica un título. Si es una entrada de blog, el lector o destinatario debe saber cuál es el tema abordado antes de invertir tiempo en leerlo.

Redáctalo en primera persona. No olvides que el blog es un vehículo de comunicación interactiva. Aun los blogs empresariales o institucionales están escritos por un usuario que se identifica con su nombre desde el comienzo del texto y que pretende dar su opinión o exponer su punto de vista y dar argumentos y que espera recibir respuestas o comentarios. En algunos blogs se utiliza la primera persona del plural: nosotros (yo y mi empresa, yo y mis compañeros, yo y mi comunidad de usuarios, etc.).

Muestra clara conciencia del lector o destinatario para el que escribes el blog, aun cuando te dirijas a toda la comunidad de usuarios de la red.

Utiliza un registro formal o informal, según los destinatarios. Piensa que en un blog empresarial el autor se dirige a sus potenciales clientes y en un blog educativo a toda la comunidad de una escuela o universidad. Sin embargo, no debes olvidar que el registro natural de un blog —sea cual sea el tipo de blog— es el **informal**, puesto que por su formato digital apela a nuevas formas de comunicación, más directas e interactivas.

Emplea elementos gráficos y visuales.

Atención:

En situación de escritura, como alumno de una lengua extranjera, en numerosas ocasiones tendrás que producir **una entrada de blog** o **un comentario de blog**.

Análisis de una entrada de blog

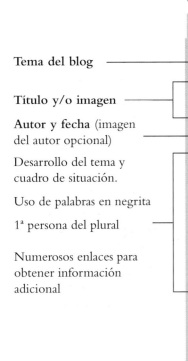

Tema del blog

Título y/o imagen

Autor y fecha (imagen del autor opcional)

Desarrollo del tema y cuadro de situación.

Uso de palabras en negrita

1ª persona del plural

Numerosos enlaces para obtener información adicional

Subtítulos

Apelación al destinatario o receptor, la comunidad de usuarios.

Insinuación de la opinión del autor del blog sobre el tema

Enumeración de causas

Medicina y Salud – Cambios

La "era de las epidemias" ya ha comenzado: ¿Estamos preparados para enfrentarnos a ellas?

JAVIER JIMÉNEZ @dronte 5 septiembre 2016

Solo durante la semana pasada, **se declararon 974 alertas de salud pública en el mundo**. En España, sufrimos el primer brote de fiebre hemorrágica Crimea-Congo de Europa Occidental, y América Latina sigue luchando contra el zika, una de las cuatro emergencias de salud pública de importancia internacional que se han declarado hasta el momento.

Desde los años ochenta del siglo pasado **los brotes epidémicos no han hecho sino crecer** provocados por el cambio climático, la globalización, los cambios demográficos, el desarrollo tecnológico y la evolución. Y no parece que la tendencia vaya a cambiar en un futuro cercano. Cada vez está más claro que nos encontramos a las puertas de la "era de las epidemias" y que este será uno de los retos que definirán el futuro.

Desde 2007, **la Organización Mundial de la Salud (OMS) ha declarado cuatro** "emergencias de salud pública de importancia internacional". Lo curioso del asunto es que **ninguna de estas emergencias fue provocada por un agente infeccioso nuevo y** desconocido, sino por un subtipo del virus de la gripe (un virus que conocemos desde hace al menos 2.400 años), la polio (descrita en 1789, pero que afectaba ya a los antiguos egipcios), el ébola (descubierto en 1976) y el zika (conocido desde 1947).

¿Qué está pasando?

Esta es la pregunta. ¿Por qué enfermedades que han estado entre nosotros desde hace tiempo, enfermedades que (al menos, algunas de ellas) hemos llegado a conocer y controlar muy bien, son capaces de generar epidemias a escala internacional? ¿No deberíamos estar preparados para combatirlas? **¿No deberíamos tener los medios tecnológicos y sanitarios para conseguir frenar esta tendencia?**

Existen causas que están impulsando la aparición global de las enfermedades infecciosas y que están transformando (y revolucionando) la salud y la sociedad del siglo XXI.

Cambio climático y medioambiental

El primer gran sector de cambio son los cambios medioambientales. Algunos de ellos, producidos por la evolución de las prácticas agrícolas y ganaderas y los cambios en los ecosistemas acuáticos, han provocado el crecimiento de enfermedades como la fiebre hemorrágica argentina (o mal de los rastrojos), la esquistosomiasis o la fiebre del Valle del Rift.

Pero, entre todas las causas, sin lugar a dudas el gran actor es el cambio climático. La deforestación y reforestación, las inundaciones, las hambrunas y las tendencias climáticas de fondo **están destruyendo los equilibrios de los ecosistemas**. Así, fenómenos como la rapidísima extensión del zika, la epidemia del síndrome pulmonar por hantavirus en el suroeste de Estados Unidos en 1993 o el brote de cólera de Haití en 2010, tras el terremoto, son ejemplos de cómo **la degradación medioambiental es el terreno de juego ideal** para las epidemias emergentes.

Uso de imágenes y de palabras en negrita

Más personas, más viajes, más comercio

El incremento de la población en todo el mundo, las migraciones, el turismo y el crecimiento de la población urbana son dinámicas de fondo que presentan nuevos retos sanitarios. Pero también las guerras, los conflictos civiles, los problemas urbanos, la pobreza y la desigualdad.

En realidad, todo esto significa sobre todo **cambios en el comportamiento social y en las dinámicas culturales**. La introducción y proliferación del VIH, el dengue o el zika, la aparición de la malaria de aeropuerto y otras tantas enfermedades se deben a cambios sociales que se desarrollan mucho más rápido que las políticas públicas.

¿Estamos preparados?

Subtítulo que interpela al lector o usuario

Podría parecer que no. Los recortes, los problemas de financiación y **el fracaso de muchos programas de prevención** han sido protagonistas de la reaparición de la polio, de la tuberculosis en EE. UU. y de la primera muerte por difteria en 30 años en España, en 2015.

Opinión y argumentos del autor

No obstante, los datos sugieren que, pese al incremento del número total de brotes, **las mejoras globales en prevención, detección temprana, control y tratamiento** son cada vez más efectivas.

Registro semiformal

Nuestra capacidad para controlar las posibles epidemias es más potente que nunca, pero la capacidad de las epidemias para aprovechar un fallo también lo es. **Tenemos al enemigo a las puertas** y esta es una batalla en la que no nos podemos permitir bajar la guardia.

Interpelación final directa al lector o usuario

Uso de 1ª persona del plural para incluir a toda la comunidad

💬 5   ♡ 20   Compartir ⇄ 9

Marcas visuales propias de un blog remitiendo a su carácter interactivo

Análisis de un comentario de blog

● ● ◉ ○

Comentario de blog mediante indicaciones gráficas

Nombre del autor, fecha y hora (Imagen opcional)

Vocabulario preciso, breve y directo respondiendo a la entrada de blog de Javier

Registro formal

1ª persona del singular

Registro informal

Opinión y fundamento

Respuesta a comentario de Renato, no al blog de Dronte

Registro informal

Uso de mayúsculas para enfatizar (*TODOS, MORIR*, etc.)

Tono directo, agresivo para mostrar su desacuerdo con Renato

Interpelación final al destinatario de su comentario (Renato)

Se sigue cuestionando la posición de Renat

Cierre de respuestas de carácter interactivo

COMENTARIOS CERRADOS

3 comentarios   OPCIONES

MIGUEL   * * * * 5 sep., 12:54

Si se acerca la "era de las epidemias", cómo llamaríamos entonces a 7.000 millones de seres contaminando el planeta (la tierra, los océanos, los ríos, etc.), consumiendo sus recursos descontroladamente, destrozando sus especies, sus selvas y bosques. ¿Plaga?

Porque estarán de acuerdo conmigo en que el hombre es como un virus o una bacteria y que el mundo es como el organismo de una persona. Cuando los virus y las bacterias comienzan a atacar a un cuerpo hasta ese momento sano, el organismo comienza a enfermarse y a deteriorarse, hasta que deja de funcionar. La Tierra ya está enferma, ¿el hombre acabará con ella?

RENATO   * * * *5 sep., 13:32

Pues soy de los años noventa y ya estoy casi acostumbrado a las epidemias, que si vaca loca, que si gripe aviar (y demás especies del reino animal).

A mi entender, mutaciones y épocas de mayor actividad de virus y enfermedades es algo que siempre hubo en nuestra historia, pero gracias a la globalización todo se escala mucho más rápido, viajamos más, importamos y exportamos más, pues es mucho más fácil para animales, vegetales e insectos infectados llegar a todos los sitios.

Y con más enfermedades y sus portadores llegando a nuevos sitios, a nosotros nos toca aprender y aplicar las medidas de prevención lo más rápido posible.

HAMTA   * * 5 sep., 14:17

Ya, ya, ya. Tranquilo. Que tú también eres parte del problema, publicando desde tu teléfono o PC, que usa elementos altamente tóxicos en su fabricación y no solo al desecharlos.

También comes, también generas desechos. Tú, tus padres, tus hijos, tu pareja. TODOS.

Ya molestan un poco los falsos ambientalistas que quieren cambiar el mundo con Facebook y un teclado y que, además, pertenecen al sector más consumista, con sus teléfonos inteligentes que cambian cada 2 años.

¿Solución? MORIR. Es la única manera en la que no vamos a perjudicar al planeta.

Si quieres un cambio, solo hazlo. Pero deja de tratar a la raza humana como un "MAL" cuando tú también formas parte de ella. Ni por un momento pienses o sientas que eres superior, porque no es así. Todos contribuimos a que el planeta se contamine. ¿Qué tanto contribuyes tú?

CERRAR RESPUESTAS

Compartir en Facebook   ⌕ 5   ♡ 20   ⇄ 9

Configuración

www.xataka.com (texto adaptado)

Taller de textos

1   Busca distintos tipos de blog.

- Pégalos en tu cuaderno.

- Señala las diferencias que existen entre ellos (educativos, personales, temáticos, institucionales, etc.).

- Escribe los rasgos que caracterizan a cada uno (observa el registro, las referencias a los destinatarios o receptores, la mayor o menor presencia de elementos visuales) para que cuando tengas que escribir un tipo de blog determinado recuerdes sus rasgos propios.

2   Escribe tu propia entrada de blog sobre un tema que te interese. Luego, analiza tu texto y verifica si has cumplido con la mayor parte de las pautas para escribir un buen blog.

Acknowledgements

The authors and publishers acknowledge the following sources of copyright material and are grateful for the permissions granted. While every effort has been made, it has not always been possible to identify the sources of all the material used, or to trace all copyright holders. If any omissions are brought to our notice, we will be happy to include the appropriate acknowledgements on reprinting.

Unit 1.1 'Usos y costumbres que debes conocer antes de viajar a España', 14th Nov 2013, from www.europa.eu; **Unit 1.2** excerpt from *Diarios de motocicleta Notas de un viaje por América Latina*, Ernesto Che Guevara, introduction by Aleida March, published by Ocean Sur; 'Che Guevara [Ernesto Guevara]', adapted with the permission of Biografías y Vidas; Activity 7 part 1 text by Hernán Uribe; **Unit 1.3** 'Los jóvenes mapuche de Chile hablan contra la discriminación', by Soledad Mac-Pherson UNICEF Children 2006, reproduced by permission of UNICEF; Text 'Valorar las propias raíces ayuda a surgir' Manuel Fernández Bolvarán El diario El Mercurio, September 2007, adapted from www.diario.elmercurio.com; **Unit 1.4** 'La muerte del Che' byJosé Ubillus Vivar, www.cinevistablog.com; 'Amor en la Higuera' by Victor Montoya, Clarín, October 2005; **Unit 2.1** 'El sombrero panama' text from https://lafavoritacb.com; 'Encapuchados. Dime qué vistes y te diré lo peligroso que eres' by Noelia Ramirez, 18th July 2012, adapted with the permission S Moda https://smoda.elpais.com; **Unit 2.2** '¿Cuáles son los 4 tipos de viajes y viajeros que existen?' by Federico Bongiorno; Track 7 'ProyectoEquus o cómo dejarlo todo por un viaje solidario' by Zona Viajero, by permission of the author; 'Imágenes y memorias del último viaje de Julio Cortázar' by Luis Alemany, www.elmundo.es, 17th March 2018, with permission of Unidad Editorial; **Unit 2.3** 'Entrevista a la jugadora de fútbol y capitana del C.D. Zamora Amigos del Duero Sara Peláez Martín (Saritilla)' interview by Verónica Blanco http://onelmundodeverito.blogspot.gr; '¿Futbol o fútbol?', reproduced by permission of KA.RAC.TE.RES; 'Los hombres quieren bailar en el agua', adapted from www.eluniversal.com; **Unit 2.4** excerpt from 'La Rayuela' and 'Continuidad de los parques' by Julio Cortázar, reproduced with the permission of Agencia Literaria Carmen Balcells; **Unit 3.1** 'Frida Kahlo: Factor del nacionalismo mexicano' de Hugo Mario Silva Martínez https://academiadecomunicacion.wordpress.com; 'En el itsmo de Tehuatepec se dio una de las interculturalidades más grandes de México', adapted from www.masdemx.com March 2017; 'Frida Kahlo: La pintura de su vida' and 'El diario de su vida pintado' adapted from www.fridakahlofans.com; Exctract from '10 razones por las que Frida Kahlo fue la gran visionaria de la moda' by Clara Ferrero, 17th May 2016, with the permission of S Moda https://smoda.elpais.com; **Unit 3.2** 'Literatura e Internet: ¿sueñan los escritores con novelas eléctricas?' by Martín Lojo, January 2016, adapted from www.lanacion.com.ar; 'Borges fue precursor de Internet?' adapted from www.clarin.com; 'La laberíntica, hexagonal y vertiginosa Biblioteca de Babel de Borges en un sitio web', all rights reserved to Pirata Geek and Joselo Hualca; 'Un momento crítico para el futuro de Internet' by Pablo Bello, adapted from www.politicaexterior.com; **Unit 3.3** 'Ética para robots' by Antonio Orbe June 2012, adapted from www.hipertextual.com; **Unit 3.4** poem and photo @ poemgramjn © Javier Navarro Tomás; 'El mal fotógrafo' by Juan Villoro; **Unit 4.1** '10 cartas con las que le enseñó el oficio' by José García Abad, Crónica EL MUNDO; 'Los jóvenes suspenden a la monarquía, March 2010, adapted with the permission of Publico www.publico.es; 'Felipe VI sitúa a la monarquía en su mejor valoración en 20 años' by Ana Romero, January 2017, adapted with permission of El Espanol www.elespanol.com; **Unit 4.2** 'Redes sociales y adolescencia: ¿oportunidad o peligro?' by Mónica Setién, September 2017, and '¿Adolescentes complejos o nuevas tecnologías nocivas?' adapted from www.abc.es; 'Hasta aquí hemos llegado' by Fran Araújo, Carlos A. Miguélez Monroy, Centro de Colaboraciones Solidarias, www.ccs.org.es; 'Una joven española crea una web de cuentos para niños con autismo' by Carlota Fominaya, November 2015, adapted from www.abc.es with photo and image of *Las pelusas se mudan de casa* used by permission of Miriam Reyes, www.aprendicesvisuales.org; **Unit 4.3** 'Siete consejos para jóvenes en tiempos de crisis' adapted from Vivir al Maximo http://viviralmaximo.net; 'La guerra contra los jóvenes'by Héctor Carignano www.sitiocooperativo.com.ar; 'René (Calle 13): "Algunos ilusos como yo creemos que podemos cambiar el mundo con la música"'by Sergi Picazo www.elcritic.cat and www.publico.es; **Unit 4.4** texts adapted from www.americas-fr.com; **Unit 5.1** 'El ruido perjudica la salud' February 2009, adapted from www.mujeresycia.com; 'Funciones de la música en nuestra sociedad' adapted from http://hermamusical.jimdo.com; **Unit 5.2** 'Alimentos del comercio justo: el sabor de la solidaridad' adapted from http://blog.oxfamintermon.org; 'Hambruna y obesidad: problemas alimentarios' by Fran Araújo, Carlos A. Miguélez Monroy, Centro de Colaboraciones Solidarias, www.ccs.org.es; 'La humanidad malgasta casi un 20% de los alimentos que consume', Febraury 2017, adapted from www.rtve.es; **Unit 5.3** 'La 'Era de las Epidemias' ya ha comenzado' and 'Dronte Ciencia, ideas & cambios sociales' by Javier Jiménez www.xataka.com, adapted and used with the permission of author; Comentarios (es continuidad del artículo sobre la Era de la Epidemias), used with the permission of Xataka; **Unit 5.4** 'Pido silencio', in *Estravagario* by Pablo Neruda, and 'La Palabra' in *Confesio que he vivido* by Pablo Neruda, reproduced with the permission of Agencia Literaria Carmen Balcells; 'Las preguntas de Pablo Neruda respondidas por niños del sur', January 2018 adapted from www.vivaleercopec.cl

Thanks to the following for permission to reproduce images:

Cover irvingb/Getty Images; **Unit 1.1** Pixelfit/GI; Alberto Manuel Urosa Toledano/GI; Morsa Images/GI; Kosmozoo/GI; Threeart/GI; Stas11/GI (x4); Vincent Isore/IP3/GI; **Unit 1.2** Wellsie82/GI; Slobo/GI; Jasony00/GI; Everett Collection Inc/Alamy Stock Photo; Samchad/GI; Cultura RM Exclusive/Ben Pipe Photography/GI; Jennifer Maravillas/GI; Bettmann/GI; Uniquely india/GI; STF/AFP/GI; Bettmann/GI; Handout/GI; Adalberto Roque/GI; TV CUBANA/AFP/GI; Keystone/GI; Sven Creutzmann/Mambo Photo/GI; Walter Bibikow/GI; Roberto Machado Noa/GI; Justin Setterfield/GI; **Unit 1.3** Vincenzo Pinto/GI; Emesilva/GI; NurPhoto/GI; Chelovek/GI; Martin Bernetti/GI; Claudio Reyes/GI; KidStock/GI; Florian Kopp/GI; Aldomurillo/GI; Artis777/GI; **Unit 1.4** Anouchka/GI; JUAN CARLOS BORJAS/AFP/GI; Carbouval/GI; AIZAR RALDES/AFP/GI; Emiliano Rodriguez/Alamy Stock Photo; Malchev/GI; Tempura/GI; Ullstein bild/GI; **Unit 2.1** David Ramos/GI; Hatman12/GI; Artisteer/GI; Brandysites/GI; Tuned_In/GI; Adempercem/GI; Popovaphoto/GI; C Squared Studios/GI; Vkyryl/GI; 1Photodiva/GI; F9photos/GI; JoKMedia/GI; Janine Lamontagne/GI; Kvkirillov/GI; Dorling Kindersley/GI; Saddako/GI; Atakss/GI; Coprid/GI; Tim Graham/GI; J. Countess/GI; Robert van der Hilst/GI; Neil Webb/GI; Chee Siong Teh/GI; **Unit 2.2** Ulf Andersen/GI; EyesWideOpen/GI; Tom Shaw/GI; Moodboard-Mike Watson Images/GI; Gallo Images/GI; Imgorthand/GI; Westend61/GI; Steve Debenport/GI; Nadezhda1906/GI; Danita Delimont/GI; Images of Julio Cortázar © Mario Muchnik; Shehzad Noorani/GI; Manuel Pedraza/AFP/GI; **Unit 2.3** Mike Harrington/GI; Pete Saloutos/GI; Samarskaya/GI; 4x6/GI; Images provided and used with permission of Sara Palaez Martin; Patrik Stollarz/GI; Laurence Griffiths/GI; Martin Bureau/GI; Aurelien Meunier/GI; Ljupco/GI; Thomas Barwick/GI; Adam Nurkiewicz/GI; **Unit 2.4** Daniel Garcia/GI; Nazar Abbas Photography/GI; Ulf Andersen/GI; **Unit 3.1** Wallace Marly/GI; Mike Kemp/GI; Diego Rivera and Frida Kahlo in the May Day Parade, Mexico City, 1st May 1929 (b/w photo), Modotti, Tina (1896-1942)/© Galerie Bilderwelt/Bridgeman Images; Alberto Pizzoli/GI; Science & Society Picture Library/GI; Jam Media/GI; Encyclopaedia Britannica/GI; Lara2017/GI; Ullstein bild/GI; Michael Ochs Archives/GI; Gabriel Perez/GI; Keystone-France/GI; Andy Devlin/GI; Archivart/Alamy Stock Photo; AF archive/Alamy Stock Photo; Mail Today/GI; Michael Ochs Archives/GI; Zeke Monika/GI; Steve Granitz/GI; Bettmann/GI; New York Post Archives/GI; Archivart/Alamy Stock Photo;

All artworks by Friday Kahlo **© Banco de México Diego Rivera Frida Kahlo Museums Trust, Mexico, D.F. / DACS 2018**; **Unit 3.2** Christopher Pillitz/GI; William King/GI; Tim Robberts/GI; PhotoAlto/ Milena Boniek/GI; VasjaKoman/GI; Liorp/GI; Andrew Pinder/GI; Ulf Andersen/GI; Paper Boat Creative/GI; Luca Sage/GI; Hero Images/GI; Alexs/GI; Hero Images/GI; **Unit 3.3** Rafe Swan/Cultura/GI; Anzhelika Voloshyna/GI; YoungID/GI; Bijendra/GI; Dimitri Otis/GI; Dieter Spannknebel/GI; KTSFotos/GI; Michele Falzone/GI; Stuart Dee/GI; Stephen Hunt/GI; Jupiterimages/GI; Monica Rodriguez/GI; LeoPatrizi/GI; Filadendron/GI; Franckreporter/GI; **Unit 3.4** Aaron Foster/GI; Travelpix Ltd/GI; @ poemagramjn © Javier Navarro Tomás; David Levenson/GI; Martinflorek/GI; Chaay_Tee/GI; **Unit 4.0** Barbara Boensch/GI; **Unit 4.1** DEA/G. Nimatallah/GI; Universal History Archive/GI; Print Collector/GI; Universal History Archive/GI; Georges De Keerle/GI; Enjoynz/GI; Werbeantrieb/GI; Carlos R. Alvarez/GI; Aitormmfoto/GI; Juan Naharro Gimenez/GI; Jaime Reina/GI; FotoVoyage/GI; Emmanuel Dunand/GI; CSA Images/Color Printstock Collection/GI; Matt Herring/GI; **Unit 4.2** Shuttermon/GI; Franek Strzeszewski/GI; Thomas Barwick/GI; Caiaimage/Sam Edwards/GI; Eva Bee/GI; Peter Dazeley/GI; Image Source/GI; Peter Dazeley/GI; Donald Iain Smith/GI; Kontrec/GI; Monkey business images/GI; Jupiter images/GI; Fancy/Veer/Corbis/GI; Wissanu99/GI; IgorZakowski/GI; Images supplied and used by kind permission of Miriam Reyes for Aprendices Visuales; Images supplied and used by kind permission of Miriam Reyes for Aprendices Visuales; Westend61/GI; AntonioGuillem/GI; Jgalione/GI; Alexemanuel/GI; Hero Images/GI; **Unit 4.3** Nick David/GI; Pascalgenest/GI; Georgeclerk/GI; Alexalenin/GI; Peter Kramer/GI; Sean Gallup/GI; Michael Heffernan/GI; Future Publishing/GI; Christoph Hetzmannseder/GI; Hero Image/GI; Andresr/GI; Ericsphotography/GI; Manmarumaki/GI; Altrendo images/GI; Leonardo De La Cuesta/GI; Jason Merritt/GI; Jesadaphorn/GI; Tom Merton/GI; Lenanet/GI; **Unit 4.4** Quisp65/GI; Cris Bouroncle/GI; Dea/G.Dagli Orti/GI; Christophel Fine Art/GI; MatiasEnElMundo/GI; Dea/G.Dagli Orti/GI; Pchoui/GI; De Agostini Picture Library/GI; Sagi Azulay/EyeEm/GI; Exsodus/GI; Tim Robberts/GI; Nils Axel Braathen/GI; CRIS BOURONCLE/AFP/GI; Chris Beall/GI; **Unit 5.1** Michael Thornton/GI; Tommy Flynn/GI; Jessica Peterson/GI; David Jakle/GI; Minemero/GI; Hybrid Images/GI; Tetra Images/GI; Science Photo Library-PASIEKA/GI; Dea/G. Dagli Orti/GI; Harvey Schwartz/GI; Primo-Piano/GI; Westend61/GI; **Unit 5.2** The-Tor/GI; Victor Habbick Visions/GI; Simmosimosa/GI; La espiral de la alimentación consciente © Héctor Luis Conesa Hernández; Andrew Aitchison/GI; Thomas Koehler/GI; Ricardo Beliel/Brazil Photos/GI; Christophe Bourloton/GI; Lew Robertson/GI; Diane39/GI; Yuri Arcurs/GI; R.Tsubin/GI; Twinsterphoto/GI; Science Photo Library/GI; Gerenme/GI; Morsa Images/GI; MHJ/GI; Stefano Montesi-Corbis/GI; Roman Camacho/SOPA Images/GI; Westend61/GI; **Unit 5.3** Fanatic Studio/GI; Ghislain & Marie David de Lossy/GI; EduardHarkonen/GI; BSIP/GI; John Miles/GI; Martin-dm/GI; William Whitehurst/GI; Yuoak/GI; Zonadearte/GI; Halfdark/GI; PhotoAlto/Laurence Mouton/GI; CreativeI/GI; Bakhtiar_zein/GI; Fredrik Skold/GI; **Unit 5.4** Anamad /GI; Jan Bengtsson/GI; Onurdongel/GI; SPL IMAGES/GI; PeopleImages/GI; Caspar Benson/GI; Stanley45/GI; Peter Dazeley/GI; AGF/GI; David Livingston/GI; Nick Rains/GI; kyoshino/GI; Pederk/GI; Evgenii_Bobrov/GI; 4FR/GI; Lumina Imaging/GI; Bluejayphoto/GI; Yuichiro Chino/GI; Atomic Imagery/GI; Arun Nevader/GI; Borchee/GI; Nick Brundle/GI; CTK/Alamy Stock Photo; Carmen Martínez Torrón/GI; © Isidro Ferrer, 'Libro de las preguntas' (Media Vaca, 2006); **Unit 6.1** Michele Constantini/GI; Andersen Ross/GI; Steve Debenport/GI; Stevedangers/GI; Quality Sport Images/GI; Steve Granitz/GI; Alfredo Estrella/GI; Quality Sport Images/GI; Morsa Images/GI; ManuelVelasco Unreleased/GI; Bubaone/GI; Manuel Breva Colmeiro/GI; Collin Key/GI; Damircudic/GI; Pixologicstudio/Science Photo Library/GI; Naqiewei/GI.

(GI = Getty Images)